Conozca
a Dios
íntimamente

JOYCE MEYER

FaithWords

NEW YORK   BOSTON   NASHVILLE

FaithWords
Hachette Book Group
1290 Avenue of the Americas
New York, NY 10019
www.faithwords.com

Impreso en los Estados Unidos de América

RRD-C

Originalmente publicado en español por Casa Creación
Primera edición en español con FaithWords: Enero 2015

10 9 8 7 6 5 4 3 2 1

FaithWords es una división de Hachette Book Group,
Inc. El nombre y el logotipo de FaithWords es una
marca registrada de Hachette Book Group, Inc.

El Hachette Speakers Bureau ofrece una amplia gama
de autores para eventos y charlas. Para más información,
vaya a www.hachettespeakersbureau.com o llame al
(866) 376-6591.

International Standard Book Number:
978-1-4555-3347-3

Este libro está dedicado al Espíritu Santo,
quien me dirige y me guía, y quien siempre
me enseña cómo crecer espiritualmente
y estar en la presencia de Dios.

ÍNDICE

INTRODUCCIÓN:
¿HAY ALGO MÁS?

Muchos cristianos van a la iglesia, hacen todo lo que piensan que deben hacer para obedecer todas las reglas, y viven como entienden que debe ser la vida cristiana; pero interiormente están preguntándose: *¿Es así? ¿Es esto todo?*

Durante muchos años estuve en la iglesia viviendo una vida de servicio a Dios. En mi corazón, sentía que faltaba algo en mi relación con el Señor, aunque no sabía qué era. Dios había hecho muchas cosas maravillosas en mí, pero mi vida estaba llena de frustraciones y, realmente, en nada se diferenciaba de la de personas no cristianas a quienes conocía. Tenía muchos problemas, en mi vida personal y con mi personalidad. Quería cambiar, pero de alguna manera me sentía sin fuerzas para lograrlo. No podía creer que mi vida careciera de sentido.

Finalmente, le pedí a Dios que me diera lo que me estaba faltando; yo quería más de Él en mi vida. ¡Dios me dio la respuesta! Respondió a mi deseo y a mi petición, aunque yo no sabía qué era eso que estaba buscando. Aprendí que tenemos la necesidad vital de crecer en el conocimiento de quién es Dios, buscando una íntima comunión con Él, si queremos disfrutar del propósito que tiene para nuestras vidas.

Si no hubiera aprendido hace años la importancia de tener *diariamente* comunión con Dios, hoy no estaría escribiendo este libro. Tampoco hubiera podido ser la fundadora y directora de un ministerio, que emplea actualmente a cientos de personas dedicadas a llevar el evangelio de Jesucristo. Cada año, miles de personas reciben a Cristo como su Salvador personal y experimentan el bautismo del Espíritu Santo durante nuestras conferencias nacionales e internacionales.

Además de los millones de libros que distribuyen nuestros editores, nuestro ministerio, Joyce Meyer Ministries, ha impreso más de veintiséis millones de libros en 111 idiomas. Diariamente podemos llegar a una audiencia de cuatro mil quinientos millones de personas que reciben enseñanza bíblica transformadora por medio de nuestro programa *Disfrutando la vida diaria*. Este programa es retransmitido en más de cientos estaciones de radio y televisión, llegando a casi dos terceras partes del mundo.

Por medio de Hand of Hope, el brazo de misiones mundiales del Joyce Meyer Ministries, compartimos el amor de Dios de manera práctica con aquellas personas heridas y en alarmante necesidad alrededor del mundo. Con el apoyo de nuestros amigos y socios, podemos alimentar al hambriento, proveer hogares a los niños que de otra forma vivirían en las calles, ayudar a rescatar las víctimas del tráfico humano, proveer gratuitamente cuidado médico y dental a aquellos que no tienen acceso a servicios de salud, establecer pozos de agua fresca donde no existen recursos de agua potable, visitar a los prisioneros y compartirles el evangelio, y otras cosas más. Y somos siempre tan bendecidos por los testimonios que recibimos confirmándonos que la Palabra de Dios compartida está cambiando la vida de las personas.

Nadie construye un ministerio como el nuestro con una "personalidad carismática". Dios es el único que está detrás de todo este alcance mundial, y el único que lo sostiene. Él es quien paga las cuentas y toca los corazones de las personas; aquí no interviene nuestra personalidad. Si Dios determinara dejar de apoyarnos, estaríamos en la calle en menos de un mes. Entendemos que Él es una *necesidad vital* para nosotros.

Todos comenzamos en el mismo lugar con Dios. Mientras más tiempo estemos con Él, más profundamente deseamos ir con Él. Mi esposo Dave y yo somos personas comunes, semejantes a cualquier otra. Si Dios puede usarnos, también puede usar a cualquier otro para lograr su misión. Sé que si la unción poderosa de Dios que revela su verdad no viniera sobre mí, sería conveniente que me sentara y cerrara mi boca. Esos miles de personas que vienen a mis conferencias, no lo hacen para ver un personaje de la televisión. Ellos sólo se acercan porque, a través de mí, la unción de Dios— que es su presencia manifiesta—se revela para satisfacer sus necesidades.

Si Dios no ungiera lo que yo digo, todos se dormirían. Así que no es mi buen mensaje lo que atrae a la gente a nuestras reuniones; es simplemente la unción de Dios en el mensaje que Él imparte a través de un vaso dispuesto.

La comunión íntima con Dios libera sobre nosotros su unción poderosa, y nos ayuda a lograr lo que Él nos llamó a hacer. Él unge a cada uno para las tareas específicas que nos ha encomendado, sea para dirigir hogares, negocios o ministerios internacionales.

La presión se ha intensificado a tal grado en el mundo, que necesitamos la presencia de Dios aun para entrar y salir de las tiendas, ¡y para permanecer en calma a pesar de los días agitados que vivimos! Nunca sabemos cuándo alguien que está pasando por un "mal día" puede querer tomarla con nosotros. Las personas que no tienen comunión e intimidad con Dios por medio del Espíritu Santo son infelices, y las personas infelices les hacen la vida miserable a los demás.

Creo que las vidas de los que están en el Cuerpo de Cristo van a ir mejorando cada vez más; pero las de quienes permanecen atados al mundo irán empeorando a medida que se hunden en una mayor desesperanza y depresión. En Isaías 60:2, Dios dice: "Porque he aquí que tinieblas cubrirán la tierra, y oscuridad las naciones; mas sobre ti amanecerá Jehová, y sobre ti será vista su gloria". Esa gloria se intensificará en nosotros en la medida en que le permitamos a Dios que trabaje *en* nosotros, para hacernos una clase de vasos donde su gloria pueda brillar.

Dios desea que lo conozcamos más íntimamente. Su palabra nos enseña que tenemos entrada directa a su presencia. Cuando Moisés dijo: "Mira, tú me dices a mí: Saca este pueblo; y no me has declarado a quién enviarás conmigo", Dios le dijo: "Mi *presencia* irá contigo, y te daré *descanso*" (Éxodo 33:14). Cuando Dios va con nosotros, Él hace las cosas fáciles. A menudo me refiero a la presencia de Dios como "santa facilidad".

En este libro veremos algunos paralelos de cuatro niveles de intimidad en el Antiguo y Nuevo Testamento, que están disponibles para todos los creyentes. Éstos se ilustran en la vida de Moisés y los hijos de Israel, así como de quienes siguieron a Jesús.

Jesús dijo que nadie puede ver el reino de Dios a menos que nazca de nuevo (vea Juan 3:3). Así que, obviamente, la primera experiencia para conocer a Dios de modo íntimo se obtiene por medio de su Espíritu Santo, cuando viene a habitar dentro de nosotros al ocurrir la salvación. *Dios nos ungió, nos selló como propiedad suya y puso su Espíritu en nuestros corazones como garantía de sus promesas* (vea 2 Corintios 1:21-22). Dios desea que le pidamos nuestro sustento diario y sabiduría (vea Santiago 1:5), y que luego escuchemos su voz para guiarnos. Él ha prometido respondernos cuando lo llamamos, y nos asegura que "ya sea que te desvíes a la derecha o a la izquierda, tus oídos percibirán a tus espaldas una voz que te dirá: «Éste es el camino; síguelo»" (Isaías 30:21, NVI).

En la segunda parte de este libro, estudiaremos acerca de la promesa del poder transformador de Dios, que Jesús anunció en Hechos 1:45, cuando dijo a sus discípulos: "Esperen la promesa del Padre, de la cual les he hablado: Juan bautizó con agua, pero dentro de pocos días ustedes serán bautizados con el Espíritu Santo" (NVI*). El saber que el Espíritu Santo está *en* nosotros, nos da plena certidumbre de nuestra salvación. Pero muchos todavía luchamos con nuestro deseo de hacer buenas obras si no recibimos la promesa del poder del Espíritu Santo, de la cual Jesús habló en Hechos 1:8: "pero recibiréis poder, cuando haya venido sobre vosotros el Espíritu Santo". Cuando el Espíritu Santo viene *sobre* nosotros, nos capacita, nos hace efectivos y nos da poder para hacer su trabajo con "santa facilidad".

Finalmente, examinaremos la presencia manifiesta de Dios, que es reflejada a través de nuestras vidas cuando aprendemos a hacer sencillamente cualquier cosa que Él nos pida que hagamos. La obediencia nos lleva a un mayor y profundo entendimiento de quién es Dios. En 1 Juan 2:3 se nos dice: "Y en esto sabemos que nosotros le conocemos, si guardamos sus mandamientos". Cuando obedecemos a Dios, Él derrama sobre nosotros la gloria de su bondad, la cual se hace visible a otros, como demostración de las grandes cosas que Dios desea hacer en ellos. Mientras permitamos que sus dones trabajen en y a través de nosotros, seremos de bendición para otros.

Pero aún queda más, porque en Mateo 5:8, Jesús dice: "Bienaventurados los de limpio corazón, porque ellos *verán* a Dios" (énfasis de la autora). Si permitimos que su fuego nos purifique, Dios está dispuesto a refinarnos y a limpiar de nuestra vida las cosas que no son de Cristo. Como el labrador que corta las ramas secas,

Dios trabajará en nosotros para que llevemos fruto. Si nos humillamos ante Él y admitimos nuestra dependencia de Él, entonces Dios hará el trabajo por nosotros y en nosotros.

La Biblia dice: "Y aquel varón Moisés era muy manso, más que todos los hombres que había sobre la tierra" (Números 12:3). Moisés hablaba con Dios cara a cara, lo cual indica intimidad (vea Éxodo 33:11). La Biblia dice que en la última cena, Juan recostó su cabeza de Jesús (vea Juan 13:23), lo que describe otra forma de intimidad. Moisés y Juan compartieron la pasión por conocer a Dios más íntimamente que los demás. Ver el rostro de Dios es la recompensa para quienes anhelan su presencia más que nada en la tierra. La Palabra de Dios dice: "Sírvele con corazón perfecto y con ánimo voluntario; porque Jehová escudriña los corazones de todos, y entiende todo intento de los pensamientos. Si tú le buscares, lo hallarás" (1 Crónicas 28:9).

A lo largo de todo este libro revisaremos el plan original que Dios tenía, y que era caminar a nuestro lado y comunicarse con nosotros tal como lo hace un amigo, del modo en que lo hizo con Adán en el segundo capítulo de Génesis. Examinaremos cómo la presencia de pecado en nuestra vida nos hace escondernos de Dios, y advertiremos el apasionado anhelo de Dios de permanecer cerca de nosotros.

Bajo el antiguo pacto, Él se revelaba en montañas, tiendas, y en el santuario donde escondía su rostro detrás del velo sagrado para separar a sus amados de su presencia poderosa. Si no fuera porque la sangre de

Jesús lavó nuestros pecados, no podríamos estar ante la presencia santa de Dios.

Pero cuando Cristo se inmoló por nuestros pecados, inmediatamente Dios nos invitó a entrar al Lugar Santísimo, pues nuestras culpas e inmundicia fueron limpiadas por el sacrificio de la sangre de Cristo. Dios desea que nos acerquemos a Él y que palpemos su amor hacia nosotros. Ya no tenemos que escondernos más detrás del velo que una vez separaba a Dios de su pueblo. ¡Ahora nosotros podemos disfrutar de esa íntima comunión con Él!

Necesitamos su presencia en nuestras vidas; precisamos de esa íntima comunión con Dios. El mundo en que vivimos puede ser un lugar atemorizante. A menudo nos encontramos en situaciones que no sabemos cómo manejar, pero Dios está listo para dirigirnos y guiarnos por su Espíritu, si estamos dispuestos a ser el santuario donde Él pueda morar.

Él no sólo desea ayudarnos, sino que también desea ayudar a otros a través de nosotros. Creo que Dios ha situado a su pueblo estratégicamente por todo el mundo, en cada empresa, en cada mercado, en cada hospital, escuela y en muchos lugares más. A medida que las tinieblas de este mundo se tornen más oscuras en estos últimos tiempos, su gloria resplandecerá más brillante que nunca en los que verdaderamente le pertenecen. Ellos serán quienes ayuden a los perdidos a encontrar el camino.

Ha llegado el día de que todos los creyentes resplandezcan y sean usados por Dios como nunca antes. El mundo no será alcanzado por medio de un puñado de predicadores. Necesitamos desesperadamente de un ejército de gente dispuesta a ministrar uno a uno en sus comunidades, en sus trabajos y en los mercados. Por eso yo le ruego que busque a Dios en el más alto nivel de intimidad en que Él está dispuesto a revelársele, para que sea llenado y rebose con su presencia. ¡No sólo usted necesita a Dios, Él lo necesita a usted!

No se descarte usted mismo creyendo que Dios no puede usarlo. "Sucederá que en los últimos días, dice Dios, derramaré mi Espíritu sobre todo el género humano. Profetizarán sus hijos y sus hijas, los jóvenes tendrán visiones y los ancianos tendrán sueños. En esos días derramaré mi Espíritu sobre mis siervos y mis siervas, y profetizarán" (Hechos 2:17–18, NVI). Esta palabra profética del Señor nos incluye a usted y a mí.

En el capítulo 47 de Ezequiel, el profeta habla de una visión en la cual veía aguas que provenían del umbral del templo de Dios. Yo creo que esas aguas representan un derramamiento del Espíritu de Dios. Primero, el agua le llegaba a Ezequiel hasta los tobillos; luego alcanzó hasta sus rodillas; y luego subió hasta sus lomos. Pronto las aguas crecieron tanto que no podían ser atravesadas sino a nado.

Aquí también vemos un cuadro que podría representar cuatro niveles de compromiso con Dios. Algunas personas sólo quieren estar tan cerca de Dios como el agua que llega hasta los tobillos. A ellos les gusta sentir que están en terreno firme, porque así saben que siguen teniendo el control. No están dispuestos a abandonarse completamente en el río, al punto de que sea el río (que representa al Espíritu de Dios) el que tenga el control.

El Señor nos implora: "Mira que estoy a la puerta y llamo. Si alguno oye mi voz y abre la puerta, entraré, y cenaré con él, y él conmigo" (Apocalipsis 3:20, NVI). Él quiere que disfrutemos de la plenitud de su plan para nosotros. Pero debemos tener su presencia— su unción, su gracia, su poder—cada día, para disfrutar completamente su trabajo en nosotros, que es de fundamental necesidad para nuestra vida.

¿Cuán alto quiere usted subir al monte de la presencia de Dios? ¿Cuán cerca del corazón de Jesús quiere recostar su cabeza? ¿Cuán lejos está dispuesto a permitir que el Espíritu Santo le dirija en el Río de la Vida?

Aquellos que buscan, anhelan y desean ver a Dios, lo encontrarán y disfrutarán del fruto de su paz que sobrepasa todo entendimiento (vea Filipenses 4:7). Si usted está buscando a Dios, o si usted le conoce pero no ha experimentado la plenitud de esa relación con Él que está disponible para usted, *puede* comenzar a experimentarla ahora. He escrito este libro para mostrarle, tal como Dios me la ha revelado, la manera de experimentar esa profunda e íntima relación con Él.

Mientras lee este libro hasta el final, oro sobre su vida la Palabra que está en Efesios 1:17, NVI:

Pido que el Dios de nuestro Señor Jesucristo, el Padre glorioso, les dé el Espíritu de sabiduría y de revelación, para que lo conozcan mejor.

NIVEL DE INTIMIDAD
1

~~~~~

La presencia manifiesta de Dios

Para que os dé, conforme a las riquezas de su gloria, el ser fortalecidos con poder en el hombre interior por su Espíritu; para que habite Cristo por la fe en vuestros corazones, a fin de que, arraigados y cimentados en amor, seáis plenamente capaces de comprender con todos los santos cuál sea la anchura, la longitud, la profundidad y la altura, y de conocer el amor de Cristo, que excede a todo conocimiento, para que seáis llenos de toda la plenitud de Dios. Y a Aquel que es poderoso para hacer todas las cosas mucho más abundantemente de lo que pedimos o entendemos, según el poder que actúa en nosotros, a él sea gloria en la iglesia en Cristo Jesús por todas las edades, por los siglos de los siglos.

—EFESIOS 3:16–21

1

Parece que algo falta

Recuerdo el vacío que sentí en 1976, siendo una nueva creyente, cuando pude darme cuenta de que *el hacer* las cosas correctas me brindaba una felicidad pasajera, pero no el gozo y la satisfacción plenos. En aquellos primeros días de mi amistad con Dios, yo sólo podía contemplarlo a la distancia, tal como los hijos de Israel, que permanecieron al pie del monte Sinaí, sin poder verlo mientras hablaba cara a cara con Moisés en la cumbre del monte. Podían escuchar su voz, pero para ellos Él era como fuego consumidor.

Sin duda, yo veía al Dios grande y poderoso y quería permanecer segura dentro de los límites establecidos por Él. Así que viví por las leyes de la iglesia. Estaba presente en cada reunión y me ofrecía para servirle en múltiples oportunidades, pero mi vida seguía estando llena de irritabilidad y molestias que me robaban el verdadero contentamiento.

Muchas personas se frustran, como yo, en su búsqueda de realización, porque no saben dónde buscar *aquello* que pueda colmar su anhelo de algo más. Como la mayoría de la gente, los hijos de Israel concebían la satisfacción como el sentimiento de regocijo, seguridad y bienestar que proviene de tener satisfechas las necesidades físicas; pero es mucho más que eso. Pasaron varios años siendo creyente antes de poder entender que la verdadera satisfacción interior es lo más importante de la vida. Y ella resulta de disfrutar la vida gracias a la continua presencia de Dios en nosotros.

Una vez leí estas palabras del salmista David, quien resumió así el único requisito que él consideró imprescindible para su vida: "Una sola cosa le pido al SEÑOR, y es lo único que persigo: habitar en la casa del SEÑOR todos los días de mi vida, para contemplar la hermosura del SEÑOR y recrearme en su templo" (Salmo 27:4, NVI).

David había tenido muchas oportunidades de disfrutar de sus propios méritos y sentirse interiormente satisfecho. Investido del poder de Dios, había matado un león y un oso con sus propias manos, y luego a un imponente gigante, armado únicamente con una honda y cinco piedras lisas. Dios escogió a este compositor ungido para ser el rey de Israel, aunque era el hermano menor de una familia de varones, todos los cuales eran mucho más destacados que él. Obtuvo fama y riqueza, y la gente pudo haber creído que ése era el sustento de su satisfacción interior.

La búsqueda incesante de Dios por David, incluso después de experimentar su presencia a través de muchos acontecimientos extraordinarios de su vida, me hizo confiar en que quedaba mucho más de Dios por conocer que lo que conocía hasta entonces. Después de todo, David también sintió la necesidad de conocer a Dios más íntimamente. Creo que necesitamos anhelar *continuamente* una comunión íntima con Dios si queremos experimentar un gozo interno duradero.

Enfatizo la palabra *buscar* cuando medito en el Salmo 27:4 ("Una cosa he demandado a Jehová, ésta *buscaré*; que esté yo en la casa de Jehová todos los días de mi vida"), porque esa palabra aparece muchas veces en la Biblia, pero quizás muchas personas no entiendan completamente lo que significa. *Buscar* es desear y requerir, o sea ansiar, anhelar, perseguir e ir tras algo con todo tu ser.

Muchas personas quieren la dirección de Dios, pero no lo anhelan ni lo persiguen, ni dejan de lado lo demás para escuchar una palabra de Él. Mas David dejaba todas las cosas que quería de la vida a cambio de una sola: más de Dios *todos* los días de su vida. Las palabras de David en el Salmo 27:4 se han convertido en la escritura favorita para mi vida. A menudo la cito junto a mi nombre cuando autografío libros, porque creo que la única cosa que verdaderamente satisface nuestras ansias es conocer hoy a Dios más íntimamente que ayer.

Si lo desea, usted puede meditar en algún momento al que considera el más satisfactorio de su vida con Dios. Pero si ese momento sucedió años atrás, o incluso ayer, entonces se está perdiendo el placer que proviene de la comunión diaria con el Padre, por medio de su Espíritu

Santo. El Señor dice: "Yo amo a los que me aman, y me hallan los que temprano me buscan" (Proverbios 8:17) y, "me buscaréis y me hallaréis, porque me buscaréis de todo vuestro corazón" (Jeremías 29:13).

No importa lo que poseamos, a donde vayamos o lo que hagamos, nada puede darnos verdadera gratificación sino la presencia de Dios. Dinero, viajes, vacaciones, casas y mobiliario, vestimentas, puertas abiertas de oportunidades, matrimonio, hijos y muchas otras bendiciones, son, ciertamente, todas cosas que nos excitan y nos dan cierto grado de felicidad por algún tiempo. Pero la felicidad se basa en lo que sucede en el momento, mientras que el gozo se fundamenta en una seguridad interna, independiente de las circunstancias externas.

La palabra griega que se traduce *gozo [alegría]* en el Nuevo Testamento, significa *"deleite, calmo"*.[1] No es necesariamente regocijo bullicioso aunque puede incluirlo, sino una maravillosa calma y deleite. Creo que no hay nada mejor que sentirse satisfecho. Que al despertar por la mañana pensemos: '*Qué buena es la vida, alabado sea Dios, estoy satisfecho*' y luego, al irnos a la cama, sigamos estando satisfechos: ésa es la verdadera vida abundante llena del Espíritu.

Nunca podremos estar permanente y consistentemente satisfechos si buscamos llenar ese vacío que hay dentro de nosotros con cosas para hacer o poseer, en lugar de buscar la satisfacción interior que sólo viene de pasar tiempo con Dios. Estoy haciendo énfasis en este punto porque creo que hay muchos creyentes infelices, nacidos de nuevos y aun *llamados* "llenos del

Espíritu", que no hallan qué hacer con sus vidas secas e insatisfechas. Digo "llamados" porque ser llenos es *mantenerse llenos* del Espíritu de Dios, reconociéndolo en todos sus caminos y buscando de Él diariamente.

La Palabra de Dios dice: "antes bien sed llenos del Espíritu" (Efesios 5:18). Y esto implica que sea siempre, en cualquier momento, diariamente. Nuestros estómagos no pueden mantenerse llenos si no seguimos comiendo y bebiendo. Un buen libro, un estudio o una buena conversación con alguien, nunca podrá satisfacer nuestra vida de meditación; tampoco los encuentros pasajeros con Dios podrán mantenernos espiritualmente gozosos.

Gastamos tiempo y dinero, hacemos planes y elaboramos provisiones para alimentarnos diariamente. ¡Algunas veces hasta sabemos hoy dónde y qué vamos a comer mañana! Así como nuestro cuerpo físico debe ser alimentado, nuestro hombre espiritual también debe ser nutrido. Pero, de alguna manera, pensamos que podemos tener una gran relación con Dios sin necesidad de alimentarnos con su palabra ni de llenarnos con su presencia.

Jesús dijo: "No sólo de pan vivirá el hombre, sino de toda palabra que sale de la boca de Dios" (Mateo 4:4). Luego, en Juan 6:33, Él dice: "Porque el pan de Dios es aquel que descendió del cielo y da vida al mundo". Así que estamos privándonos de la provisión más importante de la vida—ese Pan diario que viene de Dios.

Hemos sido creados para disfrutar de una relación viva y vital con Dios. Hay algo sobrenatural y maravilloso cuando leemos la Palabra de Dios y escuchamos de Él las promesas que nos ha dado. Su palabra está llena de poder para nosotros; Sus palabras son espíritu, y son vida (vea Juan 6:63). Si no buscamos a Dios y pasamos tiempo alimentando nuestro espíritu con Su verdad, nunca estaremos contentos. No creo que haya algo peor que vivir en permanente insatisfacción espiritual.

PUEDE ESTAR TAN CERCA DE DIOS COMO USTED LO QUIERA

Es obvio que algunas personas están más cerca de Dios que otras. Algunos tienen una familiaridad reverente con Dios que a otros cristianos les parece extraña. Estos "amigos cercanos" de Dios comparten historias en las que hablan con Él como si lo conocieran personalmente. Sus caras brillan con entusiasmo mientras testifican: "Y Dios me dijo...", mientras que los oyentes escépticos murmuran entre dientes: "Bueno, ¡Dios nunca me habla así!"

¿Y eso por qué? ¿Acaso Dios tiene favoritos? ¿Hace Dios acepción de personas? ¡No! La Escritura nos enseña que somos nosotros, no Dios, quienes determinamos nuestro propio nivel de intimidad con Él. A todos se nos hizo una abierta invitación para que nos acerquemos "confiadamente al trono de la gracia para recibir misericordia y hallar la gracia que nos ayude en el momento que más la necesitemos" (Hebreos 4:16, NVI). En este momento, cada uno de nosotros está tan cerca del trono de la gracia de Dios como hayamos decidido estar.

Si miramos primero los tratos de Dios con los israelitas, comenzando en Éxodo 19, vemos cuatro niveles de intimidad que podemos escoger tener con Dios. Moisés fue solo a la cumbre del monte para hablar con Dios, pero Dios estableció límites en otros tres niveles de la montaña para que los demás también pudieran también ascender y acercarse a Él. Los límites coincidieron con sus grados correspondientes de madurez y compromiso para con Dios.

El primer límite fue al pie del monte:

> "Entonces Jehová dijo a Moisés: He aquí, yo vengo a ti en una nube espesa, para que el pueblo oiga mientras yo hablo contigo, y también para que te crean para siempre. Y Moisés refirió las palabras del pueblo a Jehová. Y Jehová dijo a Moisés: Ve al pueblo, y santifícalos hoy y mañana; y laven sus vestidos, y estén preparados para el día tercero, porque al tercer día Jehová descenderá a ojos de todo el pueblo sobre el monte de Sinaí. Y señalarás término al pueblo en derredor, diciendo: Guardaos, no subáis al monte, ni toquéis sus límites; cualquiera que tocare el monte, de seguro morirá" (Éxodo 19:9-12).

Entonces el Señor invitó a Aarón, Nadab, Abiú y setenta de los ancianos de Israel para que subieran a su monte y adoraran a la distancia, marcando con eso un segundo nivel de relación con Dios. A Josué le fue permitido subir al tercer nivel antes de que Moisés lo dejara para aproximarse él solo al Señor. Éxodo 24:9-17 (NVI) lo explica:

"Moisés y Aarón, Nadab y Abiú, y los setenta ancianos de Israel subieron y vieron al Dios de Israel. Bajo sus pies había una especie de pavimento de zafiro, tan claro como el cielo mismo. Y a pesar de que estos jefes de los israelitas vieron a Dios, siguieron con vida, pues Dios no alzó su mano contra ellos. El SEÑOR le dijo a Moisés: "Sube a encontrarte conmigo en el monte, y quédate allí. Voy a darte las tablas con la ley y los mandamientos que he escrito para guiarlos en la vida". Moisés subió al monte de Dios, acompañado por su asistente Josué, pero a los ancianos les dijo: "Esperen aquí hasta que volvamos. Aarón y Jur se quedarán aquí con ustedes. Si alguno tiene un problema, que acuda a ellos". En cuanto Moisés subió, una nube cubrió el monte, y la gloria del SEÑOR se posó sobre el Sinaí. Seis días la nube cubrió el monte. Al séptimo día, desde el interior de la nube el SEÑOR llamó a Moisés. A los ojos de los israelitas, la gloria del SEÑOR en la cumbre del monte parecía un fuego consumidor".

¿Por qué Dios dejaría a algunos llegar sólo hasta cierto nivel de su presencia, permitiendo a otros ir más cerca, y a otros como Moisés, verlo cara a cara? En Éxodo 32 advertimos que el nivel de compromiso que cada grupo demostró para con Dios, brinda un paralelo con el nivel de intimidad que cada uno de ellos experimentó en el monte de Dios. Nosotros decidimos cuán profundamente podemos entrar a su presencia, según nuestro nivel de obediencia a su instrucción en nuestras vidas.

A cada uno de los que estaban en el primer límite, Dios le estaba diciendo: "Te voy a visitar, pero

solamente puedes entrar en mi presencia hasta aquí".
Y ellos estuvieron muy cómodos permaneciendo al pie
del monte, donde se podía escuchar la voz de Dios
mientras hablaba con Moisés. No se movieron más allá
de sus límites, porque Dios les parecía un fuego consumidor. Recuerda, éste fue el mismo grupo de gente
que más tarde donó sus joyas para hacer un becerro
de oro a quien adorar, porque se cansaron de esperar
que Moisés regresara del monte de Dios. Piensa en
esto: ¡ellos adoraron las joyas que Dios les había dado
cuando salieron de Egipto (vea Éxodo 32:16)!

Aarón estaba entre los sacerdotes y ancianos que as-
cendieron al segundo nivel y tuvieron el privilegio de
ver la belleza de los pies de Dios (vea Éxodo 24:9-10),
aunque posteriormente ayudó a los israelitas a preparar
un altar para sus sacrificios inmundos. Y sus hijos,
Nadab y Abiú, quienes compartieron este encuentro
con Dios, más tarde perdieron sus vidas por ofrecer
a Dios un sacrificio no autorizado (vea Números 3:1).

A Josué, el asistente de Moisés, le fue permitido ascender al tercer nivel de intimidad con Dios y allí lo
vio entrar a la nube de la presencia divina. Podemos
apreciar la humildad de Josué y su consagración al servicio del Señor cuando lo observamos asistir fielmente a
Moisés dondequiera que él lo necesitara. Cuando Josué
no estaba cumpliendo algún encargo de Moisés, podían encontrarlo en medio del tabernáculo (vea Éxodo
33:10-11). Él fue uno de los doce espías enviados a la
tierra prometida, y uno de los dos que regresaron con
un buen informe de fe en la capacidad de Dios para

darles la tierra (vea Números 13). Dios escogió a Josué para reemplazar a Moisés cuando llegó el tiempo de que el pueblo entrara a la tierra que les había prometido.

LA RELACIÓN REQUIERE COMPROMISO

Pero sólo Moisés fue a la cumbre del monte y a la presencia íntima de Dios. Está claro en la Escritura que Moisés tuvo que hacer grandes sacrificios personales y asumir riesgos por obedecer a Dios. Él tuvo que renunciar a oportunidades de promoción personal para que el pueblo de Dios fuera bendecido. Cuando supo que no era egipcio sino israelita, él rehusó ser llamado hijo de la hija de Faraón (vea Hebreos 11:24-29). ¡Qué momento de decisión para él! Por haber crecido en la casa de Faraón, poseía más riquezas de la tierra de las que posiblemente alguien haya tenido. Los israelitas, por otro lado, eran pobres esclavos que no habían disfrutado de los lujos a los que él estaba acostumbrado.

Hebreos 11:25 (NVI) dice de Moisés: "Prefirió ser maltratado con el pueblo de Dios a disfrutar de los efímeros placeres del pecado". ¡Ésa sí que es una escritura poderosa! Moisés pudo haber escogido seguir divirtiéndose en la carne, pero eligió buscar algo más. No todos podrían pagar ese precio.

Moisés pasó la prueba de la ambición y del egoísmo. Él quería intimidad con Dios más que cualquier otra cosa. Pasó tiempo con Dios durante cuarenta días y cuarenta noches y recibió los Diez Mandamientos. Dios habló con Moisés cara a cara, como el hombre habla con su amigo (vea Éxodo 33:11). La gloria manifiesta de Dios resplandeció en el rostro de Moisés con tal intensidad que tuvo que ponerse un velo, porque el resplandor de su cara cegaba a la gente (vea Éxodo 34:30-35).

Estos mismos cuatro niveles de intimidad se muestran en los que conocieron a Jesús. Sabemos que Jesús envió por lo menos a setenta personas para que fueran delante de Él a cada ciudad y lugar adonde iría luego (vea Lucas 10:1). De los setenta, Jesús escogió doce discípulos para compartir un nivel más profundo de intimidad con Él, y de los doce había tres—Pedro, Santiago y Juan—que fueron escogidos por Jesús en situaciones en que ninguno de los otros podía participar. Pero de estos tres que estaban más cerca de Jesús, sólo Juan se sintió lo suficientemente cómodo como para recostar su cabeza en el pecho del Señor, mientras lo escuchaba enseñar y hablar del reino de Dios.

Jesús tuvo setenta conocidos, doce discípulos, tres amigos íntimos, y uno que lo amaba como su hermano. Jesús los amó a todos ellos, y ellos amaron a Jesús, pero no todos estuvieron dispuestos a tener el mismo nivel de compromiso que quienes entraron en una relación más íntima con Él.

No todo el mundo está dispuesto a pagar el precio que conlleva estar cerca de Dios. No todo el mundo está dispuesto simplemente a tomar tiempo para estar cerca del Señor. Dios no nos pide *todo* nuestro tiempo. Él quiere que hagamos otras cosas aparte de las actividades espirituales en las que nos comprometemos. Él nos diseñó con un cuerpo, un alma y un espíritu, y espera que cuidemos de cada área de nuestro ser.

Ejercitar nuestros cuerpos toma tiempo y esfuerzo. Nuestra alma necesita ser cuidada. Nuestras emociones necesitan ser ministradas, necesitamos entretenimiento y diversión, y necesitamos disfrutar de la comunión con otras personas. De igual manera, tenemos una naturaleza espiritual que necesita atención. Si algún área de nuestro ser se sale de balance, el área espiritual comienza a sufrir; luego nuestras vidas se desequilibran rápidamente y nada marcha como debiera.

Creo que toda la cuestión de la intimidad con Dios es asunto de tiempo. Decimos que no tenemos tiempo para buscar a Dios, pero sacamos tiempo para hacer las cosas que consideramos más importantes. "Estoy ocupado" puede ser una excusa. Todos tenemos que luchar diariamente con distracciones para proteger nuestro tiempo de buscar a Dios. Si Él es lo más importante de nuestras vidas, ¿por qué no ocupa esa prioridad en nuestro tiempo? Tal vez sea porque, cuando comenzamos a invertir en lo espiritual, queremos gratificación inmediata. Pero buscar a Dios significa estar buscándolo continuamente.

No experimentaremos gratificación instantánea. Debemos sembrar antes de cosechar; debemos invertir antes de recibir ganancia. En otras palabras, debemos perder antes de ganar; debemos dar tiempo antes de que podamos experimentar intimidad con Dios.

PASAR TIEMPO CON DIOS ES
UNA NECESIDAD VITAL

Quizás tengamos que tratar severamente con nuestra carne para resistir el espíritu de pasividad que trata de impedirnos crecer en el conocimiento de Dios. El compromiso de pasar tiempo con Dios es tan serio como cualquier otra responsabilidad que podamos tener.

La Palabra de Dios dice: "El corazón me dice: «¡Busca su rostro!» Y yo, SEÑOR, tu rostro busco" (Salmo 27:8, NVI). Dios promete: "Me buscarán y me encontrarán, cuando me busquen de todo corazón" (Jeremías 29:13, NVI). Yo amo esa escritura: ella nos dice que reconoceremos que Dios es una necesidad vital de nuestra existencia.

Mi tío, que pasó a morar con el Señor, tenía en su corazón un marcapasos que requería ser recargado cada cierta cantidad de días. Un sábado, Dave y yo invitamos a mis tíos a comer a un buen restaurante, pero ellos no podían ir porque mi tío debía recargar su marcapasos ese día.

Primero no entendí por qué mi tía decía que no podían ir. Le dije: "¡Bueno, él puede recargarlo mañana!". Ella dijo: "Joyce, si no recarga su marcapasos hoy, él no estará aquí mañana".

Si mi tío no hubiera invertido tiempo en recargar su marcapasos, su corazón habría dejado de latir. Era una *necesidad vital* para él mantener su cita con la máquina que prolongaba su vida. Si miráramos nuestro tiempo con Dios como la oportunidad de recargar el marcapasos de nuestro corazón, sería lo suficientemente importante para que nos asegurásemos de destinar tiempo para hacerlo. Si pudiéramos mantener nuestra cita con Dios como hacemos con nuestras citas, estaríamos en buen estado. Pero surgen otras cosas, y nos ofuscamos haciéndolas.

Si precisara hacerme diálisis por mis riñones enfermos y tuviera que estar en el hospital dos veces por semana a las 8:00 de la mañana para el tratamiento, seguramente no aceptaría una invitación para hacer otra cosa, por más interesante que pareciera ser. Sabría que mi vida depende de mantener mi cita. De esa manera deberíamos ver nuestro tiempo con Dios. La calidad de nuestra vida es afectada grandemente por el tiempo que pasamos con Dios, así que éste debería tener un lugar prioritario en nuestra agenda.

Quizás porque Dios está siempre disponible pensamos que más tarde podremos pasar tiempo con Él, así que escogemos atender lo que parece urgente, en lugar de darle al Señor la prioridad en nuestras vidas. Pero si nuestra prioridad fuera pasar más tiempo con Dios, no tendríamos tantas emergencias que nos roban el tiempo. Tenemos que redimir el tiempo por medio de la oración.

Cuando usted se sienta en la presencia de Dios, aunque piense que no está aprendiendo nada nuevo, sí está sembrando en su vida una buena semilla que producirá una buena cosecha. Perseverando, usted llegará al punto donde entenderá más de la Palabra, donde tendrá una tremenda comunión con Dios, donde estará hablando con Él, y Él hablará con usted. Sentirá su presencia y comenzará a ver en su vida cambios que le asombrarán. No gaste su tiempo persiguiendo bendiciones. Persiga a Dios, y las bendiciones lo perseguirán a usted.

Las bendiciones de Dios son derramadas sobre nosotros de acuerdo con nuestro nivel de madurez en Él. En 3 Juan 1:2 dice: "Amado, yo deseo que tú seas prosperado en todas las cosas, y que tengas salud, así como prospera tu alma".

La madurez se demuestra a través de nuestro estilo de vida diaria, por la manera en que tratamos a nuestra familia y amigos. La verdadera espiritualidad no es evidente sólo los domingos en la iglesia, sino a través de toda la semana mientras hacemos lo que Dios nos dice que hagamos, nos agrade o no. Nuestra madurez será probada por gente que es capaz de sacar lo malo que todavía queda en nosotros.

Cuando usted pasa tiempo con Dios, todo el mundo lo sabe. Usted se torna más calmo, se lleva bien con los demás, y no pierde rápidamente el control de sus emociones. Su paciencia aumenta, y su corazón entiende enseguida lo que le agrada a Dios y lo que le desagrada. Como cualquier amigo, mientras más tiempo pase usted con Dios, más se parecerá a Él.

Pasar tiempo con Dios hace que usted sea sensible al amor que Él quiere demostrarle, y que a su vez usted lo demuestre a otros. Si usted le habla a alguien de manera incorrecta, su conciencia lo pone sobre aviso de su presencia. Su corazón se conmueve cuando Él se conmueve, y usted rápidamente ora: "Oh Dios, lo siento.

Por favor, perdóname". Invade su corazón el deseo de pedir perdón a la persona a quien ha ofendido. Pronto descubrirá que decir: "Lo siento; no quise herir tus sentimientos", no es tan difícil después de todo.

Los deseos de su corazón y la manera en que trata a los demás revelan más acerca de usted y de su relación con Dios que cualquier otra señal externa. Moisés disfrutaba de un nivel profundo de intimidad con Dios, y deseaba que Dios bendijera su pueblo. Cuando Dios le dijo a Moisés que él había hallado gracia ante sus ojos (vea Éxodo 33:12), Moisés entendió que eso significaba que podía pedir cualquier cosa que su corazón deseara. (¿Qué hubiera pedido usted si hubiera estado en el lugar de Moisés?)

Moisés le dijo a Dios: "Ahora, pues, si he hallado gracia en tus ojos, te ruego que me muestres ahora tu camino, para que te conozca, y halle gracia en tus ojos; y mira que esta gente es pueblo tuyo" (Éxodo 33:13). Moisés había visto a Dios ejecutar los más grandes milagros de la historia, pero aun así quería aprender más sobre los caminos de Dios, para seguir gozando del favor del Señor. Y se acordó de pedirle a Dios que bendijera al pueblo que Él había puesto bajo su cuidado.

Quedarse en un mismo nivel de intimidad con Dios se vuelve insatisfactorio. Hay tres distracciones obvias que nos impiden pasar tiempo con Dios, y son nuestro deseo de entretenimiento, nuestro trabajo y las demandas de otras personas. Todas ellas son inevitables— y hasta necesarias—, así que debemos tomar la sabia decisión de anhelar a Dios que a ninguna otra cosa, y aprender a balancear nuestro tiempo para buscarlo a Él.

Es horrible querer estar en algún sitio y no saber cómo llegar hasta él. Yo quiero ayudarle a llegar a donde usted quiere ir. Las personas leen libros y van a seminarios para aprender a tener vidas exitosas, alcanzar promociones, y disfrutar de mejores relaciones. Dios tiene las respuestas para cada necesidad; sólo tenemos que cooperar con Él. Dios no va a decirle que haga algo que esté más allá de sus capacidades, todo lo que Él quiere es contar con su buena voluntad, y entonces Él hará el trabajo.

CONFÍE COMPLETAMENTE EN DIOS

Recuerdo cuando el Señor me dijo que renunciara a mi trabajo de tiempo completo, donde ganaba tanto dinero como mi esposo. Además, yo era "el jefe", así que disfrutaba de muchos beneficios por mi alta posición. Pero el Señor comenzó a tratar conmigo, diciendo: "Vas a tener que olvidarte de eso y te quedarás en casa, para prepararte para el ministerio".

Aparte de mi trabajo, yo era un ama de casa de Fenton, Missouri, con tres niños pequeños. ¿Cómo podía estar segura de que Dios me estaba hablando? Dios trató conmigo, una y otra vez, pero me atemorizaba dejar mi trabajo. Finalmente, intenté llegar a un acuerdo con Él proponiéndole: "Mira, no voy a trabajar más a tiempo completo, sino a tiempo parcial".

Así que comencé a trabajar a tiempo parcial para una compañía porque tenía miedo de confiar plenamente en Dios. Dave y yo no reuníamos el mismo ingreso de antes, pero aprendimos a sobrevivir con la pequeña cantidad de dinero que ganábamos entre ambos. Tuvimos que eliminar algunos gastos para poder pagar nuestras cuentas—y eso estaba bien para mí. Me parecía un buen plan, pero no era el de Dios.

Aprendí que Dios no quiere hacer "tratos", y ¡terminé siendo despedida! No era el tipo de persona a quien se despide de un trabajo. Nunca antes lo había sido. Siempre había estado encargada de algo. Era yo la que despedía a otras personas, y ahora me había sucedido a mí. Después de perder mi empleo, me hallé donde Dios siempre había querido que estuviera: dependiendo completamente de Él.

Cuando no tuve más trabajo, debí aprender a confiar en Dios para las pequeñas cosas como medias, ropa íntima, una sartén, paños para limpiar, y los zapatos de mis hijos. Esta situación duró seis años, y durante ese tiempo aprendí muchísimo sobre la fidelidad de Dios. Ahora Dave y yo tenemos que confiar en Dios con un nivel de fe más alto, para que nos provea lo necesario para sostener nuestro ministerio. Si no hubiera atravesado esos años de prueba y de esforzarme en fe, no podría estar donde me encuentro hoy.

Muchas personas se dan por vencidas durante los años de prueba. Nunca superan sus pruebas, por lo que permanecen toda su vida caminando alrededor de las mismas montañas (vea Deuteronomio 2:3). Quizás usted no entienda lo que le está ocurriendo ahora, pero más tarde comprenderá el propósito, si se rehúsa a darse por vencido.

No le estoy diciendo que renuncie a su trabajo para lanzarse de lleno al ministerio. Sólo le cuento esta historia para explicarle que mi esposo y yo no nos levantamos una mañana de la cama y comenzamos a trabajar para Dios con miles de personas en un ministerio internacional. La Biblia dice que Jesús ganó experiencia a través de lo que sufrió, y fue equipado para su puesto como Sumo Sacerdote. Incluso Él pasó por pruebas que lo ayudaron años más tarde en su ministerio (vea Hebreos 5:5-10).

Dios *me* dijo que renunciara a mi trabajo para que pudiera ganar experiencia confiando en Él para todo lo que necesitara. Pero, por favor, no renuncie usted a su trabajo ni trate de hacer algo en la carne. Dios no le pide a cada persona que renuncie a lo que están haciendo, sino que Él debía enseñarme a vivir por fe, para que ahora Dave y yo podamos poner toda nuestra confianza en Él. Sólo la experiencia puede equiparnos con la fe que necesitamos a diario para continuar haciendo lo que Dios nos ha llamado a hacer.

En los primeros años de mi caminar con Dios, mi deseo de conocerlo creció a través de la vida de oración, por lo que le animo a usted para que ore si también ansía más de Él:

> *Dios, si he hallado gracia ante ti, muéstrame tus caminos. Quiero pensar y ser como tú. Quiero conocerte a ti y el poder de tu resurrección. Ayúdame, Dios, a caminar en el fruto del Espíritu. Ayúdame*

a no maltratar a las personas. Ayúdame a ser de bendición dondequiera que vaya hoy.

He decidido que *si cualquiera puede tener más de Dios, yo también quiero más.*

2

¡Sí, hay más!

Un viernes por la mañana, en el mes de febrero del 1976, iba camino al trabajo en mi auto sintiéndome desanimada. Mi esposo y yo habíamos tenido una discusión antes de salir a trabajar, algo que sucedía muy a menudo.

Me parecía estar haciendo todo lo que la iglesia me decía que debía hacer, y esperaba que mi rutina de buenas obras me trajera la paz y el gozo prometidos en las Escrituras. Sin embargo, me sentía un poco descorazonada porque nada parecía andar bien.

Dave y yo estábamos involucrados en el trabajo de la iglesia. Él era uno de los ancianos y yo estaba en la junta directiva, la primera y única mujer que, en ese tiempo, integraba ese cuerpo. Ayudar a tomar decisiones en la iglesia era un trabajo extremadamente frustrante debido a toda la burocracia que había. Casi siempre se necesitaban varias reuniones para decidir un asunto pequeño y casi insignificante.

Dave y yo también participábamos en el equipo de

evangelismo; una noche de cada semana íbamos puerta por puerta hablándoles a otros de Jesús. Nuestra vida giraba alrededor de la iglesia. Nuestros hijos iban a la escuela de la iglesia. Nos uníamos a todos los clubes sociales con fines correctos y a equipos de deportes, y asistíamos a todos los banquetes de la iglesia. Teníamos relaciones con quienes yo consideraba buenos amigos, pero pronto descubriría que estaba equivocada.

Aunque estaba haciendo lo que creía que Dios requería de mí, seguía sintiendo que necesitaba un cambio en mi vida; pero no sabía exactamente qué era eso que necesitaba. Buscaba, pero no sabía qué.

Esa mañana, llena de frustración y desesperación, clamé al Señor y le expuse lo que sentía. Tal como iban las cosas yo no podía seguir más. Recuerdo que dije, "Dios, hay algo que me falta. No sé qué es, pero algo me está faltando".

Estaba hambrienta. Tenía tanta hambre espiritual que estaba lista para recibir cualquier cosa, siempre y cuando supiera que venía de Dios. La gente que tiene apetito elige lo que come; pero la que tiene hambre come cualquier cosa que le pongan enfrente. Debido a mi gran hambre espiritual, en ese punto de mi vida era totalmente receptiva a Dios.

Para mi sorpresa, esa mañana escuché la voz audible de Dios en mi automóvil. Él me llamó por mi nombre y me habló de la paciencia. Desde ese momento, supe con certeza que Dios iba a hacer algo respecto a mi situación. No sabía qué iba a hacer ni cuándo, pero supe que Él iba a intervenir en mi vida.

Todos los viernes, al salir del trabajo, iba a arreglarme el pelo. Más tarde, como parte de una liga en la que jugábamos, íbamos con Dave a la bolera. Esa tarde de viernes, luego de salir del salón de belleza, manejaba por la autopista 270 hacia la salida Gravois para ir hacia Fenton, el suburbio de St. Louis donde vivíamos. Mientras estaba esperando en un semáforo en rojo, sentí que mi corazón se llenaba de fe en que Dios iba a obrar. Aunque no tenía idea de lo que haría, comencé a agradecérselo.

En ese preciso instante, Jesús me llenó con la presencia del Espíritu Santo en una forma que nunca antes había experimentado. No sabía lo que sucedía, pero me daba cuenta claramente de que Dios se había manifestado a sí mismo de una manera distinta y poderosa.

Sólo puedo describir lo que experimenté entonces como si alguien hubiera derramado sobre mí un líquido, bañándome completamente de amor. Por casi tres semanas me sentí como embriagada del amor de Dios. Eso afectó mi conducta. Era pacífica, feliz, entusiasta y me resultaba fácil llevarme bien con la gente. Sentía que amaba todo y a todo el mundo.

Recuerdo que iba manejando por un campo de pasto y flores silvestres y pensaba que se veían preciosas, simplemente por saber que Dios las había creado. Me parecía hermoso todo lo que Dios tenía o hacía. Personas con las que antes no quería estar, en ese tiempo me parecían agradables. De hecho, yo era la única diferente, pero cuando cambiamos nos parece que todo lo demás ha cambiado.

Me había levantado aquella mañana con la sensación de que todo iba a tener un final desalentador, y esa noche me fui a la cama sabiendo que había alcanzado un nuevo comienzo. Así es Dios. Él se mueve *repentinamente* en nuestras vidas. Pienso que, si usted está leyendo este libro, puede experimentar un advenimiento "repentino" sobre su vida.

Abra su corazón a Dios como nunca antes. Pídale que lo cambie a usted y que cambie su vida, aunque ésta le parezca adecuada y conveniente. Ninguno de nosotros puede soportar estar quieto, sin cambiar. Si no nos movemos hacia adelante con Dios, estamos yendo hacia atrás.

Luego de esa experiencia con Dios, mi conducta cambió tanto que la gente comenzó a preguntarme qué me había pasado. Yo no sabía cómo llamarlo, pero pronto Dios puso en mis manos un recurso que me enseñó lo que había sucedido.

FE VERSUS EXPERIENCIA

Al compartirle lo que experimenté no quiero significar que usted deba buscar una experiencia similar con Dios. Lo hice simplemente para ilustrar que, si usted no está satisfecho de su relación con Dios, siempre queda algo más de Él por conocer. Buscamos a Dios, no a una experiencia, y sólo Él decide cómo y cuándo manifestar Su presencia en nuestra vida. Él trata con nosotros individualmente, pero nos promete que si lo buscamos lo encontraremos. Si le pedimos al Padre que nos dé el Espíritu Santo en una medida mayor, Él lo hará.

Jesús les dijo a sus seguidores:

"Y yo os digo: Pedid, y se os dará; buscad, y hallaréis; llamad, y se os abrirá. Porque todo aquel que pide, recibe; y el que busca, halla; y al que llama, se le abrirá. ¿Qué padre de vosotros, si su hijo le pide pan, le dará una piedra? ¿o si pescado, en lugar de pescado, le dará una serpiente? ¿O si le pide un huevo, le dará un escorpión? Pues si vosotros, siendo malos, sabéis dar buenas dádivas a vuestros hijos, ¿cuánto más vuestro Padre celestial dará el Espíritu Santo a los que se lo pidan?

—Lucas 11:9-13

Dios siempre es fiel a su palabra y la honra (vea Hebreos 10:23). Él no hace acepción de personas (vea Hechos 10:34). Lo que está disponible para uno lo está para los demás. Puede ser que conteste a cada uno de distinta manera, pero Él responderá nuestras oraciones y atenderá nuestras necesidades.

Nuestra búsqueda tiene que ser sincera y debemos estar siempre listos para asumir un compromiso más profundo. Cuando lo hagamos, Dios se moverá y enviará su Espíritu Santo para tocar a cada uno de una manera especial. Pida y crea por fe que Dios hará algo maravilloso. Mientras espera que lo haga, agradézcale, y ofrézcale alabanza.

¿Asiste usted a la iglesia porque encuentra algo interesante en ella, o lo hace por obligación, esperando que el culto se termine? ¿Es usted exitoso o está a punto de lograr serlo, pero se da cuenta de que en su vida falta algo? Quizás sea usted un cristiano que está atravesando por lo mismo que yo pasé.

Hay muchos que recibieron a Jesús como Salvador y Señor de sus vidas, que vivirán cristianamente e irán al cielo, sin haber fluido nunca en la plena capacidad del Espíritu Santo que está disponible para ellos; que nunca tendrán la experiencia del verdadero éxito que Dios les preparó. La gente puede estar camino al cielo, pero sin disfrutar del viaje.

A menudo miramos a los que tienen riquezas, posición, poder, fama y otros atributos asociados con adquisiciones materiales, y los consideramos gente exitosa. Pero muchos de esos supuestos exitosos carecen de buenas relaciones, buena salud, paz, gozo, contentamiento y otras bendiciones verdaderas que sólo están disponibles en una relación personal con Dios a través de Jesucristo. Tales personas todavía son independientes; no han aprendido a depender totalmente del poder del Espíritu Santo.

Algunas personas que son autosuficientes piensan que depender de Dios es un signo de debilidad. Pero si fluyen en el poder del Espíritu Santo, ellos podrán lograr en sus vidas más que lo que podrían hacer con sus propias fuerzas. Y quienes dependen de sus propias fuerzas, a veces se sienten impotentes para ayudar a otros que están dificultades, pero el Espíritu Santo puede impartirles poder y obrar a través de ellos.

Dios nos ha creado de tal forma, que aunque seamos fuertes tenemos debilidades y necesitamos de su ayuda. Y sabemos que Él está dispuesto a auxiliarnos, porque envió al Divino Ayudador a vivir dentro de nosotros (vea Juan 14:14; 1 Corintios 6:19).

Existe un sinnúmero de cosas contra las que luchamos solos, cuando podríamos recibir la ayuda del Espíritu Santo. Muchas personas nunca encuentran las respuestas correctas a sus problemas porque buscan fuentes erróneas de consejo y asesoramiento, en lugar de preguntarle al Divino Consejero que mora en ellos (vea Juan 14:16). Es impresionante la cantidad de personas que pueden darnos consejos que no hacen efecto alguno en nosotros. Pero lo que Dios nos dice viene cargado de poder y paz.

Jesús no murió para darnos una religión. Murió para que, a través de la fe en Él, podamos tener una relación íntima con Dios. Nuestro peor día con Dios es muchísimo mejor que nuestro mejor día sin Él.

Mucha gente vive atormentada por el miedo. Lamentablemente, no se dan cuenta de la ayuda que tienen a su disposición por medio del poder del Espíritu Santo. Él quiere ayudarnos ofreciéndonos consuelo cuando lo necesitemos. Nos consuela cuando hemos sido defraudados, heridos o maltratados, o cuando experimentamos una pérdida. También durante los cambios en nuestra vida, cuando simplemente estamos cansados, o cuando hemos fallado en alguna forma. Algunas personas nunca experimentan este consuelo porque no saben que está a su disposición con sólo pedirlo.

Sufrí muchos dolores emocionales en mi vida por causa del rechazo. Como todo el mundo, odiaba el sentimiento de soledad que produce el ser rechazado.

Todos los seres humanos tenemos necesidad de que nos acepten.

Durante muchos años sufrí por causa del rechazo, pensando que no podía hacer nada al respecto, pero gracias a Dios todo eso ha cambiado. No hace mucho, algo trajo a mi memoria aquellos viejos recuerdos dolorosos. Había hecho contacto con alguien que me había herido mucho en mi niñez. En lugar de una disculpa, recibí el reproche por algo que no era mi culpa, así como un claro mensaje de que la persona no tenía ningún interés real en mí. Instantáneamente, experimenté ese viejo sentimiento de retirarme a algún rincón a lamer mis heridas.

El dolor que sentía era intenso. Quería esconderme y compadecerme de mí misma, pero gracias a Dios ahora sé que hay una solución para esos casos. Pedí inmediatamente a Dios el consuelo del Espíritu Santo, que sanara mis emociones heridas y me permitiera manejar la situación como Jesús lo habría hecho. Mientras seguía apoyada en Dios, sentí un calor dentro de mí: era como si un bálsamo reconfortante fuera derramado en mis heridas.

Rogué a Dios que me ayudara a perdonar a la persona que me había herido, y Él me hizo recordar lo que suelo decir: "La gente herida hiere a otros". Su respuesta íntima y personal trajo sanidad a mi espíritu herido.

En 2 Corintios 1:34 dice que Dios es Padre de misericordias y fuente de toda consolación. Y además, que Él nos consuela, alienta y anima en cada problema, calamidad y aflicción. Pregúntese a sí mismo: "¿Tengo una relación cercana y personal con Dios? ¿Lo conozco íntimamente?".

Jesús quiere venir a nuestras vidas para que establezcamos una relación personal con Dios. Él nos fortalecerá y nos preparará para hacer fácilmente aquello con lo cual luchamos, y que nunca podríamos hacer sin su auxilio. A través de Jesús, Dios ha provisto el Espíritu Santo para que nos ayude a profundizar nuestra relación con Él y hacerla más íntima, revelándonos todo lo que Dios es. Por ejemplo, Dios no sólo quiere *darnos* fuerza, sino que quiere *ser* nuestra fuerza por medio del Divino Fortalecedor.

Si Dios lo creó a usted para que lo necesitara, y usted actúa como si no le hiciera falta, ¿cómo puede sentirse satisfecho? ¿No quiere experimentar la presencia y el poder pleno del Espíritu Santo en su vida? Para conocer íntimamente a Dios, usted debe recibir a Jesús como su único Salvador y Señor, y volver a nacer por el Espíritu.

NACIDO DEL ESPÍRITU

En el Evangelio de Juan capítulo 3, Jesús le dice a Nicodemo, que había venido a hacerle unas preguntas:

> "De cierto, de cierto te digo, que el que no naciere de nuevo, no puede ver el reino de Dios" (v. 3).

Nicodemo le dijo:

"¿Cómo puede un hombre nacer siendo viejo? ¿Puede acaso entrar por segunda vez en el vientre de su madre, y nacer?" (v. 4).

Respondió Jesús:

"De cierto, de cierto te digo, que el que no naciere de agua y del Espíritu, no puede entrar en el reino de Dios" (v. 5).

Cuando una persona acepta a Jesucristo como Salvador, creyendo en su obra vicaria en la cruz,[1] esa persona es nacida del Espíritu Santo o *nacida de nuevo* (vea v. 3). Esto no se basa en ninguna buena obra que la persona haya hecho o pueda hacer, sino solamente en la gracia (o poder), y la misericordia de Dios. La Biblia nos dice:

"Porque por gracia sois salvos por medio de la fe; y esto no de vosotros, pues es don de Dios; no por obras, para que nadie se gloríe" (Efesios 2:8-9).

En Tito 3:5, la Palabra de Dios enseña que somos salvos "no por obras de justicia que nosotros hubiéramos hecho, sino por su misericordia, por el lavamiento de la regeneración y por la renovación en el Espíritu Santo". El Espíritu Santo interviene en nuestra salvación, y estará con nosotros hasta el fin. Dios Lo ha comisionado para que esté con cada uno de los creyentes en el mundo, y para que, en el momento señalado, nos lleve seguros al cielo con Él.

¿Ha nacido usted por el Espíritu? Si no es así, haga

ahora mismo la siguiente oración, reconociendo que mientras rinde sinceramente su vida a Jesucristo, será nacido del Espíritu o nacido de nuevo. Luego podrá comenzar a experimentar la verdadera *intimidad con Dios* a través de su Espíritu Santo.

ORACIÓN PARA TENER UNA RELACIÓN PERSONAL CON EL SEÑOR

Dios quiere que usted reciba el regalo de su salvación. Jesús quiere salvarle y, más que nada, llenarle con el Espíritu Santo. Si nunca ha invitado a Jesús, el Príncipe de Paz, para que sea su Señor y Salvador, le invito a hacerlo ahora mismo, y si es realmente sincero, usted comenzará a experimentar una nueva vida en Cristo. Simplemente ore esta oración en voz alta:

Padre,

Tú amaste tanto al mundo, que diste a tu único Hijo para morir por nuestros pecados, para que todo aquel que creyera en Él no se perdiera, sino que tuviera vida eterna.

Tu palabra dice que somos salvos por gracia a través de la fe como un regalo tuyo. No hay nada que nosotros podamos hacer para ganar la salvación.

Creo y confieso con mi boca que Cristo Jesús es tu hijo, el Salvador del mundo. Creo que Él murió en la cruz por mí y me lavó de todos mis pecados, pagando el precio por ellos. Creo en mi corazón que tú levantaste a Jesús de entre los muertos.

Te pido que perdones mis pecados. Confieso a Jesús como mi Señor. De acuerdo a tu Palabra, ¡soy salvo y pasaré la eternidad contigo! Gracias, Padre. ¡Estoy muy agradecido! En el nombre de Jesús, amén". (Lea Juan 3:16; Efesios 2:8-9; Romanos 10:9-10; 1 Corintios 15:3-4; 1 Juan 1:9; 4:14-16; 5:1, 12-13).

SUMERGIDO EN EL ESPÍRITU SANTO

Lo que me sucedió aquel viernes de febrero de 1976 cuando salí del salón de belleza camino hacia mi casa, no fue sino la misma experiencia de la que habla Hechos en los capítulos 1 y 2, así como en muchos otros lugares de las Sagradas Escrituras. Había sido bautizada o llena del Espíritu Santo.

Antes de que Jesús fuera llevado al cielo, después de los cuarenta días que estuvo en la tierra luego de su resurrección (Hechos 1:3), Él reunió a sus discípulos y les dijo que no salieran de Jerusalén, sino que esperaran por la promesa del Padre: "La cual, les dijo, oísteis de mí. Porque Juan ciertamente bautizó con agua, mas vosotros seréis bautizados con el Espíritu Santo dentro de no muchos días" (Hechos 1:45).

La promesa del Padre era el derramamiento del Espíritu Santo. Jesús dijo: "Pero recibiréis poder, cuando haya venido sobre vosotros el Espíritu Santo, y me seréis testigos en Jerusalén, en toda Judea, en Samaria, y hasta lo último de la tierra" (Hechos 1:8).

Después de decirles estas cosas, Jesús fue levantado y una nube lo ocultó de sus ojos (vea v. 9).

Estos discípulos eran los mismos a quienes Él se les había aparecido poco después de haber resucitado. En ese momento Él sopló sobre ellos y dijo: "Recibid el

Espíritu Santo" (Juan 20:22). Yo creo que fue entonces cuando nacieron de nuevo. Si ellos ya habían recibido el Espíritu Santo, y lo tenían, ¿por qué fue preciso que esperaran *para ser bautizados con el Espíritu Santo,* como Jesús les instruyó que hicieran antes de ascender al cielo?

Es posible llenar un vaso con agua sin colmarlo totalmente. Asimismo, cuando nacemos de nuevo tenemos el Espíritu Santo *en* nosotros, pero sería posible que aún no estuviéramos totalmente llenos con el Espíritu. En Hechos 1:8, Jesús promete que el Espíritu Santo también vendría *sobre* nosotros con su poder (habilidad, eficiencia y poderío) para ser testigos de Cristo hasta lo último de la tierra. Hechos 4:31 relata que cuando los discípulos fueron llenos del Espíritu Santo, hablaron la Palabra de Dios "con denuedo".

En el Antiguo Testamento, el Espíritu del Señor descendía sobre sus siervos como Gedeón, Sansón, David, Elías y Eliseo, y los milagros que realizaron, que excedían su capacidad humana, significaban una demostración del poder de Dios para el mundo perdido. Ahora vivimos en el tiempo más emocionante de la historia, porque el Espíritu Santo está siendo derramado en todos aquellos que lo quieran recibir. En la actualidad, podemos disfrutar de la presencia del Espíritu de Dios que mora en nosotros por medio de la salvación, y también ser investidos de su poder para demostrar su gloria a los que están perdidos.

En Juan 1:29-33, Juan el Bautista decía que él bautizaba con agua, pero que después vendría uno que bautizaría con el Espíritu Santo. En Mateo 28:19, Jesús dijo a sus seguidores que fueran e hicieran discípulos, bautizándoles en el nombre del Padre, del Hijo y del Espíritu Santo.

El bautismo en agua es una señal externa de una decisión interna de seguir a Jesús y rendirle nuestra vida. Significa la sepultura de la vieja vida y la resurrección a una nueva. El bautismo que Juan hacía, como vemos en Juan 1:33, era un bautismo para arrepentimiento. Aquellos que eran bautizados estaban diciendo, en esencia, que dejaban su vida de pecado y querían vivir una nueva vida.

Una persona puede tener el deseo de hacer algo, pero no el poder para hacerlo. Yo creo que ese poder viene con el bautismo del Espíritu Santo. Por muchos años se me dijo lo que debía hacer, y yo me esmeré en cumplir, pero simplemente no pude. Sólo después de que fui bautizada o sumergida en el Espíritu Santo encontré el verdadero deseo de hacer la voluntad de Dios y el poder para hacerla. Hay varios niveles de "querer". Yo siempre he querido obedecer a Dios, pero mi deseo no era lo suficientemente fuerte como para lograr atravesar las dificultades que lleva consigo la obediencia. Después de que fui llena con el Espíritu Santo, mi "querer" fue fortalecido hasta lograr llegar a la meta.

La palabra griega que se traduce *bautizar*, usada por Juan cuando se refiere al bautismo en agua de Juan 1:33, es la misma palabra griega empleada por Jesús en Hechos 1:5, cuando se refiere a ser bautizados con el Espíritu Santo: "Porque Juan ciertamente bautizó con agua, mas vosotros seréis bautizados con el Espíritu Santo dentro de no muchos días". En ambos versículos, referidos a ambos bautismos, el significado de *bautizar* se deriva de "arrollar, inundar".[2]

Si cualquier persona nacida de nuevo es sincera con Dios, puede ser sumergida en el Espíritu Santo y llena de Él.

En Hechos 1:8, Jesús dijo a los discípulos que luego que recibieran el poder de lo alto, ellos serían capaces de *ser* testigos. El énfasis en *ser* se lo he puesto yo, porque quiero dejar en claro que hay una diferencia entre hacer y ser.

Antes de ser sumergida en el Espíritu Santo, yo salía una vez a la semana para *hacer* evangelismo puerta por puerta, aunque no tenía en mi vida diaria el poder suficiente para *ser* lo que la Biblia me enseñaba que fuera. Yo quería, pero no tenía poder para hacer lo que quería. Hasta tanto tuviera el poder para manejar exitosamente las situaciones de mi vida diaria, no había mucha diferencia entre cualquier persona inconversa y yo—un poco, quizás, pero no tanto como debería ser. Aunque había nacido de nuevo, necesitaba algo más.

UNGIDO CON EL ESPÍRITU SANTO

Cuando Juan bautizó a Jesús en agua, el Espíritu Santo descendió sobre Él como paloma:

> "Entonces Jesús vino de Galilea a Juan al Jordán, para ser bautizado por él...Y Jesús, después que fue bautizado, subió luego del agua; y he aquí los

cielos le fueron abiertos, y vio al Espíritu de Dios que descendía como paloma, y venía sobre él" (Mateo 3:13, 16).

Es difícil, pero necesario, entender la enseñanza de Filipenses 2:6-7 sobre la verdadera naturaleza de Jesús. Aunque Él poseía la plenitud de los atributos de Dios, Él era la Palabra de Dios, y Él mismo era Dios hecho carne (vea Juan 1:1-14), Jesús se despojó a sí mismo de todos sus privilegios divinos para asumir la forma de siervo y venir a ser como hombre, naciendo como un ser humano. Luego, Él nos mostró los pasos para que nosotros lo siguiéramos.

Jesús fue sumergido no sólo en el agua sino también en el Espíritu Santo. En otras palabras, Él fue sumergido en poder, lo cual lo capacitó para hacer la tarea que su Padre lo había enviado a hacer. Hechos 10:38 dice: "...cómo Dios ungió con el Espíritu Santo y con poder a Jesús de Nazaret, y cómo éste anduvo haciendo bienes y sanando a todos los oprimidos por el diablo, porque Dios estaba con él".

Antes de comenzar su ministerio público, Jesús fue ungido con el Espíritu Santo y con poder. Cuando estamos llenos del Espíritu Santo, estamos equipados para el servicio del reino de Dios porque podemos depender del *poder* (*habilidad, eficiencia y poderío*) del Espíritu Santo que nos ha sido dado para ser sus testigos (vea Hechos 1:8). Ese poder nos capacita para hacer lo que Dios quiere que hagamos.

La descripción que se hace en Juan 1:32, cuando el Espíritu Santo desciende sobre Jesús, indica que el

Espíritu Santo estuvo permanentemente con Él. Como dice el texto: el Espíritu "permaneció sobre él".

> "También dio Juan testimonio, diciendo: Vi al Espíritu que descendía del cielo como paloma, y permaneció sobre él. Y yo no le conocía; pero el que me envió a bautizar con agua, aquél me dijo: Sobre quien veas descender el Espíritu y que permanece sobre él, ése es el que bautiza con el Espíritu Santo. Y yo le vi, y he dado testimonio de que éste es el Hijo de Dios" (Juan 1:32-34).

Que el Espíritu Santo residiera en Jesús es significativo porque bajo el antiguo pacto el Espíritu Santo descendía sobre la gente para tareas específicas, pero no se quedaba permanentemente en ellos. Desde que descendió y permaneció en Jesús, el Espíritu lo dirigió de una forma más definida.

El Espíritu Santo lo llevó al desierto para ser tentado por el diablo y estuvo allí durante cuarenta días y noches (vea Lucas 4:12). Jesús pasó cada prueba y luego comenzó a predicar: "Arrepentíos, porque el reino de los cielos se ha acercado" (Mateo 4:17). Comenzó a hacer milagros, reprendiendo a los demonios y sanando a los enfermos (vea Lucas 4-5). Es importante notar que Jesús no hizo ningún milagro ni actos milagrosos, sino hasta haber sido investido por el Espíritu Santo. Si Jesús necesitó ser bautizado para cumplir toda justicia (vea Mateo 3:15) y ser investido por el Espíritu Santo, ¿por qué no habría de ser necesario para nosotros?

Pablo también fue lleno e investido por el Espíritu Santo.

PABLO ES LLENO DEL ESPÍRITU SANTO

"Fue entonces Ananías y entró en la casa, y poniendo sobre él las manos, dijo: Hermano Saulo, el Señor Jesús, que se te apareció en el camino por donde venías, me ha enviado para que recibas la vista y seas lleno del Espíritu Santo" (Hechos 9:17).

Muchos dicen que los creyentes reciben todo lo que quieren o necesitan cuando aceptan a Jesús como Salvador. Ése puede ser el caso de algunos creyentes, pero ciertamente no el de todos. Diferentes personas tienen diferentes experiencias. No estoy negando que algunos pueden nacer de nuevo y ser bautizados en el Espíritu Santo al mismo tiempo; pero otros no, y Pablo fue uno de éstos.

Como usted probablemente sepa, antes Pablo era llamado Saulo, y era un hombre muy religioso, fariseo de fariseos (vea Hechos 23:6). Él perseguía a los cristianos creyendo servir a Dios de esa manera (vea Filipenses 3:5-6).

Hechos 9:4 narra que un día, mientras viajaba de Jerusalén a Damasco para apresar a los cristianos y traerlos a juicio y castigo, una luz del cielo resplandeció sobre Saulo, haciendo que cayera al suelo. Luego él "oyó una voz que le decía: Saulo, Saulo, ¿por qué me persigues?".

Temeroso dijo: "Señor, ¿qué quieres que yo haga?"

(v. 6). Ése fue el momento de la conversión de Saulo, el momento de su rendición. Él llamó a Jesús "Señor" y luego puso su voluntad a su servicio. Se le dijo que se pusiera en pie, fuera a la ciudad y esperara recibir instrucciones.

Pablo quedó ciego durante esta experiencia. Sus ojos estaban abiertos, pero no podía ver nada, de modo que sus compañeros de viaje lo guiaron de la mano hasta Damasco. Durante tres días no pudo ver, y tampoco comió ni bebió.

En Damasco, el Señor habló por medio de una visión a un discípulo llamado Ananás, diciéndole dónde podía encontrar a Saulo, quien estaría orando. Al mismo tiempo, Saulo tuvo una visión en la cual veía a un hombre llamado Ananías que entraba y posaba sus manos sobre él para que pudiera recuperar la vista. Ananías había oído de Saulo, y de cuánto mal había traído a los santos. Así que, por supuesto, era renuente a ir. Pero Dios le dijo: "Ve", así que fue. El Señor le dijo a Ananías que Saulo era un instrumento escogido por Él para llevar su nombre ante los gentiles y los descendientes de Israel (vea Hechos 9:15).

Ananías fue a la casa donde se alojaba Saulo. Ahí Ananías puso sus manos sobre Saulo y le dijo (entre otras palabras): "Hermano Saulo (el hecho de que lo llame "hermano" es otra prueba de la conversión de Saulo), el Señor Jesús me ha enviado para que recibas la vista y seas lleno del Espíritu Santo" (vea v. 17). Inmediatamente, algo similar a escamas cayó de los ojos de Saulo, y se levantó y fue bautizado.

Esto parece estar bien claro: primero Saulo se convierte, y tres días más tarde es lleno del Espíritu Santo y bautizado en agua. Si Saulo, quien sería el apóstol Pablo, necesitó ser lleno del Espíritu Santo, creo que también nosotros necesitamos esa llenura.

LOS GENTILES TAMBIÉN SON LLENOS DEL ESPÍRITU SANTO

"Mientras aún hablaba Pedro estas palabras, el Espíritu Santo cayó sobre todos los que oían el discurso" (Hechos 10:44).

En Hechos 10 leemos cómo, una vez más, Dios dio a dos hombres diferentes dos visiones que los unieron para su propósito.

Pedro tuvo una visión en la que iba y predicaba en la casa de Cornelio, algo que él nunca hubiera hecho porque Cornelio era gentil, y los judíos no tenían absolutamente nada que ver con los gentiles. Al mismo tiempo, Cornelio tuvo la visión de que había enviado a buscar a Pedro. A través de este acontecimiento sobrenatural, se produjo su encuentro.

Cuando Pedro comenzó a hablar a los gentiles reunidos en la casa de Cornelio, el Espíritu Santo cayó sobre ellos así como había caído sobre los creyentes judíos en Pentecostés. Todos los gentiles comenzaron a hablar en otras lenguas, de la misma forma en que los ciento veinte discípulos de Cristo lo habían hecho en el aposento alto en el día de Pentecostés (vea Hechos 1:13; 2:14). Luego que quienes estaban en la casa de Cornelio fueron llenos con el Espíritu Santo, Pedro sugirió que fueran bautizados en agua, y así lo hicieron.

Antes de lo sucedido en casa de Cornelio, en Hechos 8 se nos dice cómo Felipe había predicado el evangelio en Samaria. Uno de los que habían creído y habían sido bautizados en agua era un hombre llamado Simón, un notorio mago. Cuando los apóstoles, en Jerusalén, oyeron que los samaritanos habían recibido el evangelio de Jesús, enviaron a Pedro y a Juan para que oraran por ellos y recibieran el Espíritu Santo. Cuando Simón vio que ese poder era impartido a la gente mediante la imposición de manos de los apóstoles, se asombró tanto que ofreció comprarlo y fue severamente reprendido por Pedro (vea Hechos 8:9, 13-15, 17-23).

Simón era un creyente. Había sido bautizado en agua y estado cerca de Felipe desde entonces, viendo las "señales y grandes milagros que se hacían" (v. 13). ¿Qué observó él que lo dejó tan impresionado y quiso comprarlo? Pedro, por supuesto, le dijo que si no se arrepentía y le pedía perdón a Dios dinero para obtener ese poder, él perecería junto con su dinero por pensar que el don de Dios podía ser comprado. Pero el punto es que, evidentemente, Simón notó algo mucho más poderoso de lo que estaba acostumbrado a ver.

Jesús, Pablo y los gentiles fueron investidos por el poder y la llenura del Espíritu Santo. ¿Por qué queremos ir por la vida sin ser investidos como ellos lo fueron?

3

La casa de Dios

Más que cualquier otra cosa, quiero escuchar claramente la voz de Dios y reconocer su continua presencia en todo tiempo. Sé lo que el Señor me ha llamado a hacer, pero también sé que no puedo hacerlo sin saber que Dios está conmigo. Deseo ardientemente la presencia manifiesta de Dios en mi vida, y sé que no puedo vivir en la carne y disfrutar, a la vez, de esa comunión íntima.

Como he explicado anteriormente, durante muchos años creí en Jesucristo como mi Salvador, pero sin disfrutar de una comunión cercana con Dios. Siempre sentía que intentaba alcanzarlo, pero no lo lograba. Un día, mientras estaba parada frente al espejo arreglándome el pelo, le hice una simple pregunta: "Dios, ¿por qué siento continuamente como si te fuera a alcanzar, pero no logro encontrarte?"

De inmediato escuché estas palabras en de mi espíritu: "Joyce, estás tratando de alcanzarme desde *afuera*, y necesitas alcanzarme desde *adentro*".

La Palabra de Dios dice que Él vive *en* nosotros, pero mucha gente encuentra difícil entender esta verdad. En 2 Corintios 4:6-9 dice:

> "Porque Dios, que mandó que de las tinieblas resplandeciese la luz, es el que resplandeció en nuestros corazones, para iluminación del conocimiento de la gloria de Dios en la faz de Jesucristo. Pero tenemos este tesoro en vasos de barro, para que la excelencia del poder sea de Dios, y no de nosotros, que estamos atribulados en todo, mas no angustiados; en apuros, mas no desesperados; perseguidos, mas no desamparados; derribados, pero no destruidos".

Tenemos el tesoro de la presencia de Dios dentro de nosotros; pero así como los vasos de barro puede contener el agua sin estar llenos y desbordantes, así podemos ir a través de la oración y ser bautizados en el Espíritu Santo—aunque una simple llenura no significa que seamos espirituales. Ser espiritual es estar consciente de la presencia de Dios y actuar de conformidad con ella.

En la iglesia de Corinto operaban todos los dones del Espíritu Santo, y aun así Pablo les dijo que todavía eran carnales (vea 1 Corintios 3:3). "¿Cómo sé que ustedes son carnales?", preguntó. "Porque tienen celos, envidia, contiendas y murmuran. Nada de esto debería estar pasando entre ustedes".

Jesús reprendió a muchos religiosos diciéndoles: "¡Ay de vosotros, escribas y fariseos, hipócritas! porque sois semejantes a sepulcros blanqueados, que por fuera, a la verdad, se muestran hermosos, mas por dentro están llenos de huesos de muertos y de toda inmundicia. Así también vosotros por fuera, a la verdad, os mostráis justos a los hombres, pero por dentro estáis llenos de hipocresía e iniquidad" (Mateo 23:27-28).

Esa escritura se apoderó de mi corazón. ¡Yo no quería ser un sepulcro blanqueado lleno de huesos de muertos! Jesús tuvo más problemas con los pretenciosos y los hipócritas que con el resto de la gente.

Un día iba arrastrándome por la cocina con la cabeza gacha—¡estaba abatida! Iba murmurando y quejándome, diciendo: "Dios, ya estoy cansada de todo esto. ¿Cuándo vas a hacer algo? ¿Cuándo voy a salir de esta situación? ¿Cuándo recibiré mi bendición?".

Enseguida escuché la voz de Dios diciendo: "Joyce, ¿no sabes que tienes dentro de ti la vida del Dios poderoso? Eso debería ser suficiente para que estuvieras saltando de gozo desde ahora hasta que Jesús venga por ti".

Efesios 3:17 dice: "Para que habite Cristo por la fe en vuestros corazones". Si ha nacido de nuevo, sabe que Jesús está habitando en su interior por el poder del Espíritu Santo, pero ¿está Dios cómodo allí? ¿Podrá sentirse en su casa? Me tomó un buen tiempo entender que Dios vive en mí, junto con todas las demás cosas que pasan en mi vida interior.

Dios me dio una ilustración de lo que significa para Él tener que vivir en un corazón en el cual todavía residen la murmuración y las quejas. Suponga que usted va a la casa de un amigo que le dice: "Oh, entra.

Te voy a preparar una taza de café. Siéntate, ponte cómodo, como si estuvieras en tu casa". Así que usted se acomoda bien en el asiento, y de repente su amigo comienza a gritar a su esposa, o viceversa. Entran en una acalorada discusión mientras usted está ahí observando. Comienzan a enfurecerse y a agitarse en su presencia, y continúan discutiendo. ¿Cuán cómodo se sentiría en esa casa, con tanta contienda?

O suponga que va a la casa de una amiga a visitarla, y al momento ella comienza a hablar mal de otra buena amiga a quien usted ama mucho. ¿Se sentiría cómodo de estar en esa casa, entre toda clase de murmuración y difamación? Sin embargo, ¿cuántas veces los cristianos hablan mal de alguien a quien Jesús ama y con quien también está comprometido?

Muchos cristianos no están llenos de paz porque no están dispuestos a someterse a la guía interna del Espíritu Santo. Mantienen su vida interior en una constante zona de guerra. No sienten el descanso del Señor dentro de ellos porque, aunque Él en Sí mismo está en reposo, ellos resisten los codazos que les da para que dejen las cosas como están y confíen en Él". Su agitación aumenta porque no saben ceder a sus impulsos, y no pueden descansar si su vida interior no está en armonía con la naturaleza de Cristo.

Si queremos ser para el Señor una casa acogedora, debemos desistir de estar refunfuñando, quejándonos, encontrando faltas, y murmurando. Nuestras palabras deben estar llenas de alabanza. Es necesario que al despertar en la mañana digamos: "Oh, buenos días,

Jesús. Quiero que hoy te sientas cómodo dentro de mí. Te alabo, Padre. Te amo, Señor. Gracias por todas las cosas buenas que tú estás haciendo".

La Biblia dice que Dios habita en las alabanzas de su pueblo (vea Salmo 22:3). Él se siente cómodo en medio de nuestras dulces alabanzas, pero no lo está en medio de nuestras agrias actitudes.

Le animo para que haga el inventario de su vida interior, porque usted es la morada de Dios. Cuando Él habitaba en un tabernáculo movible que los hijos de Israel cargaban por el desierto, ellos entendieron que dentro de ese tabernáculo había un lugar santo. Pero ahora, en el misterio del plan divino, nosotros somos ese tabernáculo movible; nos movemos de lugar en lugar, y Dios reside dentro de nosotros. Todavía hay un atrio, un lugar santo, y un lugar santísimo. El atrio es nuestro cuerpo, el lugar santo es nuestra alma, y el lugar santísimo es nuestro espíritu.

Cuando nos examinamos interiormente, buscamos un lugar santo donde el Espíritu de Dios quiera hacer su morada, su casa. A Dios le interesa más seriamente nuestra vida interior que nuestra vida exterior. Por eso debemos preocuparnos más por la primera que por la segunda. Nuestra vida exterior refleja nuestra reputación ante la gente, pero nuestra vida interior determina nuestra reputación ante Dios.

La Biblia dice: "En el día en que Dios juzgará por Jesucristo los secretos de los hombres, conforme a mi evangelio" (Romanos 2:16). Todo lo que hagamos va a pasar por el fuego en el día del juicio, y todo lo que no se haya hecho por motivos totalmente puros será borrado. ¡Será quemado! ¡Destruido!

"Pero el día del Señor vendrá como un ladrón. En aquel día los cielos desaparecerán con un estruendo espantoso, los elementos serán destruidos por el fuego, y la tierra, con todo lo que hay en ella, será quemada. Ya que todo será destruido de esa manera, ¿no deberían vivir ustedes como Dios manda, siguiendo una conducta intachable y esperando ansiosamente la venida del día de Dios? Ese día los cielos serán destruidos por el fuego, y los elementos se derretirán con el calor de las llamas. Pero, según su promesa, esperamos un cielo nuevo y una tierra nueva, en los que habite la justicia. Por eso, queridos hermanos, mientras esperan estos acontecimientos, esfuércense para que Dios los halle sin mancha y sin defecto, y en paz con él" (2 Pedro 3:10-14, NVI).

Ese pasaje debería provocarnos un temor reverente. Es una pérdida de tiempo tratar de impresionar a la gente; lo que importa es lo que Dios piense de nosotros. Deberíamos invertir nuestro tiempo en hacer cosas que tengan valor eterno, cosas que sean inspiradas por motivos puros y correctos.

¿QUÉ HAY DENTRO DE TI?

Nuestras vidas pueden ser como paquetes preciosamente envueltos en papel pero sin nada adentro. Puede parecer que nuestra vida exterior está bien, mientras nuestra vida interior está seca y vacía. Podemos parecer muy espirituales por fuera, pero adentro carecer de poder, si no permitimos que el Espíritu Santo haga su casa en nuestro corazón.

A medida que sometemos nuestro ser interior al señorío de Cristo, veremos su justicia, paz, y gozo en el Espíritu Santo emerger dentro de nosotros, para darnos poder y vida abundante (vea Romanos 14:17).

El Salmo 45:13 dice: "Toda gloriosa es la hija del rey en su morada; de brocado de oro es su vestido". Dios puso en nosotros el Espíritu Santo para que obre en nuestro interior: Él trabajará en nuestras actitudes, nuestras reacciones y nuestras metas. A través de su obra transformadora en nosotros, nuestra vida interior va a ser probada y refinada, creará un ambiente en el cual el Señor pueda habitar.

Cuando no sabía mucho sobre mi vida interior, no era una creyente muy feliz. Pero ahora, el Espíritu Santo actúa como un policía que da señales de tránsito dentro de mí. Cuando hago lo correcto, Él me da luz verde, y cuando hago lo incorrecto, me pone luz roja. Si estoy por meterme en problemas y todavía no sé con seguridad cómo proceder, me envía una señal de advertencia.

Cuanto más nos habituemos a detenernos para pedir la dirección de Dios, más sensitivos iremos siendo a las señales que el Espíritu Santo hace dentro de nosotros. Él no nos grita ni se enoja; simplemente susurra: "Ea, ea, ea, si yo fuera tú, no haría eso". Siempre nos guiará a una vida de paz interior, si nos rendimos a Él.

Romanos 7:6 lo explica de esta manera: "Pero ahora, al morir a lo que nos tenía subyugados, hemos quedado libres de la ley, a fin de servir a Dios con el nuevo poder que nos da el Espíritu" (NVI).

Desde el día en que Dios me dijo que mirara hacia mi interior, durante una experiencia común en un día común, comenzó a revelarme una verdad bíblica importante para mí. Es ésta: *Nosotros somos habitación de Dios.* Creo que es necesario que cada uno de nosotros entienda esta verdad y disfrutemos de una comunión cercana e íntima con Dios.

El apóstol Pablo nos dice en 1 Corintios 6:19-20, NVI:

> "¿Acaso no saben que su cuerpo es templo del Espíritu Santo; quien está en ustedes y al que han recibido de parte de Dios? Ustedes no son sus propios dueños; fueron comprados por un precio. Por tanto, honren con su cuerpo a Dios".

¿Por qué quiere Dios vivir en nosotros? ¿Y cómo puede hacerlo? Después de todo, Él es santo y nosotros, débiles criaturas humanas con fragilidades, faltas y fracasos.

La respuesta es simplemente ésta: Él nos ama y nos *escoge* para hacer su morada en nosotros. Lo hace porque es Dios: tiene capacidad para hacer lo que quiera y elige y escoge hacer su casa en nuestros corazones. Esta elección o escogimiento no se basa en nada bueno que hayamos hecho o podamos hacer, sino solamente en la gracia (o poder), misericordia y elección (o escogimiento) de Dios. Venimos a ser la casa, habitación o morada de Dios, cuando creemos en Cristo, del modo en que Dios nos dice, en la Biblia, que debemos hacer.

Jesús explicó por qué algunas personas nunca experimentan intimidad con Dios, diciendo: "'Y el Padre mismo que me envió ha testificado en mi favor. Ustedes nunca han oído su voz, ni visto su figura, ni vive su palabra en ustedes, porque no creen en aquel a quien él envió. Ustedes estudian con diligencia las Escrituras porque piensan que en ellas hallan la vida eterna. ¡Y son ellas las que dan testimonio en mi favor! Sin embargo, ustedes no quieren venir a mí para tener esa vida'" (Juan 5:37-40, NVI).

Simplemente, tenemos que creer que el sacrificio de Jesús por nuestros pecados fue suficiente para darnos entrada a la presencia de Dios. Dios establece su residencia dentro de nosotros cuando damos nuestra vida a Jesús, creyendo en Él como nuestro único Salvador y Señor. Desde esa posición Él, por el poder del Espíritu Santo, comienza una maravillosa obra en nosotros. Esta verdad es tan grande y poderosa que resulta difícil de comprender y creer con nuestras mentes finitas.

UN CORAZÓN NUEVO Y UN ESPÍRITU NUEVO

Ezequiel 36 contiene la promesa de Dios, a través de la boca del profeta, de que llegaría un día en que Él daría a la gente un corazón nuevo y pondría su Espíritu *dentro* de ellos.

"Os daré corazón nuevo, y pondré espíritu nuevo dentro de vosotros; y quitaré de vuestra carne el corazón de piedra, y os daré un corazón de carne. Y pondré dentro de vosotros mi Espíritu, y haré que andéis en mis estatutos, y guardéis mis preceptos, y los pongáis por obra" (Ezequiel 36:26-27).

Como hemos visto, bajo el antiguo pacto el Espíritu Santo estaba con la gente y venía sobre las personas en ocasiones especiales, pero no vivía en ellos. Durante esa dispensación, Dios habitaba en un tabernáculo hecho por manos humanas. Pero bajo el nuevo pacto, firmado y sellado por la sangre de Jesucristo (vea Hebreos 13:20), Él ya no quiere habitar más en un tabernáculo hecho por manos humanas, sino en los corazones de los humanos que le han consagrado sus vidas.[1]

Nadie podía nacer de nuevo y convertirse en habitación del Espíritu de Dios, hasta que Jesús murió y resucitó de entre los muertos: Él es llamado "el primogénito entre muchos hermanos" (Romanos 8:29). Después de su resurrección, Jesús apareció primero a sus discípulos, quienes estaban escondidos a puertas cerradas por temor de los judíos. Les habló paz y sopló sobre ellos diciéndoles: "Recibid el Espíritu Santo" (Juan 20:22), y en ese momento los discípulos nacieron de nuevo o nacieron del Espíritu Santo. Podemos decir que tuvieron un despertar espiritual.

Este acontecimiento marcó un nuevo comienzo para ellos; pero aún quedaba un trabajo para hacer en los discípulos: prepararlos apropiadamente para el servicio del reino de Dios. Su Palabra nos explica:

"Pero ahora dejad también vosotros todas estas cosas: ira, enojo, malicia, blasfemia, palabras deshonestas de vuestra boca. No mintáis los unos a los otros, habiéndoos despojado del viejo hombre con sus hechos, y revestido del nuevo, el cual conforme a la imagen del que lo creó se va renovando hasta el conocimiento pleno, donde no hay griego ni judío, circuncisión ni incircuncisión, bárbaro ni escita, siervo ni libre, sino que Cristo es el todo, y en todos" (Colosenses 3:8-11).

SANTIFICADOS Y HECHOS SANTOS

De acuerdo con Juan 16:13-15, el Espíritu Santo nos guía a toda la verdad. Todo lo que necesitamos de Dios Padre nos llega por medio de Jesucristo, el Hijo, y el Espíritu Santo lo administra.

En 1 Pedro 1:2 se nos dice también que somos santificados por el Espíritu Santo. Ser santificado es ser separado para un propósito santo. De acuerdo al *Vine Diccionario Expositivo de Palabras del Antiguo y del Nuevo Testamento Exhaustivo*, la palabra "«santificación»", significa: (a) separación para Dios; (b) el estado que de ello resulta, la conducta apropiada por parte de aquellos así separados. Es aquella relación con Dios en la que entran los hombres por la fe en Cristo…, y para la cual el único título que tienen es la muerte de Cristo".

Vine continúa explicándonos: "La santificación también se utiliza en el NT [Nuevo Testamento] de la separación del creyente de las cosas malas y de los malos caminos. Esta santificación es la voluntad de Dios para el creyente…, y su propósito al llamarlo mediante el evangelio…; tiene que ser aprendida de Dios…, conforme Él la enseña mediante su Palabra…, y el creyente tiene que buscarla seria y constantemente… En razón de que el carácter santo, *jagiosune*…, no es vicario, esto es, no puede ser transferido o imputado, es una posesión individual, edificada, poco a poco, como resultado de la obediencia a la Palabra de Dios y de seguir el ejemplo de Cristo…, en el poder del Espíritu Santo. El Espíritu Santo es el agente en la santificación".[2]

Como Vine implica aquí, la palabra *santificación* es sinónimo de la palabra *santidad*.

Cuando recibimos a Cristo como Salvador, Jesús viene a vivir dentro de nosotros mediante el poder del Espíritu Santo y nuestra vida comienza a cambiar. ¿Cómo? Primera de Juan 3:9 dice: "Todo aquel que es nacido de Dios, no practica el pecado, porque la simiente de Dios permanece en él; y no puede pecar, porque es nacido de Dios". Jesús viene a ser como la Semilla de todo lo que Dios el Padre es. Así que cuando nacemos de nuevo, aceptando a Jesús como nuestro Salvador, la santidad es plantada en nosotros como una semilla que continúa creciendo hasta su plenitud y da fruto a medida que trabajamos con el Espíritu Santo, quien constantemente nos va cambiando hasta hacernos a la imagen de Jesucristo.

EL ESPÍRITU SANTO NOS TRANSFORMA

"Por tanto, nosotros todos, mirando a cara descubierta como en un espejo la gloria del Señor, somos

transformados de gloria en gloria en la misma
imagen, como por el Espíritu del Señor" (2 Corintios 3:18).

De este pasaje aprendemos que, tanto la Palabra de
Dios como el poder del Espíritu Santo, son necesarios
para que los creyentes sean transformados en dignos
representantes de Jesucristo.

Todos los que hemos venido a Cristo necesitamos
cambiar. Podemos y debemos desear cambiar, pero no
podemos cambiarnos a nosotros mismos. Debemos
depender completamente del poder del Espíritu Santo
para que efectúe el cambio necesario. Por supuesto,
hay un trabajo de cooperación que los creyentes debemos realizar, pero nunca debemos olvidar que el Espíritu Santo es el agente del proceso de santificación.
En otras palabras, la santidad es imposible sin el Espíritu Santo.

Tengo que confesar esto: hubo muchos años en
que, por ignorancia, busqué a Dios diligentemente por
su poder. Quería ver señales, maravillas y milagros,
tener autoridad sobre espíritus malignos y hacer cosas
grandes y poderosas en el nombre de Jesús; pero yo era
una cristiana "exteriormente". Durante diez años había
sido una cristiana bautizada en el Espíritu Santo, pero
no entendía lo que era la vida interior. Luego Dios comenzó a enseñarme que su reino estaba dentro de mí.
A medida que le permitía a Jesús gobernar mi vida interior, comencé a experimentar mayor poder en mi
vida exterior.

Los discípulos de Jesús tampoco entendieron mucho

de lo que Él estaba tratando de decirles acerca de su reino. Pensaron que Él iba a establecer un reino en la tierra y que ellos serían los regentes en su nuevo gobierno.

"Los fariseos le preguntaron a Jesús cuándo iba a venir el reino de Dios, y él les respondió: 'La venida del reino de Dios no se puede someter a cálculos. No van a decir: "¡Mírenlo acá! ¡Mírenlo allá!" Dénse cuenta de que el reino de Dios está entre ustedes'" (Lucas 17:20-21, NVI).

En Romanos 14:17-19, el apóstol Pablo explica más sobre el reino: "Porque el reino de Dios no es cuestión de comidas o bebidas sino de justicia, paz y alegría en el Espíritu Santo. El que de esta manera sirve a Cristo, agrada a Dios, y es aprobado por sus semejantes. Por lo tanto, esforcémonos por promover todo lo que conduzca a la paz y a la mutua edificación" (NVI).

El reino de Dios está en nosotros, y si queremos disfrutar de su presencia, debemos permitir que Jesús sea el Señor de nuestra vida interior por medio del poder del Espíritu Santo. Si hacemos a Jesús Señor de nuestra vida, estaremos permitiendo que Él gobierne sobre la totalidad de ese reino que está en nosotros. Su Espíritu siempre nos guiará a lo que traiga paz y mutua edificación entre los que nos rodean.

El hecho de que el Espíritu Santo viva dentro de los creyentes, es una prueba más de su buena disposición de estar siempre dispuesto a ayudarnos cuando lo necesitemos. Los que anhelamos santidad experimentaremos tentaciones; pero, gracias a Dios, Él nos ha dado su Espíritu que nos ayuda a resistir y tomar decisiones correctas. Cambiamos gradualmente, poco a poco, o como 2 Corintios 3:18 declara: "de gloria en gloria". Mientras se van produciendo estos cambios en nosotros, aún cometeremos errores; pero el perdón de Dios está siempre a nuestro alcance a través de Jesucristo. De hecho, recibir ese perdón nos fortalece y permite que sigamos avanzando hacia nuevos niveles de santidad o hacia una mejor conducta.

El perdón nos libera, y limpia nuestro corazón de contienda, egoísmo y sinsabores. Cuando estamos conscientes de la presencia de Dios en nuestro corazón, ya no queremos seguir con actitudes que le desagraden. Dios subyuga el poder del pecado en nosotros y nos cambia, en la medida en que enfoquemos nuestras mentes para alcanzar aquellas cosas que agradan al Espíritu Santo.

Si nos sentimos vencidos y condenados por cada error que cometemos, eso nos debilita. En vez de usar nuestra energía espiritual para sentirnos mal con nosotros mismos, debemos usarla para avanzar hacia nuevos niveles en Dios. Cada creyente que tiene una actitud recta hacia Dios continuará avanzando hacia la perfección, pero ninguno podrá alcanzarla completamente mientras vivamos en este mundo, con este cuerpo de carne y hueso.

Recientemente me estaba sintiendo mal por haber tenido una actitud incorrecta. Tomé un libro que había estado leyendo y mis ojos se fijaron en estas palabras: "Hay un cien por ciento de probabilidad de que hoy cometa un error". Esas palabras me recordaron que Jesús murió por gente como yo, por aquellos que en su corazón quieren hacer lo correcto, pero no siempre lo logran.

Dios, en su gracia y misericordia, ha hecho provisión para nuestros pecados (errores, faltas, debilidades, flaquezas y fracasos). Esa provisión es el perdón. Cuando usted falla, recibe el perdón de Dios pero no deje de intentar ser cada vez mejor.

LAS TRES PERSONAS DE LA TRINIDAD

Jesús les dijo a sus discípulos que cuando Él se fuera, el Padre enviaría otro Consolador, el Espíritu Santo, quien viviría en ellos, aconsejándolos, enseñándoles, ayudándolos, fortaleciéndolos, intercediendo por ellos, siendo su abogado defensor, y convenciéndolos de pecado y de justicia. El Espíritu Santo vendría a tener comunión íntima con ellos, guiándolos a toda verdad y transmitiéndoles todo lo que les pertenece como coherederos con Cristo (vea Juan 16:7-15; Romanos 8:17).

Dios nunca esperaría que nosotros hagamos algo sin proveernos de lo que necesitamos para hacerlo. Necesitamos el Espíritu Santo, y Dios lo ha provisto. Toda lo bueno viene de Dios, quien es la Fuente de todas las cosas buenas (vea Santiago 1:17), que recibimos por medio del sacrificio de su Hijo Jesucristo, y es administrado en nosotros por el Espíritu Santo.

La Santa Trinidad, que es Dios en tres personas, es un concepto que nuestras mentes finitas no pueden comprender fácilmente. No funciona con nuestra matemática, pero es cierto. Servimos a un Dios, quien es el único y verdadero Dios, pero Él nos ministra en tres personas—Dios el Padre, Jesucristo el Hijo y el Espíritu Santo.

Como hemos visto, todo lo que necesitamos de Dios el Padre viene a través de Jesucristo el Hijo y es administrado por el Espíritu Santo. Vuelvo a enfatizar en este punto, cuán importante es, no sólo conocer personalmente a Dios el Padre y a Jesús su Hijo, sino también al Espíritu Santo, y llegar a tener una comunión íntima con Él.

En muchos lugares de la Biblia encontramos pruebas de la Trinidad. Por ejemplo, Génesis 1:26 nos dice: "Entonces dijo Dios: Hagamos al hombre a nuestra imagen, conforme a nuestra semejanza". En este versículo, Dios no se refiere a sí mismo como "Yo" o "Mi", sino como "Nosotros" y "Nuestra". También vemos la Trinidad en Mateo 3:16-17, en el bautismo de Jesús, cuando el Espíritu Santo descendió como una paloma, y al mismo tiempo se oyó una voz (la del Padre) desde el cielo, diciendo: "Este es mi Hijo amado, en quien tengo complacencia" (v. 17). En Juan 14:16 Jesús dijo a sus discípulos: "Y yo rogaré al Padre, y os dará otro Consolador".

En Mateo 28:19 Jesús les dijo a los discípulos que bautizaran en el nombre del Padre y del Hijo y del Espíritu Santo. La bendición apostólica que se encuentra en 2 Corintios 13:14 (NVI), se lee como sigue: "Que la gracia del Señor Jesucristo, el amor de Dios y la comunión del Espíritu Santo sean con todos ustedes".

Cuando Jesús murió en la cruz, confió en que Dios lo resucitaría y Dios lo hizo, por el poder del Espíritu Santo. Esta verdad se declara en Romanos 8:11.

Sobre la base de éstas y otras escrituras de apoyo, es imposible negar la existencia concurrente de estas tres personas de la Santa Trinidad. Realmente, la Trinidad es un hecho según las Escrituras y es tiempo de que se le dé al Espíritu Santo el lugar de honor que le corresponde en nuestras vidas. Él ha sido ignorado por muchos y por mucho tiempo. ¡Que nos perdone por nuestra ignorancia e indiferencia hacia Él!

CONOZCA AL ESPÍRITU SANTO

Lo que estoy tratando de poner de manifiesto en este libro no es otra cosa que la revelación y obra de la persona del Espíritu Santo. Abordo el tema con temor y temblor porque, ¿qué ser humano puede escribir con precisión sobre el tema del Espíritu Santo, a menos que el propio Espíritu Santo dirija su proyecto? Por lo tanto, pido sabiduría y dirección del Ayudador (Espíritu Santo) y descanso completamente en que Él traerá revelación a su vida a través de este libro.

Es mi deseo que usted logre entender el ministerio del Espíritu Santo, para que pueda apreciarlo, cooperar con Él y—por medio de Él—entrar a un nuevo nivel de *intimidad con Dios*, uno que lo guiará hacia el buen plan que Él tiene para su vida.

El poder exterior solamente proviene de la pureza interior, y esa purificación interna (o santificación) es obra del Espíritu Santo que vive dentro de nosotros.

Quiere llenarlo a usted de Él, darle el poder para que viva la vida abundante que está a su disposición mediante la fe en Jesucristo.

Haga un serio inventario de lo que está sucediendo en su vida interior. No de lo que está ocurriendo en su hogar, en su cuenta bancaria, en su matrimonio o ministerio, sino de lo que está sucediendo dentro de usted. Permita que el Espíritu Santo lo guíe hacia su paz perfecta.

4

Viva bajo el nuevo pacto

Cuando Adán y Eva estaban con Dios en el Jardín del Edén, antes de caer en pecado, tenían una comunión cercana e íntima con Él; estaban espiritualmente vivos.[1] El espíritu de ese primer hombre, atento a la presencia de Dios, era el líder de su cuerpo y alma.[2] Se les había dicho que si desobedecían a Dios, morirían (vea Génesis 2:16-17). No era la advertencia de una muerte física, sino de la muerte espiritual.[3]

Una vez que Adán y Eva desobedecieron, entendieron súbitamente la magnitud de la santidad de Dios. Avergonzados de su propia naturaleza pecaminosa, se escondieron de Él. Habían conocido a Dios como su amigo; habían caminado cerca y hablado con Él cara a cara. Pero ahora tenían miedo de Él, como si fuera un fuego consumidor.

El pecado no puede sobrevivir ante la presencia de la santidad de Dios, así que cuando Adán y Eva oyeron al Señor caminando en el jardín, por instinto trataron de esconder la vergüenza de su desnudez. Aun en su desobediencia, Dios demostró su compasión por ellos haciéndoles vestidos de pieles de animales para tapar su vergüenza, marcando así el primer sacrificio de sangre que se hizo para cubrir el pecado del hombre (vea Génesis 3:9-21).

Hubiera sido muy trágico para Adán y Eva esconderse de Dios por toda la eternidad. Por eso, Génesis 3:22-24 explica que Dios los sacó del Edén para que no comieran del árbol de la vida y vivieran eternamente en la condición en que estaban, separados de Dios por el pecado.

Todo cambió en las vidas de Adán y Eva. Ahora eran gobernados por el alma, porque su espíritu estaba muerto; ya no eran sensibles a la íntima presencia de Dios.

Nosotros permanecemos en el estado de separación de Dios hasta que, por la fe, aceptamos la obra expiatoria de Jesucristo y lo recibimos como nuestro Salvador. Cuando nuestros pecados son perdonados, ya no estamos más separados de la presencia de Dios; somos libres para disfrutar de una comunión íntima con nuestro Creador, como era su plan original. Pero ahora Dios no escoge encontrarse con nosotros en nuestros jardines, al atardecer de cada día. No escoge vivir en una montaña cercana donde podemos visitarlo sólo cuando nos invita. Ni escoge vivir en una tienda de reunión, como lo hizo con Moisés cuando los hijos de Israel peregrinaron por el desierto. Y tampoco escoge vivir en un tabernáculo hecho por nuestras propias manos.

Cuando aceptamos a Cristo, el Espíritu Santo viene a morar *en* nosotros (vea Juan 14:20). Dios escoge habitar en nuestro espíritu—en el centro mismo de nuestras vidas—, donde pueda estar más cerca de nosotros que ningún otro ser humano. Cuando el Espíritu Santo de Dios se conecta con nuestro espíritu humano, nuestro espíritu es preparado para ser la habitación de Dios (vea 1 Corintios 3:16-17) y es lugar santo porque Dios está ahí.

Ese estado santo en el cual somos puestos los creyentes, viene luego a ejercitar nuestra alma y cuerpo, reflejándose en nuestra vida diaria. Se inicia un proceso y, de hecho, las fases de cambio que atravesamos vienen a ser nuestro testimonio a quienes nos conocen.

Génesis 3 nos dice cómo Eva fue engañada por Satanás y cómo ella tentó a Adán a caer en la desobediencia. Su transgresión hizo que Dios, en su misericordia, estableciera inmediatamente un plan para redimir a su creación. Él redimiría a su pueblo de la esclavitud del pecado y los pondría en un estado donde una vez más disfrutarían de su presencia y vivirían vidas santas (vea Hechos 20:28; 1 Corintios 6:20).

Por siglos y siglos, Dios ejecutó su plan. Mientras esperaba el tiempo señalado para el advenimiento de Cristo, el Espíritu Santo estaba *con* el hombre. El hombre conocía lo bueno y lo malo porque Dios le había dado la Ley. La Ley era santa y perfecta, pero el hombre no era perfecto y, por consiguiente, no podía guardar la Ley perfectamente. Durante esos años, aunque el hombre tenía que hacer sacrificios por sus pecados, nunca podía ser liberado de la conciencia de pecado. Estaba siempre consciente de ser un pecador, lo cual traía condenación y culpa sobre él.

La Ley dada a Moisés proveyó a la humanidad de una forma de cubrir sus pecados por medio de los sacrificios de sangre de toros y machos cabríos, pero los pecados nunca podían ser completamente quitados (vea Hebreos 10:1-14).

Dios no dio la Ley esperando que el hombre la guardara, sino al contrario, para que tuviera conciencia de su pecado, de su impotencia, y de su imperiosa necesidad de un Salvador (vea Romanos 5:20). Fíjese que nosotros no recibimos nada si no creemos que lo necesitamos. Dios ofreció a su Hijo en sacrificio para ser recibido por fe por los que creen, pero también fue necesario que viniera el Espíritu Santo a trabajar en las vidas de los no creyentes para convencerlos de su pecado y de su necesidad de un Libertador.

Antes de que la gente acepte a Cristo como Salvador de sus vidas, deben ser convencidos de que necesitan un Salvador. Algunos son persuadidos más rápido que otros. Tristemente, algunos nunca lo serán, y muchos más estarán a punto de perder sus vidas tratando de salvarse a sí mismos antes de rendirse por fin a Jesús.

El Espíritu Santo trabaja en las vidas de los no creyentes, para hacerlos conscientes de su estado pecaminoso y su necesidad de salvación. Una vez que aceptan a Jesús como su Salvador, esa faceta de su trabajo se termina. Entonces viene a vivir dentro de ellos para socorrerlos en cada área donde necesiten auxilio. Esa ayuda incluye el proceso de santificación, que significa ser liberado del pecado y separado para un propósito especial—pero no se limita a él.

Jesús, cuando murió, fue el perfecto Cordero de Dios, el último sacrificio que sería necesario (vea Juan 1:29; Hebreos 7:26-27). De allí en adelante, todos los que creyeran y confiaran en la salvación por medio de Él, podrían tener una conciencia limpia y disfrutar de la presencia de Dios. Podrían tener una comunión cercana e íntima con Dios, como Adán y Eva la tuvieron antes de pecar.

¡NO MÁS SACRIFICIO POR EL PECADO!

"Pero Cristo, habiendo ofrecido una vez para siempre un solo sacrificio por los pecados, se ha sentado a la diestra de Dios…Pues donde hay remisión de éstos, no hay más ofrenda por el pecado". (Hebreos 10:12, 18)

¡Qué buenas noticias! No se necesitan más sacrificios como ofrenda por los pecados. Ahora podemos ir donde está Jesucristo, el sacrificio final y perfecto, válido para siempre y ofreciendo *continuamente* perdón y cancelación de la sentencia del pecado.

Bajo el antiguo pacto, el sumo sacerdote iba una vez al año al Lugar Santísimo donde Dios se encontraba con él en el asiento de la misericordia. Él tomaba la sangre de los toros y machos cabríos y ofrecía sacrificio por sus pecados y los del pueblo (vea Hebreos 9:7).

Pero tan pronto como se hacía el rito, comenzaba nuevamente la cuenta para el próximo año. Era como si se trabajara todo el año para saldar las deudas de Navidad del año anterior y, tan pronto como se saldaron, comenzara a endeudarse nuevamente para las Navidades del próximo año. Usted solamente está sin deuda unos pocos minutos. Debe ser horrible no poder salir nunca de ese sentimiento de culpa y condenación.

Los que estuvieron bajo el antiguo pacto creyeron en la venida del Mesías, quien los libraría de todos sus pecados, pero nunca vieron realmente el resultado de su fe excepto en sus corazones.[4] Trabajaron continuamente tratando de complacer a Dios.

CREYENTES DEL NUEVO PACTO QUE AÚN VIVEN BAJO EL ANTIGUO PACTO

"No os conforméis a este siglo, sino transformaos por medio de la renovación de vuestro entendimiento, para que comprobéis cuál sea la buena voluntad de Dios, agradable y perfecta" (Romanos 12:2).

A pesar de que, en virtud de la muerte propiciatoria de Jesucristo y su resurrección (vea Hebreos 10:19-20), se nos dado una nueva manera de vivir, muchos de los que creen en Cristo todavía continúan viviendo bajo el sistema del antiguo pacto. Siguen atrapados haciendo buenas obras, tratando de alcanzar a Dios por el mérito de ellas.

Ya no tenemos que estar tratando de alcanzar a Dios. Él nos ha alcanzado y nos ha tomado a través de Jesucristo. Dios puede estar tan cerca de nosotros, que se compromete a vivir dentro de nosotros, en nuestro espíritu o nuestro corazón. Yo acepté a Jesucristo como mi Salvador a la edad de nueve años. Me di cuenta de mi estado pecaminoso y busqué el perdón de Dios por medio de Jesús. A pesar de que nací del Espíritu, nunca lo conocí. No tuve enseñanza al respecto y, por consiguiente, permanecí prácticamente en la oscuridad aunque la Luz vivía en mí.

Como joven adulta asistí fielmente a la iglesia, fui bautizada, tomé clases de confirmación e hice todo lo que entendía que necesitaba hacer, aunque nunca disfruté de cercanía e intimidad con Dios. Creo que muchísimas personas están hoy en esa situación y lo han estado a través de los siglos.

Jesús no murió para darnos religión; Él murió para darnos una relación personal con Dios a través de Él y por el poder del Espíritu Santo, a quien enviaría a morar en cada creyente.

Había nacido del Espíritu pero aún carecía de revelación de lo que tenía. La gente puede ser rica, pero si cree que es pobre, su experiencia no será diferente de la de quienes viven sumergidos en la pobreza. Si la gente tiene una gran herencia pero no sabe en qué consiste, no puede gastarla.

Romanos 12:2 nos informa que Dios tiene previsto un plan para nosotros. Su voluntad hacia nosotros es buena, aceptable y perfecta, pero debemos renovar completamente nuestras mentes antes de que podamos experimentar lo bueno que Dios ha planeado (vea v. 12). Renovamos nuestras mentes y adquirimos nuevas actitudes y nuevos ideales mediante el estudio de la Palabra de Dios. Su Palabra es verdad (vea Juan 17:17) y expone todas las mentiras de Satanás en las que hemos creído y que nos han engañado.

Adán y Eva creyeron la mentira de Satanás de que fuera de la provisión de Dios había algo que podía satisfacerlos (vea Génesis 3:17). Todos nosotros cometemos el mismo error hasta que aprendemos que *nada* puede satisfacernos profundamente excepto la presencia del Dios poderoso.

Nuestro contentamiento no puede depender de nuestro cónyuge. Nuestro gozo no puede derivar de nuestros hijos, o de nuestros amigos, o de los compañeros de trabajo. Inevitablemente, la gente nos defraudará, porque Dios nos creó para tener comunión con Él, y nada ni nadie podrá satisfacer ese anhelo sino sólo Él mismo.

Pero Satanás sigue susurrando mentiras, diciéndonos: "Ah, esto te hará feliz. Esto es lo que necesitas". Entonces gastamos todas nuestras energías suplicándole a Dios que nos dé *eso*. Un sinnúmero de veces pensé: "¡Oh, Dios, eso es lo que necesito!". Y enfocaba todas mis fuerzas espirituales, mi oración y mi estudio para recibirlo.

Algunas veces, los deseos de nuestro corazón pueden parecer nobles. Durante años quise que mi ministerio creciera. Cuando no sucedió, me sentí frustrada y desilusionada. Ayuné, oré y traté de hacer todo lo que sabía para lograr que más gente viniera a mis reuniones.

Recuerdo que me quejaba porque Dios no me daba el incremento que yo quería, y la mayor parte del tiempo estaba molesta por eso. Iba a una reunión y todo el mundo llegaba tarde, nadie parecía estar emocionado y algunas veces asistía la mitad de los que habían ido a la reunión anterior. Después salía de la reunión preguntándome: "Dios, ¿qué estoy haciendo mal? ¿Por qué no me estás bendiciendo? Estoy ayunando. Estoy orando. Estoy ofrendando y tengo fe. Dios, mira todas las buenas obras que estoy haciendo y tú no te mueves a mi favor".

Estaba tan frustrada que sentía que iba a explotar. Le pregunté: "¡Dios!, ¿por qué me haces esto?".

Él me dijo, "Joyce, te estoy enseñando que el hombre no vive solamente de pan".

Sabía que Dios me había hablado algo de la Biblia, pero por ese tiempo no estaba lo suficientemente familiarizada como para reconocer en qué lugar estaba esa escritura. Yo sabía que Él había hablado su Palabra, una palabra *rhema* (un mensaje personal e individual) para mí. Así que busqué las Escrituras para conocer más, pero lo que encontré no me gustó. Deuteronomio 8:23 dice:

> "Y te acordarás de todo el camino por donde te ha traído Jehová tu Dios estos cuarenta años en el desierto, para afligirte, para probarte, para saber lo que había en tu corazón, si habías de guardar o no sus mandamientos. Y te afligió, y te hizo tener hambre, y te sustentó con maná, comida que no conocías tú, ni tus padres la habían conocido, para hacerte saber que no sólo de pan vivirá el hombre, mas de todo lo que sale de la boca de Jehová vivirá el hombre".

Dios quería que lo deseara únicamente a Él. El Señor me dijo: "Cualquier cosa que quieras tener aparte de mí es algo que el diablo puede usar contra ti".

No es que no queramos tener cosas; lo que Dios no quiere es que pongamos esas cosas antes que nuestro deseo por Él. Dios desea que encontremos un lugar en Él, donde vivamos en su presencia y estemos satisfechos sólo con Él. Dios demanda el primer lugar en nuestras vidas. Considere 1 Juan 5:21: "Hijitos, guardaos de los ídolos".

EL NUEVO PACTO TIENE TODO LO QUE NECESITA

Colosenses 3:1 nos dice: "...buscad las cosas de arriba, donde está Cristo sentado a la diestra de Dios". Los versículos 2 y 3 dicen, "Poned la mira en las cosas de arriba, no en las de la tierra. Porque...vuestra vida está escondida con Cristo en Dios".

¿En qué cosas ponemos nuestra mente todo el día? ¿En qué estamos pensando todo el tiempo? Si nos ponemos a pensar en nuestros problemas, entonces no estamos buscando a Dios. Si estamos tratando de hallar la manera en que Dios puede solucionarnos algo en particular, entonces no estamos buscándolo con un corazón puro.

Isaías 49:8-10 profetiza la promesa de que Dios contesta y calma nuestra ansia por Él:

"Así dijo Jehová: En tiempo aceptable te oí, y en el día de salvación te ayudé; y te guardaré, y te daré por pacto al pueblo, para que restaures la tierra, para que heredes asoladas heredades; para que digas a los presos: Salid; y a los que están en tinieblas: Mostraos. En los caminos serán apacentados, y en todas las alturas tendrán sus pastos".

El versículo 10 es muy interesante:

"No tendrán hambre ni sed, ni el calor ni el sol los afligirá; porque el que tiene de ellos misericordia los guiará, y los conducirá a manantiales de aguas".

Verdaderamente tenemos más sed de Dios, pero si no sabemos que Él es lo que ansiamos, podemos ser fácilmente desviados. Satanás nos pone un espejismo como lo hizo con Adán y Eva. Él dice: "Esto es lo que tú necesitas; esto te llenará". Pero si ponemos nuestras mentes en buscar a Dios—si le damos a Él el primer lugar en nuestros deseos, pensamientos, conversación, y decisiones—nuestra sed será verdaderamente saciada, y no nos desviaremos.

David expresó su anhelo por el Señor en el Salmo 42:1, diciendo: "Como el ciervo brama por las corrientes de las aguas, así clama por ti, oh Dios, el alma mía". El versículo 2 dice: "Mi alma tiene sed de Dios, del Dios vivo; ¿cuándo vendré, y me presentaré delante de Dios?"

Tenemos necesidades, y Dios dice, "Yo estoy aquí. Tengo todo lo que tú necesitas". Tenemos que buscar a Dios como un hombre sediento en medio del desierto. ¿En qué piensa ese hombre sediento? ¡En nada más que agua! Él no se preocupa por nada más sino por encontrar lo que puede calmar su sed.

Si buscamos las cosas materiales o mejores circunstancias en lugar de buscar a Dios, Satanás puede preparar un espejismo para ponernos en el camino incorrecto. Pero si buscamos a Dios, el diablo no puede desviarnos, porque Dios ha prometido que quienes lo buscan de todo corazón lo encontrarán.

Dios dice: "Mi pueblo no será más dirigido por un espejismo, porque ellos sabrán buscarme a mí, el Agua que da Vida. Aquellos que vengan a mí no tendrán sed jamás" [paráfrasis] (vea Juan 4:10, 14).

Hasta que nuestro deseo de buscar más de Dios tome el primer lugar en nuestra vida, el diablo tendrá una ventaja sobre nosotros. Una vez que veamos la verdad, perderá su ventaja, y estaremos en posición de comenzar a hacer cambios radicales en nuestra búsqueda de relación y comunión con Dios. Muchos de nosotros intentaremos casi todo antes de aprender, finalmente, que lo que necesitamos no es lo que Dios pueda darnos, sino Dios mismo. Esos momentos, a menudo, representan años de frustración y miseria, pero gracias a Dios, su Santo Espíritu que vive en nosotros nos enseña y revela la verdad mientras continuamos estudiando, leyendo y escuchando la Palabra de Dios.

"Dijo entonces Jesús a los judíos que habían creído en él: Si vosotros permaneciereis en mi palabra, seréis verdaderamente mis discípulos; y conoceréis la verdad, y la verdad os hará libres" (Juan 8:31-32).

Si usted es diligente en buscar a Dios, lo conocerá de una manera más profunda y más íntima. Dios se le revelará; se encontrará con usted. Cuando Dios quiere manifestarse a sí mismo, lo hace. Así que no se desanime tratando de *encontrar* a Dios. Aprenda a esperar en Él y ore: "Dios, revélate a mi vida. Manifiesta tu presencia en mí".

Dios manifiesta su presencia de muchas maneras. A veces no podemos verlo, pero como el viento, podemos ver la obra que Él hace en nosotros. Si estoy agotada, cansada, extenuada, frustrada o preocupada por algo, y me siento renovada luego de pasar tiempo con Dios, entonces sé que la brisa del Señor ha soplado sobre mí.

Dios quiere traer refrigerio a nuestra vida con esa brisa poderosa. No permita que la pobreza se apodere de su alma, ya que la respuesta habita dentro de usted. Si está muy ocupado para pasar tiempo con Dios, entonces haga arreglos a su estilo de vida. No se agote ni enoje, no se debilite ni preocupe, porque los tiempos de refrigerio están a su disposición.

> "Así que, arrepentíos y convertíos, para que sean borrados vuestros pecados; para que vengan de la presencia del Señor tiempos de refrigerio" (Hechos 3:19).

Aprenda a apartarse de la actividad cotidiana, y pase tiempo con Dios como lo hizo Jesús. Yo le digo a la gente: "Mejor separe tiempo antes de que el tiempo lo separe a usted". No puede esperar a que cada uno de los que están a su alrededor aprueben el tiempo que usted necesita para estar con Dios. Los demás siempre van a encontrar algo que creen que usted debería estar haciendo para ellos.

No trate de sustituir el tiempo de estar *con* Dios por el tiempo de trabajo *para* Dios. Yo me sentía orgullosa porque tenía una tarea en la iglesia, iba a todas las reuniones de oración y aconsejaba a la gente sobre los caminos de Dios. Pero recuerdo ahora como entonces dónde estaba exactamente el día en que Dios me dijo: "Joyce, tú trabajas *para* mí, pero no pasas ningún tiempo *conmigo*".

Decidí entonces apartar un tiempo cada día para pasarlo con Dios. Al principio, cuando comencé a tener regularmente ese tiempo con el Señor, mis hijos no se acostumbraban a que estuviera separada de ellos. Venían adonde yo estaba, quejándose: "Mamá, tú siempre estás en este cuarto".

"No", les decía: "Yo no estoy *siempre* en este cuarto. Estoy aquí por un tiempo específico y cuando termine, saldré".

"Pero, ¿por qué no sales y hablas con nosotros? ¿Por qué no vienes a hacernos el desayuno?"

Yo replicaba: "Tú bien puedes poner el cereal en un plato y echar la leche".

Por cierto, no estoy diciendo que no cuidemos de nuestras familias ni satisfagamos sus necesidades. Pero durante esa etapa de mi vida, tenía muchos problemas, y sabía que precisaba hacer algo al respecto. No me comportaba muy bien. No tenía muy buen control de mi temperamento. No estaba operando en mí el fruto del Espíritu, y necesitaba buscar a Dios.

Así que, finalmente, les dije a mis hijos: "En vez de estar tratando de sacarme de aquí, ¡mejor oren para que me quede aquí! Ayúdenme a buscar la forma de que pueda estar más tiempo aquí con Dios y así podré ser una persona más agradable. Deberían decir: '¡Mamá, te ayudo a lavar los platos! ¡Vete a tu cuarto!'". Sabía que si no pasaba tiempo con Dios, mi familia no podía disfrutar mucho conmigo.

La carne no puede conquistar a la carne. Necesitamos volvernos al Espíritu Santo y confesar: "No puedo cambiarme a mí mismo, Dios, pero tú puedes cambiarme. Voy a buscarte. Necesito que soples sobre mí con esa brisa poderosa y traigas refrigerio a mi vida".

Dios se encontrará con usted cuando le busque de todo corazón. Y será refrescado más allá de lo que pueda imaginar. Él lo llenará de paz y gozo. Pero sé por el Espíritu de Dios, que deberá quitar algunas cosas de su vida y hacer más espacio para Dios dentro de su ocupada agenda.

Posiblemente usted esté haciendo cosas que deberían ser eliminadas, cosas que usted no tiene idea de por qué las está haciendo en primer lugar. Cosas que no disfruta; que resiente tener que hacerlas. Puede tener temor de hacerlas porque lo agotan, lo frustran, y le roban su gozo—aunque las siga haciendo. Es tiempo de vivir con propósito y tomar decisiones que lo ayuden a conocer a Dios más íntimamente.

Cualquier persona que acepta a Cristo como Salvador comienza un viaje; ese viaje lo guía a una amistad íntima con Dios, y ¡qué tremendo viaje es ése!

NIVEL DE INTIMIDAD
2

~~~

El poder transformador de Dios

Mas nuestra ciudadanía está en los cielos, de donde también esperamos al Salvador, al Señor Jesucristo; el cual transformará el cuerpo de la humillación nuestra, para que sea semejante al cuerpo de la gloria suya, por el poder con el cual puede también sujetar a sí mismo todas las cosas.

—FILIPENSES 3:20-21

5

"No con ejército, ni con fuerza, sino con mi Espíritu"

⁓

"No con ejército, ni con fuerza, sino con mi Espíritu, ha dicho Jehová de los ejércitos" (Zacarías 4:6).

Nunca tendremos verdadero éxito en la vida sino por el poder del Espíritu Santo. Trabajar para adquirir posesiones materiales o fama, sólo nos producirá frustración y cansancio. Pero permitirle al Espíritu Santo hacer las buenas obras a través de nosotros, traerá contentamiento y gozo profundo a nuestra vida.

En Juan 17:45, Jesús dijo: "Yo te he glorificado en la tierra; he acabado la obra que me diste que hiciese. Ahora pues, Padre, glorifícame tú en tu presencia". Un día ese pasaje cautivó mi corazón y rompí en llanto. Pensé: *Oh Dios, si sólo pudiera estar de pie ante ti en el día final, mirarte a los ojos, y sin ninguna vergüenza, poder decirte: "Señor, lo logré. Con tu ayuda llegué hasta la meta. Hice lo que me dijiste que hiciera".*

Me di cuenta de que el gozo verdadero fluye cuando Dios usa un vaso vacío para su gloria: permitiendo que

Él decida dónde me quiere llevar, lo que quiera hacer conmigo, cuando quiera hacerlo—y no discutiendo sobre ello. Una cosa es estar dispuesto a hacer *todo* para la gloria de Dios (1 Corintios 10:31); otra distinta es estar completamente dispuesto a hacer *lo que sea* para la gloria de Dios.

El Espíritu Santo vive dentro de nosotros y trabaja para ayudarnos a dejar de girar en torno de nosotros mismos y de nuestros problemas. Debemos entregar nuestros problemas a Dios, porque de todos modos no podemos resolverlos, y utilizar nuestro tiempo para hacer algo por los que están a nuestro alrededor, heridos o necesitados de atención. La presencia de Dios en nosotros nos capacitará para auxiliar a los demás con facilidad.

> "Porque por gracia ustedes han sido salvados mediante la fe; esto no procede de ustedes, sino que es el regalo de Dios, no por obras, para que nadie se jacte. Porque somos hechura de Dios, creados en Cristo Jesús para buenas obras, las cuales Dios dispuso de antemano a fin de que las pongamos en práctica" (Efesios 2:8-10 NVI).

Años atrás, cuando comencé a caminar más íntimamente con Dios, esperaba recibir una palabra suya para cada cosa que quería hacer, hasta que aprendí que su Espíritu *mora* en mí para hacer buenas obras. En los primeros tiempos de mi caminar con Dios, tenía en mi corazón darle diez dólares a una mujer necesitada (podía comprarse más que ahora). Cargué ese deseo por unas tres semanas, hasta que finalmente oré: "Dios, ¿eres realmente tú el que me está diciendo que le dé el dinero a esa persona? ¡Lo haré si *realmente* eres tú!"

Él me contestó tan claro: "Joyce, aunque no te lo dijera, ¡realmente no voy a disgustarme contigo si quieres bendecir a alguien!"

Uno de los frutos del Espíritu de Dios que vive dentro de nosotros es la bondad (vea Gálatas 5:22-23). Por consiguiente, tenemos el deseo de ser bondadosos con las personas. Dios le dijo a Abraham que lo iba a bendecir para que él pudiera ser de bendición a otros (vea Génesis 12:2). Imagínese cuán glorioso sería llegar al punto en que viviéramos sólo para amar a Dios y que de nosotros fluyeran diariamente las buenas obras.

Siempre hay alguien, en alguna parte, que necesita una palabra de aliento. Alguien necesita que le cuiden sus niños; o que lo lleven a alguna parte. El mundo está lleno de gente con necesidades. Morar en la presencia de Dios aleja nuestras mentes de nuestros problemas y las enfoca hacia las necesidades de los demás. Entonces, Él nos unge con poder para hacer buenas obras para su gloria.

Si simplemente pudiéramos pedirle a Dios que cada día nos muestre cómo podemos bendecir a alguien para su gloria, experimentaríamos el gozo, el contentamiento y la paz que estamos anhelando.

¿ESTÁ LLENO DE USTED MISMO?

Dios me dijo una vez: "Joyce, la gente es infeliz porque está llena de sí misma". Si estamos llenos de nosotros mismos, estamos todo el tiempo pendientes de nuestras propias necesidades y deseos, en vez de pensar en las necesidades y deseos de los demás.

A menudo demuestro en mis reuniones que cuando estamos llenos de nosotros mismos parecemos como muñecos de cuerda que marchan repitiendo: "¿Y yo? ¿Y yo? ¿Y yo?".

Pero si estamos llenos de Dios, estaremos tan contentos que no nos importarán las circunstancias por las cuales estemos pasando. Si nos mantenemos llenos de Dios, su vida resucitadora nos levantará y nos transformará a la imagen de Cristo. El apóstol Pablo demostró que deseaba ser lleno de Dios cuando dijo:

> "Lo he perdido todo a fin de conocer a Cristo, experimentar el poder que se manifestó en su resurrección, participar en sus sufrimientos y llegar a ser semejante a él en su muerte. Así espero alcanzar la resurrección de entre los muertos" (Filipenses 3:10-11, NVI).

Cuando estamos llenos de nosotros mismos, estamos llenos de muerte y oscuridad. Cuando estamos llenos de Dios, lo estamos de vida y luz. Debemos orar como Pablo: "Oh Dios, que pueda conocerte y experimentar el poder de tu resurrección en mí aun cuando esté en este cuerpo". Orar de esta manera nos guarda de tratar de manipular a la gente para que haga lo que queremos y de pelear cuando las cosas no salen a nuestro gusto.

Créanme, era una experta en eso de pelear, hasta que Dios me enseñó a confiar en Él para todo. Por ejemplo, una vez quería parar en cierto lugar para comer antes de llegar a una reunión.

Le dije a Dave: "Me encantaría parar en ese lugar porque tienen buenos emparedados, sopa, ensalada y el café que me gusta. Voy a tener un fin de semana muy cargado y quisiera comer una buena comida antes de enfrascarme en él. Porque verdaderamente disfruto cuando lo hago".

Pero Dave me dijo: "Me gustaría llevarte, pero no sé cómo podemos hacerlo. Si lo hago, vamos a llegar tarde al lugar y necesito darle un vistazo a las mesas de las grabaciones. Y tengo una cantidad de cosas que necesito hacer antes de que comience la reunión".

Dios había estado trabajando conmigo sobre la importancia de no ser egoísta y llena de mí misma. Así que, aunque me sentí desilusionada, supe que me sentiría desdichada si sólo pensaba en lo que yo quería, sin importarme la responsabilidad de Dave y su necesidad de llegar temprano a la reunión. Tenía una alternativa: actuar según la carne o de acuerdo al Espíritu. Así que dije: "Está bien, Dave. Entiendo que tienes muchas cosas que hacer".

Pero dos, tres, cuatro años atrás, hubiera armado una pelea por no parar donde quería que parara. Sé que Dave es un amante de la paz, así que si hubiera insistido, me habría llevado, a regañadientes, adonde yo quería comer. Posiblemente hubiera ganado con Dave, pero habría perdido con Dios. Debemos aprender que salirnos con la nuestra puede complacer a la carne, pero no siempre complace a Dios. En cambio, darle a otro la oportunidad puede ser lo que agrade a Dios.

Me parecía que yo era la única persona que tenía algo para hacer cuando llegábamos a nuestras reuniones. No entendía que Dave también cumplía tareas con horarios preestablecidos. No lo advertí hasta ese día en que Dave se puso un poco firme conmigo, porque yo estaba fastidiando con ir comer a ese lugar. (¿No le asombra que podamos pelearnos hasta para comer? ¡Hasta los que no comen mucho pueden armar sus buenas peleas para comer, cómo lo quieren y cuándo lo quieren!) Ese día, todo nuestro equipo iba a salir a desayunar, pero yo debía quedarme a estudiar, y quería que ellos me trajeran algo. Pero Dave dijo: "Realmente, no creo que tengamos tiempo para hacerlo. Me encantaría, pero si hago eso no podré llegar a tiempo para ordenar la mesa de las grabaciones. ¿No podrías desayunar con frutas?".

Mi airada respuesta pegó fuerte; dije: "¡Está bien! Déjenme sola aquí, y ustedes vayan y diviértanse. ¡Yo me quedo, me preparo para la reunión y me muero de hambre!".

¿Ha tenido alguna vez un berrinche así? Podemos tenerlos de modo silencioso o expresarlos a viva voz. A veces ponemos mala cara y nos aislamos. Pero también hay rabietas que expresamos con actitudes de "no me importa", o de "no te dirijo la palabra", o de "cara de piedra". O podemos tener lloriqueos para convencernos a nosotros mismos de que nadie nos tiene en cuenta, aunque nos desvivimos por los otros, mientras que a los demás ni siquiera les importa si comemos o no.

Así que ahí estaba yo, con mi berrinche, hasta que Dave se puso un poco firme conmigo (algunas veces necesitamos que alguien sea un poco firme con nosotros), y me dijo: "Ay Joyce, cada uno de este equipo se esmera en tratar de hacerte las cosas fáciles, y bien hechas para ti".

Yo sabía que Dave tenía razón, pero me costaba admitirlo.

Es que, a menudo, cuando exigimos las cosas a nuestra manera, ni pensamos por lo que están pasando las demás personas alrededor de nosotros.

Cada uno tiene situaciones con que lidiar. Todo el mundo tiene circunstancias que atravesar. Si queremos ser realmente felices, debemos salir del centro del yo, yo, yo, e ir más allá.

APRENDA A CONFIARLE A DIOS TODAS LAS COSAS

Tenemos la oportunidad de: primero, tratar de salirnos con la nuestra, manipulando a la gente con nuestros berrinches; o segundo, hacer lo que Dios quiere que hagamos, confiando en que Él hará todo lo que esté de acuerdo con su plan perfecto para nosotros y para quienes estén incluidos en nuestra situación.

Dave me decía: "¿Cuándo vas a dejar de tratar de

convencerme? *Tú* no me vas a convencer. Si necesito ser convencido, deja que Dios lo haga".

Me costó bastante dejar que fuese Dios quien convenciera a otros de lo que fuera. No me costaba confiar en Dios para que *tratara* de convencer a Dave, pero no estaba segura de poder confiar en que Dave lo *escuchara*. Es muy difícil dejar de tratar de ayudar a Dios. Tenemos nuestras propias maneras de intentar manejar nuestras circunstancias—y a todo el que esté incluido en ellas.

Pero hay una gran recompensa para los que aprenden a descansar y a confiar en que Dios maneja todas las cosas para nuestro bien (vea Proverbios 3:5; Romanos 8:28). Aprender a confiar en Dios lleva tiempo, así que no se desanime si en las próximas veinticuatro horas todavía no ha podido cederle el cuidado de su vida. Pero le animo decididamente a que comience a confiar en que Dios tiene cuidado de usted y de todas sus necesidades. Confiar en que Él es quien obra en sus circunstancias, en vez de usar sus propias fuerzas y capacidades, le deparará profundo gozo y satisfacción. A poco de haber dado ese paso inicial, confiando sus asuntos a Dios, comenzará a darse cuenta de lo divertido que es ver lo que Él hace.

En Juan 15:5, Jesús dijo: "…porque separados de mí nada podéis hacer". Hebreos 13:5 dice que Él nunca nos dejará ni nos desamparará. En otras palabras, siempre estará con nosotros (vea Mateo 28:20; Juan 14:18). La razón por la que Jesús promete que estará siempre con nosotros, es que Él sabe que necesitamos su ayuda en nuestro diario vivir.

A menudo, nos toma un buen tiempo humillarnos y darnos cuenta de que necesitamos ayuda en todo. Nos gusta creer que somos independientes y que podemos hacer cualquier cosa sin ninguna asistencia. Sin embargo, el Señor nos envió el divino Ayudador; quiere decir que necesitamos ayuda. Jesús mismo intercede *continuamente* por nosotros mientras está sentado a la diestra de Dios (vea Hebreos 7:25; Romanos 8:34). Quiere decir que nosotros necesitamos, *continuamente,* la intervención de Dios en nuestras vidas. De hecho, estamos muy necesitados, y completamente imposibilitados para manejar nuestra vida del modo apropiado por nuestra cuenta.

Aunque por un tiempo parece que tenemos el control de nosotros mismos, tarde o temprano comenzamos a perderlo, de una u otra forma, si no recibimos la ayuda divina. A veces, las cosas nos salen bien hasta que llega la crisis.

Puede ser la ruptura de un matrimonio, la muerte de un ser querido, alguna enfermedad, escasez financiera, la pérdida de un trabajo o de algo muy importante para poder vivir. Pero, tarde o temprano, todos llegamos a una situación en la cual debemos reconocer nuestra necesidad. Por lo menos, debemos reconocerlo si queremos vivir la vida de la manera en que se debe vivir—con justicia, paz y gozo (vea Romanos 14:17).

Muchos muestran la apariencia de que todo está bien, pero por dentro son muy infelices. Algunos luchan toda su vida, porque son demasiado orgullosos para humillarse y pedir ayuda. Tal vez pueden convencer a otros de que tienen éxito, pero realmente son un fracaso. Quizás pueden incluso convencerse a sí mismos de que son unos triunfadores, pero lamentablemente, muchos terminan sin nada más que ellos mismos—una existencia vacía y triste.

Cuando era lo que llamo una "creyente religiosa", sólo pedía ayuda a Dios cuando enfrentaba alguna situación desesperante o algún problema serio para el cual no encontraba respuesta. Oraba cada día en forma general—no mucho, pero oraba.

Después de convertirme en lo que llamo una "creyente relacional", aprendí rápidamente que el Espíritu Santo habitaba en mí para ayudarme y que, de hecho, necesitaba ayuda en todo. Desde tener mi pelo bien arreglado, obtener buena anotación en mis boleadas, elegir el regalo adecuado para alguien, tomar decisiones correctas y sobreponerme a las situaciones desesperantes y a los problemas serios de la vida. Cuando entendí esta verdad y me di cuenta de que Jesús no murió para darme un determinado tipo de religión, sino para llevarme a una profunda relación personal con Dios, hice la transición de "creyente religiosa" a "creyente relacional". Mi fe ya no se basó más en mis obras sino en sus obras. Pude ver que su misericordia y bondad abrieron un camino para que yo pudiera vivir en comunión íntima con Dios.

Cuando Jesús murió, el velo del templo que separaba el Lugar Santo del Lugar Santísimo fue rasgado desde arriba hacia abajo (vea Marcos 15:37-38). Eso abrió el camino para que todos vinieran a la presencia de Dios. Como hemos visto, antes de la muerte de Jesús sólo el sumo sacerdote podía entrar a la presencia de Dios, y únicamente una vez al año, por medio de la sangre de animales degollados, para hacer expiación por sus pecados y los pecados del pueblo.

Es significativo que la rasgadura del velo del templo se hiciera de arriba hacia abajo. El velo, o cortina, era tan alto y grueso que ningún ser humano podía rasgarlo: fue rasgado sobrenaturalmente por el poder de Dios, para revelar a su pueblo una nueva manera de vivir y de acercarse a Él.[1]

Desde el principio, Dios ha deseado tener comunión con el hombre; para eso lo creó. Él nunca quiso alejar a la gente de su presencia, pero sabía que su santidad era tan poderosa que podía destruir todo lo inmundo que se le acercara. Por consiguiente, debía proveer un medio por el cual los pecadores fueran limpiados, a fin de que pudieran tener acceso a la presencia divina.

En Éxodo 3:25, leemos cómo se apareció Dios a Moisés en la zarza ardiente y le dijo que se quitara el calzado de sus pies porque estaba parado en un lugar santo. Creo que eso significaba que nada que hubiera tocado la tierra podía tocar la santidad de Dios.

Nosotros *estamos* en el mundo, pero no somos *de* él (Juan 17:14-16). Nuestra mundanalidad y los caminos del mundo nos separan de la presencia de Dios. A menos que estemos recibiendo constantemente, por la fe, el sacrificio de Jesús y de su sangre que nos limpia de todo pecado, no podemos disfrutar de la intimidad y comunión apropiada con Dios.

LA DEBILIDAD HUMANA HACE
AL HOMBRE DEPENDIENTE

"Conozco, oh Jehová, que el hombre no es señor de su camino, ni del hombre que camina es el ordenar sus pasos" (Jeremías 10:23).

Jeremías lo expresó bien en este versículo: Es realmente imposible para el hombre manejar adecuadamente su propia vida. Usted y yo necesitamos ayuda, y mucha. Admitir ese hecho es una señal de madurez espiritual, no de debilidad. Somos débiles, a menos que encontremos nuestra fortaleza en Dios, y cuanto más pronto lo reconozcamos, será mucho mejor para nosotros.

Quizás usted sea como yo era antes: me esforzaba por hacer las cosas correctas y siempre fallaba. Su problema no es que usted sea un fracaso, sino, simplemente, que no ha acudido a la verdadera fuente de ayuda.

Dios no nos permite triunfar sin Él. Recuerde que el verdadero éxito no es sólo la habilidad de acumular riqueza material, sino la de disfrutar verdaderamente de la vida y todo lo que Dios provee. Mucha gente tiene posición, riqueza, poder, fama y otros atributos similares, pero no pueden tener lo que realmente importa—buenas relaciones, posición correcta con Dios, paz, gozo, contentamiento, satisfacción, buena salud y la habilidad para disfrutar de la vida. ¡No todo lo que parece estar bien *está* bien!

Según el Salmo 127:1, a menos que el Señor edifique la casa, en vano trabajan los que la edifican. Podemos ser capaces de construir, pero lo que construyamos no podrá permanecer si Dios no está involucrado en la construcción. Él es nuestro Compañero de la vida y como tal, desea participar en todo lo que hacemos. Dios está interesado en cada faceta de nuestra vida. Creer esa verdad es el inicio de un viaje emocionante con Él. Se hace personal, no sólo general.

Sabemos que Jesús murió por la humanidad, pero debemos creer que murió por cada uno de nosotros, personal e individualmente. Sabemos que Jesús ama a la gente, pero debemos creer que Él ama a cada uno como individuo único e imperfecto. Su amor es incondicional; eso significa que está basado en quién es Él, y no en lo que nosotros somos o en lo que hacemos.

Lo desafío a que dé un paso de fe y comience a acercarse a Dios como un niño. Actualmente, mientras escribo este libro, tengo una nieta de dieciocho meses de edad y, sin lugar a dudas, ella depende de otras personas literalmente para todo. Especialmente, depende de sus padres. Claro está, crecerá y comenzará a hacer ciertas cosas por sí misma y es bueno que así sea. Sin embargo, el principio que Jesús nos dio en Marcos 10:13-15, es cierto: A menos que seamos como niños, no entraremos al reino de Dios. ¿Cómo nosotros, siendo adultos, podemos acercarnos a Él como niños? Lo hacemos con una actitud de niño.

Pensamos que todos debemos madurar, y en algunas cosas es así. Pero al mismo tiempo, en otras necesitamos ser como niños. Ser niño es diferente a ser *como* niño. Ser niño está ligado a la inmadurez, las emociones y pasiones descontroladas y la actitud egocéntrica. Ser *como* niño está ligado con la modestia, la humildad y la disposición a perdonar.

Una persona humilde no tiene dificultad para pedir ayuda. El apóstol Pablo seguramente era considerado un gran hombre, pero en 2 Corintios 3:5 escribe: "No que seamos competentes por nosotros mismos para pensar algo como de nosotros mismos, sino que nuestra competencia proviene de Dios".

Pablo sabía de dónde procedían su habilidad y poder, y sabía que no venían de él. Conocía sus debilidades humanas, pero decía que la fuerza del poder de Cristo lo perfeccionaba en su debilidad (vea 2 Corintios 12:9).

Jesús ha venido a nuestras vidas para ayudarnos y fortalecernos, permitiendo que hagamos con facilidad lo que nunca podríamos hacer sin Él. Se dice que la *gracia* representa *las riquezas de Dios a costa del sacrificio de Cristo*. La gracia de Dios nos llega como un don gratuito, que se recibe por fe (vea Efesios 2:8-9). Pero debemos admitir que la necesitamos, o no la recibiremos.

HACER EL BIEN

"Y yo sé que en mí, esto es, en mi carne, no mora el bien; porque el querer el bien está en mí, pero no el hacerlo". (Romanos 7:18)

Por virtud del nuevo nacimiento, que ocurre cuando recibimos a Jesús como nuestro Salvador, tenemos en nosotros el deseo de ser buenos y hacer el bien. Pero parece, al mismo tiempo, que no tenemos el poder para hacerlo. ¿Cómo puede ser esto?

Cuando nacemos de nuevo, Dios pone en nosotros una nueva naturaleza (vea 2 Corintios 5:17), pero nos deja en un cuerpo con un alma que tiene debilidades innatas. Esto tiene un solo propósito: que nos rindamos a la necesidad. Recuerde, si no somos conscientes de necesitar Jesús, por lo general no le prestamos mucha atención, especialmente al principio de nuestro caminar con Él.

Todo lo bueno viene de Dios. El hombre no es bueno; Dios sí lo es. Jesús mismo le dijo a alguien que lo llamó "Maestro bueno" que no había ni uno bueno sino Dios (vea Mateo 19:16-17). A pesar de que el propio Jesús era en verdad Dios, la segunda persona de la Trinidad, en ese instante se estaba refiriendo a su lado humano.

Recuerde que Jesús era el Hijo de Dios e Hijo del Hombre. En su naturaleza humana, sabía que lo único bueno que Él podía hacer era lo que el Espíritu Santo hacía a través de Él. Lucas 1 nos dice que su madre María concibió por un acto del Espíritu Santo (que será discutido más adelante). Dios fue su Padre. Así que Jesús era, ciertamente, Dios encarnado en hombre. Él estuvo en la misma posición en que estamos nosotros como hijos nacidos de Dios. Somos un cuerpo humano y Dios vive dentro de nosotros. Esto suena casi demasiado bueno para ser cierto, pero como hemos visto, puede ser probado una y otra vez por las Escrituras.

¿ESTÁ USTED CUMPLIENDO RITUALES?

"Mas el Consolador, el Espíritu Santo, a quien el Padre enviará en mi nombre, él os enseñará todas las cosas, y os recordará todo lo que yo os he dicho" (Juan 14:26).

Lamento todos los años que perdí siendo una religiosa, cumpliendo rituales, siguiendo formalidades, pero sin tener la revelación de que Jesús vive en mí por el poder del Espíritu Santo.

Continuamente le preguntamos a la gente si ha recibido a Jesús, sin detenernos a pensar en lo que eso significa realmente. Si lo recibimos, ¿qué hacemos con Él? Seguramente no lo ponemos en una cajita rotulada "Para el domingo en la mañana", de donde lo sacamos ese día, cantamos algunas canciones para Él, le hablamos un poco y luego lo volvemos a guardar hasta el domingo siguiente. Si lo recibimos, lo tenemos. Él está con nosotros, porque dijo que nunca nos dejaría ni nos desampararía.

Le insto a que, por el poder del Espíritu Santo, comience a tomar plena ventaja de esa relación con Dios comprada por la sangre de Jesús. No deje a Dios sólo para las emergencias y los domingos por la mañana. Permítale obrar en cada área de su vida por el poder del Espíritu Santo. ¿Por qué no levanta ahora mismo sus manos hacia Él, en adoración, y le dice sinceramente: "Bienvenido a casa, Espíritu Santo?".

El Espíritu Santo nos ayudará a hacer cosas buenas, pero también nos hará acordar de dar la gloria a Dios y no tratar de tomarla para nosotros. Uno de los ministerios del Espíritu Santo es recordarnos lo que necesitamos saber cuando necesitamos saberlo.

En numerosas ocasiones, durante muchos años, el Espíritu Santo me ha hecho acordar dónde había puesto cosas que no encontraba, y de hacer cosas que me había olvidado de hacer. También me ha mantenido en el camino correcto, recordándome en momentos precisos de mi vida lo que la Palabra de Dios dice acerca de determinados asuntos.

He aprendido que puedo confiar en Dios para que me ayude tanto a tomar grandes decisiones como en las pequeñas necesidades. Una vez teníamos algunos familiares de visita en casa y queríamos ver una película, pero no encontrábamos el control remoto del televisor. Estaban todos reunidos en la sala, pero ni Dave ni yo sabíamos cómo hacer funcionar el televisor sin el control remoto, y estábamos ansiosos por encontrarlo.

Lo buscamos por toda la casa; en los dormitorios, debajo de las camas, de los almohadones y de todos los muebles. Llamamos a dos de nuestros hijos que habían estado viendo la televisión ese día, para ver si ellos se acordaban dónde lo habían puesto, pero el control remoto seguía sin aparecer.

Decidí orar. Así que dije calladamente en mi corazón: "Espíritu Santo, por favor muéstrame dónde está el control remoto". Inmediatamente en mi espíritu pensé en el cuarto de baño y, dicho y hecho: allí estaba.

Lo mismo me sucedió con las llaves de mi automóvil. Estaba lista para salir, muy corta de tiempo y no podía encontrar las llaves. Busqué frenéticamente en vano y entonces decidí orar. En mi espíritu vi las llaves en el asiento delantero del auto y exactamente ahí era donde estaban.

Uno de los dones del Espíritu Santo, de los que habla Primera de Corintios 12, es la palabra de conocimiento. Dios me había dado palabra de conocimiento respecto al control remoto y también a las llaves extraviadas. Estos dones están disponibles para los que están llenos del Espíritu Santo. Son dones sobrenaturales de poder, dados a los creyentes para ayudarlos a vivir la vida natural de una manera sobrenatural. ¡Claro que podemos contar con el Espíritu Santo para que nos recuerde cosas que necesitamos recordar! Si no necesitáramos ayuda, siempre podríamos recordar perfectamente todo y no necesitar nunca que se nos recordara; pero si somos honestos, todos sabemos que ése no es el caso. Si al Señor le interesamos lo suficiente como para ocuparse de controles remotos y llaves perdidas, piense cuán deseoso está Él de hablarnos sobre cosas más íntimas.

La gente de negocios no tiene ese problema, porque cuenta con una secretaria que les recuerda sus compromisos, y ellos dependen de esa persona para cumplirlos. Como depende de sus secretarias, esa misma gente podría tener gran dificultad en depender de Dios para los mismos pequeños detalles. Esto por dos razones:

1. Ni siquiera saben que es adecuado depender
   en Dios para esos pequeños detalles en la vida;
   no creen que Él esté interesado en ese tipo de
   cosas;
2. No van a humillarse por ese tipo de necesidad.

Como seres humanos orgullosos, no queremos demostrar que tenemos necesidades. Recuerde que en Juan 15:5, Jesús dijo que separados de Él nada podemos hacer. Nada quiere decir nada—mientras más pronto aprendamos ese hecho será mejor, porque la Biblia dice que Dios ayuda al humilde pero resiste al soberbio (vea Santiago 4:6; 1 Pedro 5:5).

A Dios no le place que la gente lo deje fuera de su vida diaria, y que luego, con formalidades religiosas, traten de calmarlo. No pierda su tiempo cumpliendo meros rituales. Tenga una relación real con Dios, que sea viva y significativa, o acepte que no tiene ninguna y haga lo necesario para conseguirla.

Hágase estas preguntas, para podrá comprender dónde está usted espiritualmente:

¿Está creciendo a diario en su conocimiento de Dios y sus caminos?

¿Va a la iglesia porque lo anhela o lo hace por obligación? ¿Le resulta interesante, o se alegra cuando termina el culto para ir a almorzar?

¿Se siente cerca de Dios?

¿Está manifestando en su vida el fruto del Espíritu —amor, gozo, paz, paciencia, benignidad, bondad, fe, mansedumbre, templanza (vea Gálatas 5:22-23)?

¿Cuánto ha cambiado desde que entregó su vida a Cristo?

Si no está satisfecho con sus contestaciones a estas preguntas, rinda completamente su vida a Dios y pida al Espíritu Santo que se involucre en cada aspecto de ella. Si hace esto con honestidad y sinceridad, Él comenzará a trabajar en usted de una manera poderosa y emocionante.

No se quede haciendo cosas como antes las hacía, que fueron correctas para un tiempo particular pero ya no son efectivas, porque Dios quiere que usted use otros métodos que lo llevarán más allá del estado actual. No tenga miedo de las cosas nuevas; sólo asegúrese de que sean bíblicas. Creo que Dios desea llevarlo a nuevos niveles en Él por medio del poder del Espíritu Santo. Él está tocando a la puerta de su corazón. ¿Le abrirá y lo dejará entrar?

Si no le ha provisto una buena casa al Espíritu Santo, Él lo ha extrañado y, sea que lo sepa o no, usted lo ha extrañado a Él.

Gran parte de la insatisfacción de mucha gente se debe a su falta de comunión e intimidad con Dios por medio del Espíritu Santo. Si usted es uno de ellos, creo que este libro puede marcar un punto crucial en su vida. ¿Por qué no hacer ese giro rápidamente, así comienza a disfrutar mucho más a Dios?

USTED NO PUEDE GANAR SUS
BATALLAS SIN LA AYUDA DE DIOS

"Jehová os dice así: No temáis ni os amedrentéis delante de esta multitud tan grande, porque no es vuestra la guerra, sino de Dios" (2 Crónicas 20:15).

En 2 Crónicas 20 se describe un tiempo de crisis en la vida del pueblo de Judá. Se enfrentaban a un gran ejército que venía a destruirlos. Pero el profeta de Dios les dijo que no temieran, porque la guerra no era de ellos, sino de Dios.

En el versículo 12 de ese capítulo, leemos una oración sabia que fue ofrecida a Dios por Josafat, rey de Judá: "¡Oh Dios nuestro! ¿No los juzgarás tú? Porque en nosotros no hay fuerza contra tan grande multitud que viene contra nosotros; no sabemos qué hacer y a ti volvemos nuestros ojos".

He estudiado esta oración muchas veces y me ha ayudado a llegar al lugar donde puedo fácilmente pedir ayuda. Solemos gastar el tiempo tratando de hacer lo que no somos capaces de hacer y actuando como si supiéramos lo que no sabemos. He descubierto, a la fuerza, que es mucho más fácil decir: "No sé qué hacer, y aunque lo supiera, no podría hacerlo sin ayuda. ¡Espíritu Santo, ayúdame!".

El orgullo es un monstruo horrendo que nos impide pedir ayuda. Queremos ser autosuficientes e independientes. Sin embargo, Dios nos ha creado de tal forma que aunque tengamos fortalezas, también tenemos debilidades y siempre necesitaremos ayuda.

Dios quiere que nos apoyemos completamente en Él; eso es verdadera fe. *The Amplified Bible* [versión en inglés (AMP)] da una definición de fe, en Colosenses 1:4, que a mí me encanta. Dice que la fe en Jesús es "apoyar tu personalidad completa en Él, con absoluta confianza y certeza en su poder, sabiduría y bondad" [traducido del inglés].

Podemos apoyarnos en Dios para que nos mantenga dentro de su voluntad. Es demasiado complicado tratar de estar en su voluntad en nuestras propias fuerzas. ¿Quién de nosotros puede decir que sabe el ciento por ciento de lo que se supone que debemos hacer cada día? Nuestra mente hace sus planes, pero Dios dirige nuestros pasos (vea Proverbios 16:9).

Usted puede poner en práctica todo lo que sabe hacer para tomar una decisión correcta. Y puede decidir con acierto, pero también cabe la posibilidad de que se equivoque. ¿Cómo sabe si está en lo correcto? No puede. Tiene que confiar en que Dios lo mantenga dentro de su voluntad, enderezando cualquier camino torcido delante de usted, manteniéndolo en el camino estrecho que conduce a la vida, y alejándolo del camino ancho que conduce a la destrucción (vea Mateo 7:13).

Necesitamos orar: "Dios, que tu voluntad sea hecha en mi vida". Algunos han desarrollado la teoría de que nunca deberíamos orar "Que se haga tu voluntad". Pero Jesús oró de esa manera (vea Lucas 22:42) diciendo: "Aquí estoy, he venido a hacer tu voluntad, oh Dios" (vea Juan 17:45).

Conozco algunas cosas sobre la voluntad de Dios

para mi vida, pero no lo sé todo. Así que he aprendido a descansar y estar en paz al comprometer mi vida con Él, orando para que se haga su voluntad, y confiando que me mantenga firme. Aprendí eso cuando Dios estuvo tratando conmigo para tomar cierta decisión. Agonizando, le dije: "Pero, Dios, ¿qué sucede si estoy equivocada? ¿Qué, si cometo un error? ¡Qué pasa si no te encuentro, Dios!".

Él me contestó: "Joyce, si no me encuentras, yo te encontraré".

Apoyarse es algo bueno, ¡siempre y cuando nos apoyemos en algo o alguien que no se hunda cuando menos lo esperemos! Lo mejor es apoyarnos en Dios. Está comprobado que Él es fiel con quienes le consagran sus vidas.

6

El ayudador divino

⁓

"Mas el Consolador, el Espíritu Santo, a quien el Padre enviará en mi nombre, él os enseñará todas las cosas, y os recordará todo lo que yo os he dicho" (Juan 14:26).

Existe un sinnúmero de cosas con las que nosotros luchamos cuando podríamos estar recibiendo auxilio del Ayudador divino. El Espíritu Santo es un caballero; nunca impondrá su voluntad en nuestra vida o en nuestras situaciones diarias. Si se lo invita, Él es presto en responder, pero debe ser invitado.

Siendo la tercera persona de la Trinidad, el Espíritu Santo tiene una personalidad. Puede contristarse. Debe ser tratado con gran respeto. A partir del momento en que comprendemos que Él vive dentro de nosotros, los creyentes, deberíamos hacerlo sentir complacido, cómodo.

El Espíritu Santo siempre está disponible. Es alguien con quien se puede contar en todo momento. Me encanta ese trato particular, porque me gusta pensar en

Él como alguien que está a mi lado todo el tiempo, con quien puedo contar en caso de cualquier necesidad. Piénselo por un momento y vea qué interesante es. Una de las oraciones más poderosas que podemos hacer es: "¡Señor, ayúdame!".

El Espíritu Santo no sólo está para ayudarnos en cualquier situación, también está disponible para aconsejar. Cuán a menudo corremos hacia nuestros amigos, cuando deberíamos pedir consejo al Espíritu Santo. Él desea dirigirnos, guiarnos y conducir nuestras vidas; le honramos cuando pedimos su consejo.

Yo me siento honrada cuando mis hijos adultos piden mi consejo, y muy especialmente cuando lo toman en cuenta. Siempre tengo el mejor deseo en mente y nunca les diría algo si no creyera firmemente que les ayudará. Si nosotros, siendo humanos, podemos hacer eso, ¿cuánto más el Espíritu Santo lo hará por nosotros si se lo pedimos?

Creo que mucha gente nunca encuentra las respuestas a sus problemas porque busca ayuda y consejo en fuentes equivocadas.

¿CÓMO NOS ACONSEJA EL ESPÍRITU SANTO?

Ya hemos visto, en Juan 14:26, que el Espíritu Santo es nuestro Consejero. Pero quizás usted sienta renuencia a pedir su consejo, porque no sabe cómo escucharlo. ¿Cómo nos habla Él?

Una de las maneras que más utiliza Dios para dirigir a su pueblo, es el testimonio interno. En otras palabras, nos hace saber interiormente lo que es correcto e incorrecto. Es un nivel de conocimiento mayor que el conocimiento mental. Se da en el espíritu: sencillamente experimentamos paz o falta de ella, y por esa paz o esa falta de ella, sabemos lo que debemos hacer.

Hablaba una vez con una mujer que necesitaba tomar una decisión importante. Su familia y amigos le daban consejo, pero ella necesitaba discernir interiormente cuál era la respuesta correcta, porque era la única que tendría que vivir con eso. Durante toda su vida había estado en cierta clase de negocio, y sentía que debía dejarlo y permanecer en casa con sus hijos. Por supuesto, esto conllevaría rigurosos cambios en sus finanzas, así como cambios personales que podrían afectarla emocionalmente. Necesitaba saber de la Fuente más alta qué era lo apropiado para su caso.

Esta mujer se fue a un retiro con un familiar. En cierto momento de ese fin de semana, mientras estaba sentada alabando y adorando al Señor y escuchando al predicador, vinieron a su corazón la certidumbre y la paz de que debía cerrar su negocio. Dijo que entonces ella, simplemente, supo qué era lo apropiado. A partir de ese instante se sintió en paz respecto de ese cambio.

Es asombroso cuánta gente puede decirnos cosas que no tienen ningún efecto en nosotros, pero cuando Dios nos dice algo, nos sentimos totalmente diferentes. Los demás no siempre nos pueden dar paz con su consejo, pero Dios lo hace.

Otra manera en que Dios nos habla es por medio de su Palabra. Podríamos estar buscando una respuesta suya y, mientras leemos su Palabra, nos percatamos de una escritura que habla directamente a nuestro corazón y nos deja saber lo que debemos hacer.

Muchas veces, le he pedido al Espíritu Santo que me dirija en una conversación o decisión y, aunque no recibo una indicación específica, creo que Él me dirige claramente mientras atravieso la situación. Mi predicación y enseñanza es un buen ejemplo. Siempre preparo un plan, pero también me apoyo en Dios para que su Espíritu me dirija. A menudo abro mi boca pensando que voy a decir algo y me encuentro yendo en otra dirección que no había previsto. Esto está completamente sustentado por las Escrituras, como vemos en Proverbios 16:1: "Del hombre son las disposiciones del corazón; mas de Jehová es la respuesta de la lengua".

A menudo se nos dificulta confiar cuando creemos que el Señor nos está dirigiendo. No desconfiamos de Él, sino de nuestra habilidad para escucharlo. Frecuentemente, advierto que he tenido que dar un paso por fe, y luego reconozco que el Espíritu Santo estuvo dirigiendo todo lo que experimenté.

"Pruebe y vea", es lo que siempre digo. Mientras aprendemos a ser dirigidos por el Espíritu Santo vamos a cometer algunos errores, pero mientras aprendemos de ellos Dios siempre nos ayudará a volver al camino correcto.

El proceso de aprender a ser dirigidos por Dios no es distinto al proceso de los bebés cuando están aprendiendo a caminar. Todos se caen en el proceso, pero como se levantan y tratan de nuevo, finalmente terminarán, no sólo caminando sino también corriendo a toda velocidad.

Santiago 1 comienza diciéndonos cómo manejar las pruebas de la vida. Hay una forma natural de manejar los problemas, pero hay también una forma espiritual de hacerlo:

> "Y si alguno de vosotros tiene falta de sabiduría, pídala a Dios, el cual da a todos abundantemente y sin reproche, y le será dada. Pero pida con fe, no dudando nada; porque el que duda es semejante a la onda del mar, que es arrastrada por el viento y echada de una parte a otra" (Santiago 1:5-6).

Santiago está diciendo aquí: "Si tiene problemas, pregúntele a Dios qué debe hacer". Puede que no reciba inmediatamente una respuesta a su petición, pero encontrará que una sabiduría divina y que excede su conocimiento natural, opera en usted para manejar su situación.

En el Salmo 23:2, el salmista nos dice que Dios dirige a su pueblo para descansar en verdes pastos y los conduce junto a aguas tranquilas. En otras palabras, si lo buscamos, Dios siempre nos dirigirá a un lugar de paz y seguridad.

Por favor, note que Santiago dice "pídala". Muy a menudo no obtenemos la ayuda porque no la pedimos. Recuerde: El Espíritu Santo es un caballero y espera ser invitado a intervenir en nuestras circunstancias; de otra manera, Él violaría nuestra libre voluntad. *¡No podemos dar por supuesto ni hacer presunciones; debemos pedir!*

Santiago 4:16, nos enseña que la contienda y el desacuerdo vienen del diablo o de los deseos carnales que se levantan en nosotros. Nos ponemos celosos y codiciamos lo que otros tienen, y luego nos sentimos insatisfechos porque hemos tratado de satisfacer nuestros deseos de la manera equivocada. Santiago nos dice que cuando la gente arde de envidia y no obtiene lo que desean, hay guerras y pleitos. Santiago explica claramente: "No tienen, porque no piden" (v. 2, NVI). De acuerdo con la concordancia Strong, el significado de la palabra griega que se traduce como *pedir* en este versículo es "rogar, llamar, anhelar, desear, requerir".[1] Si Dios nos dio todo lo que *ocasionalmente* pedimos, ¡también podemos rogarle que nos quite algo! Dios responde a nuestra pasión y a la pureza de nuestras motivaciones. En el versículo tres habla sobre las cosas que deseamos: "Y cuando piden, no reciben porque piden con malas intenciones, para satisfacer sus propias pasiones" (NVI).

Santiago concluye su discurso en el versículo seis diciendo que Dios "da mayor gracia". Y nos recuerda que "Dios resiste a los soberbios, y da gracia a los humildes".

En 1 Pedro 5:5, se establece además el hecho de que Dios se opone, frustra y derriba a aquellos que son orgullosos, pero da gracia (la ayuda del Espíritu Santo) a los humildes. A menudo, queremos que algo suceda y todo lo que logramos es frustración. Eso sucede porque nos apoyamos en nosotros mismos o en alguna fuente natural, y el Espíritu Santo está contristado porque no hemos acudido a Él. Por lo tanto, se opone a nosotros en lugar de ayudarnos.

Considere las siguientes escrituras para ayudarle a adquirir conocimiento respecto a la importancia de buscar a Dios para obtener consejo:

"Bienaventurado el varón que no anduvo en consejo de malos, ni estuvo en camino de pecadores, ni en silla de escarnecedores se ha sentado" (Salmo 1:1).

"Jehová hace nulo el consejo de las naciones, y frustra las maquinaciones de los pueblos. *El consejo de Jehová permanecerá para siempre; los pensamientos de su corazón por todas las generaciones*" (Salmo 33:10-11, énfasis añadido).

"Bien pronto olvidaron sus obras; no esperaron su consejo. Se entregaron a un deseo desordenado en el desierto; y tentaron a Dios en la soledad. Y él les dio lo que pidieron; mas envió mortandad sobre ellos" (Salmo 106:13-15).

Miles de creyentes y no creyentes hacen lo que los israelitas hicieron en el desierto. Siguen sus propios caminos y no tienen paciencia para aguardar lo que Dios quiere hacer. No quieren que Dios los aconseje; ellos aconsejan a Dios. Tratan de decirle a Dios qué hacer y se desesperan si Él no realiza enseguida lo que piden.

Esto es lo que contribuye a mucha de la infelicidad y descontento de la gente en la actualidad. Si Dios nos creó para que Lo necesitemos y tratamos de vivir

como si no Lo necesitáramos, ¿cómo podríamos estar
satisfechos?

EL ESPÍRITU SANTO NOS CONSUELA

"Bendito sea el Dios y Padre de nuestro Señor Jesucristo, Padre de misericordias y Dios de toda consolación, el cual nos consuela en todas nuestras
tribulaciones, para que podamos también nosotros
consolar a los que están en cualquier tribulación,
por medio de la consolación con que nosotros
somos consolados por Dios" (2 Corintios 1:3-4).

El Espíritu Santo también quiere ayudarnos cuando
necesitamos consuelo. Usted y yo necesitamos serlo
cuando hemos sido defraudados, heridos o maltratados
de alguna manera o cuando experimentamos alguna
pérdida. Además, podríamos necesitar ser consolados
durante los cambios de nuestra vida o, incluso, cuando
simplemente estamos cansados. Otro momento en que
podríamos necesitar consuelo es cuando fallamos de alguna manera.

Como he dicho previamente, el Espíritu Santo es
acertadamente llamado el Consolador. La variedad de
sus nombres describe su carácter; y revela lo que Él
hace, o al menos lo que desea hacer por los creyentes.
Él está dispuesto a hacer mucho por nosotros, si estamos dispuestos a recibir su ayuda.

Durante muchos años, me enojaba frecuentemente
con mi esposo porque no me consolaba cuando yo
sentía que lo necesitaba. Estoy segura de que él trataba

de hacerlo, pero ahora me doy cuenta de que Dios no le hubiera permitido a Dave darme el consuelo que debía buscar en Él, y que me hubiera dado por su Espíritu Santo si sólo se lo hubiese pedido.

Dios permitirá que la gente haga algo por nosotros, pero no ir más allá. Ni siquiera las personas más cercanas a nosotros pueden darnos siempre todo lo que necesitamos. Cuando esperamos que otros hagan por nosotros lo que solamente Dios puede hacer, estamos poniendo nuestras expectativas en el lugar equivocado, e inevitablemente seremos defraudados.

No hay mejor consuelo que el de Dios. El hombre no puede darnos lo que realmente necesitamos, a menos que Dios mismo lo use para hacerlo, y habitualmente lo hace.

Sin duda las personas pueden y deben consolarse unas a otras, pero Dios es la Fuente de toda verdadera consolación. Podría ocurrir que en alguna situación le pidiera consuelo a Dios, y Él enviara a la persona idónea para dármelo: yo estaría consciente de que fue Dios quien organizó el encuentro.

Cuando pedimos ayuda a las personas, a menudo carecen del poder para dárnosla; pero si pedimos la ayuda de Dios, Él puede capacitar a la gente y obrar a través de ella.

La Palabra de Dios nos consuela. Muchas veces, cuando necesito consuelo, voy a la Biblia. Tengo pasajes favoritos que leo y medito cuando me hace falta un mayor estímulo.

El Salmo 23 es un buen ejemplo y es el favorito

de mucha gente. En verdad, la Palabra de Dios tiene por sí misma la capacidad de consolar. Mientras atesoremos su Palabra en nuestro corazón, o mientras tengamos una Biblia adonde recurrir, siempre podremos encontrar consuelo en momentos de aflicción, como Pablo nos dice en Romanos 15:4: "Porque las cosas que se escribieron antes, para nuestra enseñanza se escribieron, a fin de que por la paciencia y la consolación de las Escrituras, tengamos esperanza".

En cierta oportunidad atravesé un período en el que fui juzgada adversamente por varias fuentes diferentes. A veces todos los problemas se desatan a la vez. Cuando esto me ocurre, reconozco que es un ataque de Satanás. Sé por experiencia que debo permanecer firme en mi fe porque, simplemente haciéndolo, lograré que el enemigo huya. He aprendido que si permanezco firme y estable, el enemigo rápidamente verá que pierde su tiempo.

Esto no significa que no me sienta herida en el momento de la dificultad; de hecho, lo he estado y necesité consuelo. Durante la prueba, recurro a ciertas escrituras, las leo, e incluso medito y pienso en los demás.

En el Salmo 20:6, David escribió: "Ahora conozco que Jehová salva a su ungido". He reclamado insistentemente ese versículo para mi vida durante un período de dos días, mientras me recuperaba del golpe que recibí al escuchar las cosas adversas que la gente estaba diciendo de mí. No debió haberme tomado por sorpresa, porque sé cómo es el diablo y cómo es la gente, pero siempre espero que tarde o temprano las personas tengan más del amor de Dios en ellas y dejen de juzgar a los demás.

Siempre digo que tengo suficiente con mis propios asuntos como para querer meterme en los ajenos. Sin embargo, no siempre logro hacerlo. Es un área en la que he tenido que crecer. Puedo añadir que, en una etapa de mi vida, era muy criticona y juzgaba a los demás; de modo que quiero decir sinceramente: "Por la gracia de Dios, estoy cambiando".

Cuando alguien es una figura de autoridad en cualquier nivel o a la vista del público, como lo soy en mi ministerio, siempre va a recibir más censura y crítica que quienes no están en esas posiciones. El juicio y la crítica parecen ir a la par, por decirlo así. Estas cosas todavía hieren, pero Jesús pasó por ellas y nosotros también lo haremos.

Estoy muy agradecida por la Palabra de Dios, porque una y otra vez he experimentado su poder sobre mi vida. Tiene la capacidad de proveer consuelo para cada clase de aflicción.

En Isaías 61:2 fue profetizado que el Mesías vendría a "consolar a todos los enlutados". En el Sermón del Monte, Jesús dijo que eran bienaventurados todos los que lloraban porque ellos serían consolados (vea Mateo 5:4). El consuelo de Dios, que es administrado por el Espíritu Santo, es tan grandioso que bien vale la pena tener un problema aunque sólo sea para poder experimentarlo, pues éste va más allá de cualquier otro tipo de consuelo que podamos recibir.

Permita que Dios sea su Fuente de consuelo. En el

futuro, cuando se sienta herido, pídale sólo a Él que le consuele. Luego, espere en su presencia mientras obra en su corazón y en sus emociones. Dios nunca le fallará, si usted le da la oportunidad de venir en su ayuda.

EL ESPÍRITU SANTO NOS FORTALECE

"Mas el Dios de toda gracia, que nos llamó a su gloria eterna en Jesucristo, después que hayáis padecido un poco de tiempo, él mismo os perfeccione, afirme, fortalezca y establezca" (1 Pedro 5:10).

El Espíritu Santo también nos ayuda como nuestro Fortalecedor. Imagine que tiene un pozo de fuerza dentro de usted, una fuente de la que puede sacar en cualquier momento que necesite. Cuando se sienta débil, cansado o desanimado, a punto de darse por vencido, deténgase unos minutos. Cierre sus ojos, si es posible, y pida al Espíritu Santo que le fortalezca. Espere en su presencia, y va a sentir cómo la fortaleza de Dios lo va revistiendo.

No es sabio decir que haremos algo sin consultar a Dios o sin siquiera pensar en Él. A menudo, nos envolvemos en tantas cosas que luego nos encontramos débiles y agotados. Dios nos fortalece a través de su Espíritu, pero no lo hará para que realicemos cosas que están fuera de su voluntad. ¡Él no nos va a fortalecer para que seamos necios! Una vez que nos comprometemos a hacer algo, Dios espera que mantengamos nuestra palabra y que seamos íntegros, por lo que el consejo de su Palabra es: "piense antes de hablar" (vea Hechos 19:36).

Me encanta lo que dice Eclesiastés 5:1:

"Cuando vayas a la casa de Dios, cuida tus pasos y acércate a escuchar en vez de ofrecer sacrificio de necios, que ni conciencia tienen de que hacen mal" (NVI).

Tuve que aprender a consultar al Espíritu Santo *antes* de ofrecerme como voluntaria para hacer algo, en un momento de entusiasmo. Tenía el mal de la "lengua suelta" que me llevaba a hacer promesas precipitadamente, para luego preguntarme cómo iba a hacer para cumplirlas.

Podía invitar a varias personas a comer a mi casa, y luego, andaba murmurando y quejándome por todo el trabajo que debía hacer para estar preparada cuando llegaran. En una oportunidad, tomé tantos compromisos que luego tuve que buscar cómo zafar de algunos, porque no podía con todos a la vez.

Dios me mostró una verdad importante, que afectó mi vida de una manera muy positiva. Me dijo: "Joyce, si quieres tener mi unción y poder, debes mantener tu palabra. Cumple tus promesas y aprende a pensar y orar y a examinar *antes* de contraer nuevos compromisos". Dios me lo hizo ver claro: una vez yo asumiera un compromiso, Él esperaba que lo mantuviera y cumpliera con una buena disposición.

Eclesiastés 5:4-7 nos da una instrucción clara sobre la prudencia de buscar a Dios antes de hacer un voto:

"Cuando a Dios haces promesa, no tardes en cumplirla; porque él no se complace en los insensatos. Cumple lo que prometes. Mejor es que no prometas, y no que prometas y no cumplas. No dejes que tu boca te haga pecar, ni digas delante del ángel, que fue ignorancia. ¿Por qué harás que Dios se enoje a causa de tu voz, y que destruya la obra de tus manos? Donde abundan los sueños, también abundan las vanidades y las muchas palabras; mas tú, teme a Dios".

Con frecuencia digo que siempre tenemos que esperar en el consultorio del médico, para que nos atienda, y en la farmacia, para que nos despachen las medicinas. Así que, ¿por qué no esperar a Dios? Es el mejor médico que podríamos tener. Haga una cita con Él y no la cancele. Espere en su presencia, y encontrará que vale la pena aguardar por los resultados. Una palabra de Dios puede fortalecer su fe, y darle valor para hacer cosas que de otra manera le serían imposibles.

Una vez que tuve que ser operada pasé por todos los momentos de duda y temor que pueden ocurrir antes de una cirugía compleja. Naturalmente, toda mi familia y la gente que me rodeaba me decía que confiara en Dios. Yo quería hacerlo, pero era más difícil en unos momentos que en otros. En algunos me sentía segura y luego, de repente, me atacaba el espíritu de temor y volvía a sentirme atemorizada.

Esto continuó hasta que una mañana cerca de las cinco, durante un tiempo en el que no podía dormir, la voz del Señor habló a mi corazón diciendo: "Joyce, confía en mí; Yo voy a cuidar de ti". Desde ese momento no tuve más temor, porque cuando Dios nos habla en una forma personal (la palabra *rhema* de Dios), la fe viene con lo que Él nos dice (vea Romanos 10:17).

Supongamos que supiéramos que el médico nos puede dar una receta de unas píldoras que nos darían fuerza al instante, en cualquier momento que nos sintamos débiles; probablemente no vacilaríamos en conseguirlas. Le digo por las Escrituras que esa fortaleza está disponible para usted por el poder del Espíritu Santo.

Hay tanto del Espíritu Santo que está disponible para nosotros, y que hemos perdido porque no se nos ha enseñado apropiadamente sobre su maravilloso ministerio en el presente. Siempre estamos hablando sobre lo que Jesús hizo cuando estaba en la tierra, pero ¿qué decimos de lo que está haciendo ahora a través del poder del Espíritu Santo? No vivamos en el pasado, sino al contrario, entremos de lleno a todo lo que el presente tiene para nosotros.

Vamos a ser como Moisés y los israelitas, que conocieron la Fuente de su fortaleza, como lo vemos en Éxodo 15:12:

> "Entonces cantó Moisés y los hijos de Israel este cántico a Jehová, y dijeron: Cantaré yo a Jehová, porque se ha magnificado grandemente; ha echado en el mar al caballo y al jinete. Jehová es mi fortaleza y mi cántico, y ha sido mi salvación. Este es mi Dios, y lo alabaré; Dios de mi padre, y lo enalteceré".

De hecho, Dios no quiere sólo *darnos* fuerza; Él quiere *ser* nuestra fuerza. Además, en 1 de Samuel 15:29 se le llama la "Gloria de Israel". Hubo un tiempo en el que Israel supo que Dios era su fuerza, su gloria. Cada vez que se olvidaban, comenzaban a fracasar, y sus vidas empezaban a experimentar destrucción.

En 2 Samuel 22:33-34 David escribe: "Dios es el que me ciñe de fuerza, y quien despeja mi camino; quien hace mis pies como de ciervas, y me hace estar firme sobre mis alturas". David tuvo muchos enemigos, y a través de los salmos habla de la fortaleza de Dios y de descansar en esa fuerza.

Parece que muchos de los hombres y mujeres que menciona la Biblia sabían que Dios era su fortaleza. Si no lo hubieran sabido, probablemente habrían sido olvidados, como muchos otros que no pudieron llegar a ser ejemplos que nos animen hoy.

El apóstol Pablo encontró la fortaleza de Dios tan maravillosa que, en 2 Corintios 12:9-10, dijo que se gloriaría en sus debilidades, reconociendo que cuando era débil, la fuerza de Dios reposaba sobre él y cubría sus debilidades. Para ponerlo en nuestro lenguaje, Pablo estaba diciendo que se alegraba cuando era débil porque entonces experimentaba la fortaleza, el poder de Dios.

¿Cómo recibimos fortaleza de Dios? Por la fe. Hebreos 11:11 nos enseña que, por la fe Sara (Saraí) recibió fuerzas para concebir un niño cuando ya estaba pasada de la edad para tener hijos.

Comience a recibir la fortaleza de Dios por fe.

Puede vivificar su cuerpo así como su espíritu y alma. Por ejemplo, si usted tiene una espalda débil, puede ser fortalecida. En nuestras conferencias, el Espíritu Santo ha fortalecido rodillas, tobillos y espaldas débiles mientras hemos orado por aquellos que piden fortaleza a Dios. Su poder sanador viene cuando hemos estado esperando en su presencia, y lo recibimos de Él.

Por la fe puede recibir fortaleza para mantenerse en un matrimonio difícil, criar un hijo difícil, o permanecer en un trabajo difícil en el que tiene un jefe difícil. Puede recibir fortaleza para hacer grandes cosas, aunque usted mismo tenga impedimentos físicos.

La fortaleza de Dios es verdaderamente asombrosa. David escribió, en el Salmo 18:29, que con su Dios podía lanzarse contra un ejército y asaltar murallas. En 1 Reyes 19:4-8, un ángel vino y le ministró a Elías, que estaba cansado y deprimido, y luego viajó cuarenta días y cuarenta noches, manteniéndose con la fortaleza que recibió de aquella única visitación.

¿Ha estado tratando de atravesar las dificultades por sí mismo? Si es así, haga un cambio ya mismo. Empiece a obtener fuerzas desde su interior, donde habita el Espíritu de Dios. Si esa fortaleza divina aún no habita en usted, todo lo que necesita hacer para recibirla es admitir sus pecados, arrepentirse y pedirle a Jesús que sea su Salvador y Señor. Rinda su vida, todo lo que es y lo que no es, a Él. Pídale que lo bautice con su Espíritu Santo y que lo llene completamente con el poder del Espíritu Santo. Este libro le ayudará a aprender cómo comenzar a caminar en el Espíritu y a vivir una vida de victoria en lugar de una de derrota.

Pablo oró para que los efesios pudieran ser fortalecidos en el hombre interior por el poder del Espíritu Santo que habita en su ser y personalidad interior. Esa escritura de Efesios 3:16, en particular, me ha ministrado verdaderamente durante estos años. Gracias a Dios, no he tenido que darme por vencida sólo por sentirme débil o cansada mental, emocional, física o espiritualmente. Puedo pedirle a Dios que me fortalezca por el poder del Espíritu Santo, quien mora en mí—¡y usted puede hacer lo mismo!

EL ESPÍRITU SANTO ES NUESTRO INTERCESOR

"Pero el Espíritu mismo intercede por nosotros con gemidos indecibles" (Romanos 8:26).

¿Por qué no podemos interceder por nosotros mismos? ¿Por qué necesitamos que el Espíritu Santo nos ayude en esa área? La respuesta se encuentra en 1 Corintios 2:11: "Porque ¿quién de los hombres sabe las cosas del hombre, sino el espíritu del hombre que está en él? Así tampoco nadie conoció las cosas de Dios, sino el Espíritu de Dios". Necesitamos la ayuda del Espíritu Santo porque Él es el Único que conoce precisamente los pensamientos de Dios.

Para que usted y yo oremos en la voluntad de Dios, debemos saber lo que Dios está pensando y lo que desea. Romanos 8:26-28, nos dice que nosotros no sabemos orar como debemos, por lo que el Espíritu Santo nos ayuda:

> "*Y de igual manera el Espíritu nos ayuda en nuestra debilidad; pues qué hemos de pedir como conviene, no lo sabemos, pero el Espíritu mismo intercede por nosotros con gemidos indecibles.* Mas el que escudriña los corazones sabe cuál es la intención del Espíritu, porque conforme a la voluntad de Dios intercede por los santos. Y sabemos que a los que aman a Dios, todas las cosas les ayudan a bien, esto es, a los que conforme a su propósito son llamados" (énfasis añadido).

Si oramos por el Espíritu Santo, siempre podremos estar seguros de que todas las cosas obrarán para bien. Dios es grande y poderoso; no hay ninguna situación que no pueda usar para bien, mientras oramos y confiamos en Él. Atrevámonos a orar, no por lo que queremos, sino guiados por el Espíritu Santo. Las oraciones llenas del Espíritu son las únicas que reciben un "sí" y "amén" de Dios (vea 2 Corintios 1:20).

EL ESPÍRITU SANTO ES NUESTRO ABOGADO

> "¿Quién acusará a los escogidos de Dios? Dios es el que justifica,..." (Romanos 8:33).

En el *Vine Diccionario expositivo de palabras del Antiguo y del Nuevo Testamento exhaustivo*, la palabra griega *parakletos*, traducida *abogado*, se define bajo el título de CONSOLADOR. De acuerdo con Vine, esto significa "llamado al lado de uno, en ayuda de uno".[2] Vine sigue diciendo: "Se usaba en las cortes de justicia para denotar a un asistente legal, un defensor, un abogado;...el que aboga por la causa de otro, un intercesor".[3]

Eso nos da mucho que pensar. El Espíritu Santo es Aquel que literalmente es llamado a nuestro lado para darnos ayuda en cada momento. Cuando necesitamos un defensor, Él nos defiende, como lo haría un asistente legal con su cliente. Es bueno saber que no tenemos que defendernos a nosotros mismos cuando somos acusados de algo; podemos pedir la ayuda del Santo y esperar a recibirla. Él es nuestro Abogado. Tan sólo pensar en eso, debe traernos consuelo.

Muchos gastamos gran cantidad de tiempo y energía en nuestra vida tratando de defendernos a nosotros mismos, nuestra reputación, nuestra posición, nuestras acciones, palabras y decisiones. Verdaderamente, perdemos nuestro tiempo. Cuando otros nos juzgan, tal vez tengamos que gastar mucho tiempo y esfuerzo hasta que, finalmente, logremos convencerlos de la pureza de nuestro corazón. Pero el problema está en que, si ellos juzgan porque es su naturaleza y carácter, rápidamente encontrarán algo más por lo cual juzgarnos. Es mejor orar y dejar que Dios sea nuestro Defensor.

Notamos en las Sagradas Escrituras, que Jesús básicamente nunca se defendió a sí mismo. Filipenses 2:7, dice que Él "se despojó a sí mismo". No trató de hacerse de una reputación, y por consiguiente no tuvo que preocuparse por mantenerla.

Luego de años de tratar de que todo el mundo

pensara bien de mí, descubrí que es mucho mejor tener una buena reputación en el cielo que en la tierra. Quiero tener una buena reputación con la gente, y espero vivir mi vida de tal manera que lo logre; pero ya no me preocupo más por eso. Hago lo mejor que puedo, y le encargo a Dios el resto.

Romanos 8:33, dice que es Dios el que nos justifica; no tenemos por qué estar justificándonos a nosotros mismos, ni siquiera ante Dios el Padre. ¿Por qué entonces vamos a tener que estar tratando de justificarnos ante la gente? Si entendemos que el Espíritu Santo es nuestro Abogado, no tenemos necesidad de hacerlo.

7

Los siete espíritus de Dios

⌐⌐⌐⌐⌐

"Juan, a las siete iglesias que están en Asia: Gracia
y paz a vosotros, del que es y que era y que ha de
venir, y de los siete espíritus que están delante de su
trono" (Apocalipsis 1:4).

El libro de Apocalipsis habla de siete espíritus que
están delante del trono de Dios. Apocalipsis 3:1 y 4:5
se refiere a los "siete espíritus de Dios". Sabemos que
hay un Espíritu Santo, pero la referencia a siete espíritus nos muestra que Él tiene varias formas de manifestarse y expresarse entre los hombres para traer
plenitud a sus vidas. Así como la Trinidad es un Dios
en tres personas, así el Espíritu Santo es un Espíritu
con diferentes operaciones o modos de expresión.

En este capítulo observaremos las escrituras que
revelan las siete formas diferentes que tiene el Espíritu Santo de manifestarse a sí mismo o expresarse a
sí mismo en nuestra vida diaria. Opera de diferentes
modos según lo requieran diversos tipos de necesidades, aunque a la larga Él es todo cuanto necesitamos.

Debido a que éste es un libro sobre la intimidad con Dios, parece importante conocer las diversas formas en que el Espíritu Santo opera en nosotros y a través de nosotros.

EL ESPÍRITU DE GRACIA

Hebreos 10:29 se refiere, en varias versiones de la Biblia, al "Espíritu de gracia", el cual es el mismo Espíritu Santo.

Gracia es el poder del Espíritu Santo disponible para que hagamos con facilidad lo que no podemos hacer con nuestras propias fuerzas. Pero, por encima de todo, es el poder que nos hace estar bien con Dios para que seamos su casa, la casa del Espíritu Santo. Con el Espíritu Santo dentro de nosotros, podemos llegar *adentro* y acercarnos al poder del Espíritu de gracia para hacer lo que no podemos realizar con nuestra propia capacidad.

Por ejemplo, durante años traté de cambiarme a mí misma porque veía muchos defectos en mi carácter. La mayor parte del tiempo me sentía frustrada porque todo mi esfuerzo y arduo trabajo no producían cambio alguno. Si advertía que estaba diciendo cosas inapropiadas, trataba de callarme. Pero sin importar lo que hiciera, no podía cambiar, y algunas veces sentía que empeoraba.

Finalmente, clamé a Dios admitiendo que, aunque me lo proponía, no conseguía cambiar. En ese momento escuché a Dios hablar a mi corazón: "Qué bien. Ahora Yo puedo hacer algo en tu vida".

En Gálatas 3:3 el apóstol Pablo plantea la pregunta:

"¿Habiendo comenzado por el Espíritu, ahora vais a acabar por la carne?". Caminar en el Espíritu es la única manera de alcanzar la perfección. Entender la obra de la gracia es de importancia decisiva para aprender a caminar en su presencia.

Cuando Dios hace los cambios, Dios recibe la gloria; por eso, no deja que cambiemos por nosotros mismos. Cuando *tratamos* de cambiar o *tratamos* de ser agradables, sin apoyarnos en Dios, lo dejamos a Él "afuera". En lugar de tratar de cambiarnos a nosotros mismos, es necesario que le pidamos a Él que nos cambie, permitiendo entonces que su Espíritu de gracia haga la obra en nosotros.

Muchas personas sienten que necesitan hacer buenas obras para tener acceso a Dios y recibir su aceptación. Eso no es verdad. Entramos en relación con Dios al recibir la salvación que Él nos da, como un regalo gratuito, por su gracia y a través de nuestra fe en su Hijo Jesucristo. Es imposible que alguien pueda estar bien con Dios sin conocer primero a Jesús.

La gracia es algo maravilloso. Es el poder por el cual los hombres son salvos por medio de la fe en Jesucristo, como nos dice Pablo en Efesios 2:8:

> "Porque por gracia sois salvos por medio de la fe; y esto no de vosotros, pues es don de Dios".

El Espíritu Santo ministra la gracia de Dios el Padre a nuestras vidas. La gracia es el poder (del Espíritu Santo) que fluye del trono de Dios hacia los hombres para salvarlos, y permitirles vivir vidas santas, para que cumplan la voluntad de Dios para sus vidas.

Siempre he escuchado que la gracia de Dios es favor inmerecido, y es cierto; pero también es mucho más. Cuando aprendí que la gracia es poder del Espíritu Santo disponible para mí, para hacer con facilidad lo que no podría hacer por mis propias fuerzas, me sentí extraordinariamente emocionada. Comencé a clamar a Dios por gracia, gracia y más gracia.

En Zacarías 4, leemos acerca de un grupo de gente que estaba tratando de reconstruir el templo y contra quienes se levantó gran oposición. Satanás siempre se opone al trabajo de Dios. En los versículos 6 y 7, el ángel del Señor le dice al profeta que la tarea asignada debía realizarse: "No con ejército, ni con fuerza, sino con mi Espíritu, ha dicho Jehová de los ejércitos". Se le prometió a la gente que la gracia de Dios reduciría los montes a llanuras y que ellos terminarían el templo clamando: "Gracia, gracia a ella".

Frecuentemente, tratamos de sacar las montañas de nuestro camino con nuestra propia fuerza, cuando deberíamos clamar al Espíritu de gracia, que las quita fácilmente.

Uno de los símbolos del Espíritu Santo es el aceite (vea Zacarías 4:12). Cuando pienso en aceite, siempre pienso en facilidad. El aceite hace que las cosas fluyan fácilmente; de hecho, pueden ser muy resbalosas. Algunas gentes necesitan un poco de aceite sobre sus vidas; así nada les sería tan difícil. Si usted es uno de ellos, le animo para que vaya a Dios y le diga que necesita el "trabajo del aceite".

No hay regocijo en la vida sin la gracia. Con la gracia de Dios, la vida puede vivirse sin esfuerzo y con una facilidad que produce abundancia de paz y gozo.

En Romanos 5:2 leemos: "Por quien también tenemos entrada por la fe a esta gracia en la cual estamos firmes, y nos gloriamos en la esperanza de la gloria de Dios". Podemos entrar a la gracia de Dios por la fe— de la misma forma que recibimos todas las demás cosas de parte del Señor. Esta gracia es motivo de regocijo y nos da la esperanza de experimentar la gloria de Dios.

La gloria es la manifestación de la excelencia y benignidad de Dios. Todos nosotros la deseamos, pero sólo podemos esperar experimentarla en virtud de que el Espíritu de gracia vive dentro de nosotros, los que creemos en Jesucristo. De eso es de lo que Pablo habla, en Colosenses 1:27, cuando dice: "A éstos Dios se propuso dar a conocer cuál es la gloriosa riqueza de este misterio entre las naciones, que es Cristo en ustedes, la esperanza de gloria" (NVI).

Cristo debe vivir en nosotros; de otra manera, no hay esperanza de que podamos experimentar la gloria de Dios. Pero, en virtud de que Él vive en quienes creemos y porque está continuamente ministrando gracia a los que saben cómo pedirla y recibirla, podemos tener la esperanza de ir continuamente de gloria en gloria.

Cuando Pablo y los demás apóstoles saludaban a las iglesias de su tiempo diciendo: "Que la gracia de nuestro Señor Jesucristo sea con todos ustedes", estaban orando para que el Espíritu de gracia—el Santo Espíritu de Dios el Padre y de Jesucristo el Hijo—estuviera con la gente, ayudándole y ministrándole el poder que necesitaba para su vida diaria.

Creo firmemente que hemos perdido la convicción de que necesitamos el poder de Dios para vivir, no sólo en momentos de dificultad o emergencias, sino en el transcurso normal de nuestra vida diaria—nuestra vida de lunes, martes, miércoles, jueves, viernes, sábado y domingo.

¿Por qué no invitamos al Dios de gracia a nuestra vida ahora mismo? Invítelo a irrumpir en su vida cotidiana con su poder, que es el poder del Espíritu Santo morando en usted. *¡Usted y yo necesitamos una irrupción del Espíritu Santo!*

Porque la gracia es poder, Pablo anima a los creyentes a no recibir la gracia de Dios en vano (vea 2 Corintios 6:1). En otras palabras, Pablo estaba diciendo: "Reciba el Espíritu de gracia en su vida para un propósito—para ayudarle a vivir santamente, a cumplir la voluntad de Dios para su vida, y capacitarlo para vivir para la gloria de Dios".

No podemos hacer eso sin la gracia de Dios. Una de las leyes espirituales del reino de Dios es: "Lo usa o lo pierde". Dios espera que usemos lo que Él nos ha dado. Cuando usamos la gracia que se nos ha entregado, hay más y más gracia disponible para nosotros. En el cielo no hay fallas eléctricas, pero a veces no estamos conectados con él.

En Gálatas 2:21, Pablo dice: "No desecho la gracia

de Dios". ¿Qué quiso decir con eso? Para contestarlo, vayamos al versículo que antecede: "Con Cristo estoy juntamente crucificado, y ya no vivo yo, mas vive Cristo en mí; y lo que ahora vivo en la carne, lo vivo en la fe del Hijo de Dios, el cual me amó y se entregó a sí mismo por mí". Luego continúa con su declaración acerca de no desechar la gracia de Dios. Observe esto, Pablo habría desechado la gracia de Dios si hubiera tratado de vivir su vida por su cuenta, pero él había aprendido a vivir por el poder de Cristo que es, según hemos visto, el Espíritu Santo.

Estoy segura de que muchos sabemos cuán frustrante es tratar de auxiliar a alguien que rechaza la ayuda. Imagínese una persona que se está ahogando, que lucha frenéticamente y rechaza el salvavidas que está tratando de salvarlo. Sin duda lo mejor que puede hacer es relajarse completamente y dejar que el salvavidas lo lleve a un lugar seguro; de lo contrario, podría ahogarse.

A menudo, usted y yo somos como el nadador que se está ahogando. El Espíritu Santo está en nosotros y, siendo el Espíritu de gracia, trata de ayudarnos para que vivamos nuestra vida con mayor facilidad, pero nosotros luchamos frenéticamente por salvarnos a nosotros mismos y para mantener nuestra independencia.

De acuerdo con Efesios 3:2, estamos viviendo en la dispensación "de la gracia de Dios". Esto se refiere al tiempo en que el Espíritu Santo ha sido derramado y está disponible para toda carne. Pero con la segunda venida de Jesucristo, la dispensación de la gracia llegará a su fin y el Espíritu Santo ya no podrá detener la iniquidad de Satanás (vea 2 Tesalonicenses 2:6-7).

En la Biblia se nos ha dicho que el Espíritu de Dios no contenderá para siempre con el hombre (vea Génesis 6:3). Seamos lo suficientemente sabios, durante esta gran dispensación de la gracia, para tomar completa ventaja de todo lo que tenemos a nuestra disposición. Invitemos diariamente al Espíritu Santo a compartir nuestra vida. Haciendo eso, le estaremos diciendo que le necesitamos y que estamos muy, pero muy complacidos de que Él nos haya escogido como su casa.

EL ESPÍRITU DE GLORIA

"Si sois vituperados por el nombre de Cristo, sois bienaventurados, porque el glorioso Espíritu de Dios reposa sobre vosotros" (1 Pedro 4:14).

Pedro señala que el glorioso Espíritu de Dios reposa sobre nosotros cuando somos insultados por el nombre de Cristo. Imagínese, pensamos que es horrible que la gente nos maltrate porque somos cristianos, pero Dios lo ve desde un punto de vista completamente opuesto. Él nunca espera que nosotros suframos por su causa sin recibir su ayuda. Por consiguiente, podemos creer firmemente que cada vez que somos vituperados o maltratados de alguna manera por nuestra fe en Cristo, Dios nos da una medida extra de su Espíritu para contrarrestar el ataque.

El Espíritu Santo a menudo actúa como un amortiguador. Los automóviles tienen amortiguadores para suavizar el golpe de un hueco inesperado en la carretera. Existen baches en el camino de la vida, y dudo honestamente que nosotros pudiéramos soportar toda una vida llena de ellos si Dios no nos estuviera protegiendo.

Creo que es evidente que mucha gente que no sirve a Dios ni confía en Él para sus necesidades, a veces parece y actúa como quien ha sufrido varios desastrosos accidentes de auto. Quiero decir que lucen muy estropeados y, a veces, mucho mayores de la edad que realmente tienen. Sus caras muestran la fatiga de los años que han vivido sin la ayuda y protección del Espíritu Santo. Tienen actitudes agrias debido a lo adverso de sus vidas. A menudo se tornan amargados porque, a su parecer, la vida ha sido injusta con ellos. No se dan cuenta de que esa vida sería muy diferente si estuvieran sirviendo a Dios y apoyándose en su Espíritu para que los guíe y proteja.

Cuando tenemos el Espíritu de Dios en nuestra vida, podemos ir a través de circunstancias difíciles y mantener nuestra paz y gozo. Así como Sadrac, Mesac y Abednego en Daniel 3:20-27, podemos pasar por el horno de fuego más cruel (de problemas y luchas), y salir sin siquiera olor a humo en nuestros cuerpos.

Fui abusada sexualmente, desde que era muy pequeña hasta los dieciocho años de edad. Me casé con el primer hombre que me mostró interés, porque pensaba que probablemente nadie se interesaría en mí. Ese matrimonio terminó en divorcio luego de haber soportado otros cinco años de abuso emocional y mental, junto con adulterio y abandono. A lo largo de mi vida, he sido liberada de muchas enfermedades físicas, incluso cáncer del seno. Lo que estoy tratando de decir, en pocas palabras, es que he tenido una vida francamente dura para cualquier estándar con que se la mida, y sin embargo me siento bien físicamente. No parezco una persona que haya tenido que sobreponerse a tantas dificultades. ¿Por qué? Porque he aprendido a depender del Espíritu Santo que mora dentro de mí.

Tuve mi nuevo nacimiento a la edad de nueve años, y a pesar de que no tenía revelación de lo que realmente estaba a mi disposición, desde ese momento Dios estuvo conmigo y vive en mí. Luché durante muchos años hasta que, finalmente, aprendí acerca del poder del Espíritu Santo que estaba disponible para mí. Vengo disfrutando de la comunión íntima con Dios desde hace años y Él me ha enseñado a seguir sus caminos y a servirle. Como todo el mundo, sigo cometiendo errores, pero Él es paciente y no se ha dado por vencido conmigo.

Dios me ha restaurado y creo que verdaderamente ha sido mejor que si hubiera podido disfrutar de una vida corriente. Él me ha restituido con su gloria más del doble de lo que Satanás me había robado, y hará lo mismo por todos aquellos que ponen firmemente su confianza en Él y andan en sus caminos.

Muchas veces en mi vida he recibido reproches por el nombre de Cristo, pero ahora sé que el Espíritu de gloria estuvo siempre sobre mí. Precisamente, en medio de los ataques y la adversidad, Dios continuó haciendo mi vida cada vez mejor. A Él le encanta tomar lo que no sirve y convertirlo en algo glorioso.

Si usted le pide que lo haga, tomará lo que no sirve de usted y lo convertirá en su ministerio. Usted podrá auxiliar a otros que se enfrentan a las mismas cosas que Dios lo ha ayudado a superar. Su carga puede ser su bendición, y su debilidad puede ser su arma.

Cuando la gloria de Dios se manifieste en su vida, otros lo observarán y dirán: "¡Guau, qué grande es el Dios al cual tú sirves!", porque el poder de su bondad hacia usted les resultará evidente. ¡Dios quiere dejarlo boquiabierto a usted y más aún a ellos!

Una de las acepciones de la palabra *glorificar* en el *Diccionario Vine* de palabras hebreas y griegas dice: "La gloria de Dios es la revelación y la manifestación de todo lo que Él posee y es".[1] Por consiguiente, cuando la gloria de Dios viene sobre usted, su excelente carácter y bondad comienzan a manifestarse en su vida. Invite al Espíritu de gloria a su vida y asómbrese al ver cómo obra en usted.

EL ESPÍRITU DE VIDA

> "Entonces Jehová Dios formó al hombre del polvo de la tierra, y sopló en su nariz aliento de vida, y fue el hombre un ser viviente" (Génesis 2:7).

Cuando Dios creó a Adán, hizo un cuerpo de barro sin vida tendido en el suelo hasta que le sopló su aliento de vida, y fue una alma viviente. En 1 Corintios 15:45 el apóstol Pablo dice: "El primer hombre, Adán, se convirtió en un ser viviente" (NVI). Adán caminaba junto a Dios, hablaba con Él y creía en Él. Las Escrituras dicen que Adán tenía mente terrenal, y podemos ver en los sucesos del Edén, que tomó la decisión incorrecta cuando se enfrentó a la tentación.

En ese mismo versículo, Pablo continúa explicando que el último Adán (Cristo), se convirtió en el Espíritu que da vida. En el versículo 46 explica que Dios nos da, primero, una vida física, y luego una vida espiritual: "No vino primero lo espiritual sino lo natural, y después lo espiritual". Este renacimiento espiritual es dado a aquellos que ponen su confianza en Dios, creyendo que Jesús pagó el precio por el pecado y que murió por quienes sinceramente se arrepienten de ellos, cambiando sus mentes por otra mejor, y enmendando sus caminos. Todos nacemos, como Adán, con una mente terrenal, pero a través de Cristo podemos tener una mente celestial:

> "El primer hombre era del polvo de la tierra; el segundo hombre, del cielo. Como es aquel hombre terrenal, así son también los de la tierra; y como es el celestial, así son también los del cielo. Y así como hemos llevado la imagen de aquel hombre terrenal, llevaremos también la imagen del celestial" (1 Corintios 15:47-49, NVI).

Jesús resistió toda tentación con la que su humanidad fue probada y, por tanto, cumplió la ley de Dios que requería que un ser humano fuese hallado justo ante los ojos de su Creador. Después, Jesús se ofreció a sí mismo y su justicia, como sacrificio perfecto a Dios, a cambio del derecho a purificar nuestras conciencias de obras muertas y prácticas religiosas estériles (vea Hebreos 9:14).

Como la ley de Dios requería el derramamiento de sangre para limpiar la culpa del pecado, el hombre ofrecía sangre de becerros y machos cabríos como expiación por sus pecados. Pero Cristo se ofreció por nosotros una vez y para siempre en el Lugar Santísimo, y se dio a sí mismo como pago por la deuda de nuestro pecado para reconciliarnos con Dios.

Como no puede haber un sacrificio mejor y más perfecto que el de Jesús, después del suyo ningún otro sacrificio ha sido aceptable para Dios. Nuestras buenas obras no son expiación aceptable por nuestros pecados. Nuestras ofrendas o sacrificios no son más perfectos que la sangre de Jesús. Es por eso que nuestras buenas obras no pueden salvarnos. La única expiación aceptable para reconciliarnos con Dios es que creamos en el sacrificio del Único que *es* perfecto. Al ponernos de acuerdo con el Padre en que no hay sacrificio más perfecto que el de Jesús, somos restaurados de muerte a vida por medio de nuestra fe en Él.

Hebreos 9:22-28, explica:

"De hecho, la ley exige que casi todo sea purificado con sangre, pues sin derramamiento de sangre no hay perdón. Así que era necesario que las copias de las realidades celestiales fueran purificadas con esos sacrificios, pero que las realidades mismas lo fueran con sacrificios superiores a aquéllos. En efecto,

Cristo no entró en un santuario hecho por manos humanas, simple copia del verdadero santuario, sino en el cielo mismo, para presentarse ahora ante Dios a favor nuestro. Ni entró en el cielo para ofrecerse vez tras vez, como entra el sumo sacerdote en el Lugar Santísimo cada año con sangre ajena. Si así fuera, Cristo habría tenido que sufrir muchas veces desde la creación del mundo. Al contrario, ahora, al final de los tiempos, se ha presentado una sola vez y para siempre a fin de acabar con el pecado mediante el sacrificio de sí mismo. Y así como está establecido que los seres humanos mueran una sola vez, y después venga el juicio, también Cristo fue ofrecido en sacrificio una sola vez para quitar los pecados de muchos; y aparecerá por segunda vez, ya no para cargar con pecado alguno, sino para traer salvación a quienes lo esperan" (NVI).

Cuando Cristo vino al mundo, dijo que a Dios no lo complacían las ofrendas por el pecado (vea Hebreos 10:5-6, NVI). Dios se deleita cuando tenemos comunión con su Santa presencia. Jesús cumplió la ley para establecer el nuevo pacto que nos permite volver a disfrutar de la vida en la presencia del Padre.

Jesús le dijo al Padre: "'Aquí me tienes: He venido a hacer tu voluntad'. Así quitó lo primero para establecer lo segundo. Y en virtud de esa voluntad somos santificados mediante el sacrificio del cuerpo de Jesucristo, ofrecido una vez y para siempre" (Hebreos 10:9-10, NVI).

En Juan 10:10, Jesús dijo: "El ladrón no viene sino

para hurtar y matar y destruir; yo he venido para que tengan vida, y para que la tengan en abundancia".

Cuando Jesús expresó esto, no les hablaba a los muertos. Se estaba dirigiendo a los vivos. ¿Qué quiso significar entonces cuando dijo que vendría a darnos *vida*? Hablaba de la vida llena con el Espíritu de Dios, o de una vida con inclinación hacia lo celestial como la que Él vivió, la cual tuvo ciertamente una calidad más alta que la vida con inclinación hacia lo terrenal que recibimos en nuestro nacimiento físico. Debió haber estado hablando de una clase superior de vida, que resulta de haber nacido del Espíritu.

Juan 1:12-13, explica este segundo nacimiento, cuando se nace de Dios: "Mas a cuantos lo recibieron, a los que creen en su nombre, les dio el derecho de ser hijos de Dios. Estos no nacen de la sangre, ni por deseos naturales, ni por voluntad humana, sino que nacen de Dios" (NVI). Romanos 8:8-11, explica por qué necesitamos que Jesús llene nuestro espíritu humano con su Espíritu:

"Los que viven según la naturaleza pecaminosa no pueden agradar a Dios. Sin embargo, ustedes no viven según la naturaleza pecaminosa sino según el Espíritu, si es que el Espíritu de Dios vive en ustedes. Y si alguno no tiene el Espíritu de Cristo, no es de Cristo. Pero si Cristo está en ustedes, el cuerpo está muerto a causa del pecado, pero el Espíritu que está en ustedes es vida a causa de la justicia. Y si el Espíritu de aquel que levantó a Jesús de entre los muertos vive en ustedes, el mismo que levantó a

Jesús de entre los muertos también dará vida a sus cuerpos mortales por medio de su Espíritu, que vive en ustedes" (NVI).

Eso es exactamente lo que nos sucede a todos los que hemos nacido del Espíritu. Cuando aceptamos a Cristo como nuestro Salvador, el Espíritu de vida viene a morar dentro de nosotros, y nuestro espíritu es vivificado. No sólo estamos respirando; estamos siendo preparados para vivir la vida real y verdadera tal como debe ser.

Juan 1:4, dice de Jesús: "En él estaba la vida, y la vida era la luz de los hombres". ¿Qué había en Jesús? En Jesús estaba el Espíritu Santo que vino con poder sobre Él el día en que fue bautizado en agua. Él nos demostró la vida del hombre lleno del Espíritu, la vida con poder por el Espíritu Santo, y vino a darnos la misma vida que tuvo. A nosotros se nos instruye para que le imitemos, que sigamos sus pisadas, que hagamos lo que Él hizo, y que recibamos su justicia.

¿Recuerda lo sorprendido que estaba Juan el bautista cuando Jesús vino a él para que lo bautizara en agua?

"Pero Juan trató de disuadirlo. «Yo soy el que necesita ser bautizado por ti, ¿y tú vienes a mí?», objetó. «Dejémoslo así por ahora, pues nos conviene cumplir con lo que es justo», le contestó Jesús. Entonces Juan consintió. Tan pronto como Jesús fue bautizado, subió del agua. En ese momento se abrió el cielo, y él vio al Espíritu de Dios bajar como una paloma y posarse sobre él" (Mateo 3:14-16, NVI).

Jesús fue bautizado para que pudiéramos ver nuestra necesidad de ser bautizados también. Fue en el bautismo de Jesús que Juan vio al Espíritu Santo descender sobre Él con el poder que se puso de manifiesto en el breve ministerio que desarrolló durante sus años en la tierra. Ese mismo poder de vida está disponible para nosotros.

"Al día siguiente Juan vio a Jesús que se acercaba a él, y dijo: «¡Aquí tienen al Cordero de Dios, que quita el pecado del mundo!». De éste hablaba yo cuando dije: «Después de mí viene un hombre que es superior a mí, porque existía antes que yo»" (Juan 1:29-30, NVI). Una de mis escrituras favoritas se encuentra en 2 Corintios 3:6: "El cual asimismo nos hizo ministros competentes de un nuevo pacto, no de la letra, sino del espíritu; porque la letra mata, mas el espíritu vivifica".

Luego en 2 Corintios 3:17 establece: "Y donde está el Espíritu del Señor, allí hay libertad". No es tan difícil ver el cuadro completo. Dondequiera que el Espíritu de Dios llega, todo queda libre y vivo. Sin Él, las cosas están muertas y sujetas a esclavitud.

A lo largo de mi vida he asistido a muchos servicios de iglesias que estaban muertos. También estuve, y hasta he tenido el privilegio de dirigir, muchos que han estado llenos de la vida de Dios. Créame, una vez que haya experimentado ambos, reconocerá claramente la diferencia.

Cuando vivimos bajo el antiguo pacto—bajo los rituales y fórmulas, o la letra muerta de la ley (2 Corintios 3:6), no disfrutamos realmente la vida ni cualquier cosa que esté conectada a ese pacto. Cuando vivimos bajo la gracia, en esperanza de gloria, llenos con el Espíritu Santo, la vida es emocionante. Vivimos llenos de una santa expectativa que nos hace levantar por la mañana y agradecer otro nuevo día de vida. Todo parece estar lleno de vida—y esa vida hace las cosas mejores, más fáciles y más agradables.

En 1 Juan 5:12, dice que si la gente no tiene a Cristo en su vida, no tiene vida. También en este caso, esta declaración fue hecha para gente que camina, habla y respira. Vive de acuerdo con los estándares normales de vida, pero no de acuerdo con el estándar de Dios. Dios quiere que estemos verdaderamente vivos—¡vivos en Cristo, llenos del Espíritu de vida!

En Romanos 8:2, Pablo escribió: "Porque la ley del Espíritu de vida en Cristo Jesús me ha librado de la ley del pecado y de la muerte".

La única cosa que nos hace libres de la ley, la cual nos produce muerte si tratamos de servir a Dios de acuerdo con ella, es el Espíritu de vida que está en Cristo Jesús. Cuando Jesús viene a vivir en nosotros, trae consigo al Espíritu de vida: "Respondió Jesús y le dijo: El que me ama, mi palabra guardará; y mi Padre le amará, y vendremos a él, y haremos morada con él" (Juan 14:23). Cuando eso sucede, las cosas empiezan a cambiar—al menos cambian si entendemos lo que tenemos y cómo se obtiene.

Aquí es donde es importante la enseñanza. Quienes tienen experiencia con Dios, y el don de impartir su Palabra a otros, deben enseñar a los creyentes más jóvenes que han batallado toda su vida, incluso siendo salvos, por su falta de conocimiento. En Oseas 4:6, Dios dijo: "Mi pueblo fue destruido, porque le faltó conocimiento". Como creyentes en Cristo, somos coherederos con Él. Tenemos una herencia; pero si no sabemos cuál es, no la usamos. Por eso, es vital conocer la Palabra de Dios para disfrutar la vida que Jesús quiere que tengamos.

El Espíritu de vida no sólo nos afecta espiritualmente, sino que afecta nuestras almas, y aun nuestros cuerpos, si se lo permitimos. ¿Cómo se lo permitimos? ¡Creyendo! Pablo explicó esta verdad en Romanos 8:11 cuando dijo: "Y si el Espíritu de aquel que levantó de los muertos a Jesús mora en vosotros, el que levantó de los muertos a Cristo Jesús vivificará también vuestros cuerpos mortales por su Espíritu que mora en vosotros".

Imagínese: si somos creyentes, el mismo Espíritu que levantó a Jesús de los muertos habita en nosotros. Tengo que decirlo de nuevo: "*¡El mismo Espíritu que levantó a Jesús de los muertos habita en nosotros!*" ¿Puede ser realmente cierto? Lo es, porque lo dice la Santa Escritura, la cual fue inspirada por Dios (vea 2 Timoteo 3:16).

Cuando aceptamos la realidad de esa verdad por fe, somos vivificados o resucitados no solamente en nuestro espíritu y alma, sino también en nuestro cuerpo. El Espíritu Santo nos ministra sanidad, a nosotros mismos y a otros por medio de nosotros. La sanidad es uno de los dones del Espíritu que trataremos más adelante.

El Espíritu Santo no podrá ejecutar su función plena

en nuestra vida si no lo recibimos como el Espíritu de vida. Invite a la vida de Dios a morar en usted y la muerte será absorbida por la vida como las tinieblas son absorbidas por la luz (vea 1 Corintios 15:54; 2 Corintios 5:4). Imagínese entrando a un cuarto oscuro y prendiendo el interruptor de la luz. La luz absorbe la oscuridad. Jesús es la Luz del mundo, y su Espíritu es el Espíritu de vida que absorbe la muerte y todo lo que trata de derrotarnos (vea Juan 8:12).

EL ESPÍRITU DE VERDAD

"Pero cuando venga el Espíritu de verdad, él os guiará a toda la verdad" (Juan 16:13).

En este pasaje, Jesús se refiere al Espíritu Santo como el Espíritu de verdad. Como Jesús también dijo de sí mismo que era "el camino, la verdad y la vida" (Juan 14:6), si el Espíritu Santo y Él eran ambos la verdad, significa que los dos deben ser uno solo.

El Espíritu Santo fue enviado para guiarnos a toda verdad. Antes de que Jesús ascendiera al cielo, luego de su muerte, sepultura y resurrección, les dijo a sus discípulos que aún tenía mucho que compartir con ellos pero que todavía no estaban listos para recibirlo. En Juan 16:12, dijo: "Aún tengo muchas cosas que deciros, pero ahora no las podéis sobrellevar". En los versículos 13 al 15, les dice que el Espíritu Santo continuará revelándoles las cosas cuando estén preparados para recibirlas.

De la misma manera, el Espíritu Santo trabaja en

cada una de nuestras vidas. Él trabaja delicadamente con cada uno, revelándonos las cosas que podemos manejar en ese momento.

La verdad es maravillosa. De hecho, de acuerdo a lo que Jesús dijo en Juan 8:31-32, la verdad es lo que nos hace libres. Pero así como la verdad es maravillosa, debemos estar preparados para enfrentarla. La verdad a veces es cruda; puede conmocionarnos tener que enfrentar una realidad para la cual aún no estamos preparados.

El Espíritu Santo comenzó a enfrentarme mucho con la verdad, porque ése es su método para llevarnos hacia la integridad. Muchos vivimos en un mundo irreal que hemos construido para protegernos a nosotros mismos.

Por ejemplo, tuve muchas dificultades en mi vida, pero les echaba la culpa de todas a otras personas y a mis circunstancias. Se me hizo muy difícil desarrollar y mantener buenas relaciones, y estaba convencida de que toda la gente que me rodeaba debía cambiar para que pudiéramos llevarnos bien.

Un día estaba orando para que mi esposo cambiara, cuando el Espíritu Santo comenzó a hablar a mi corazón, y me hizo dar cuenta de que el problema principal no era él sino yo. Con eso, el Espíritu Santo hizo detonar en mí una bomba de verdad que me dejó emocionalmente devastada por tres días. Quedé sorprendida y horrorizada cuando él, delicadamente, me reveló la decepción en la cual me había sumido, creyendo que todo el mundo, excepto yo, era el problema. El Espíritu

Santo estuvo tres días mostrándome lo que era, para cada miembro de mi familia, tener que vivir conmigo. Me reveló lo difícil que a los demás les resultaba tratarme: desconforme con todo, demasiado crítica, egoísta, dominante, controladora, manipuladora, negativa, regañona—y eso era sólo el principio de la lista.

Me resultó extremadamente difícil enfrentar esa verdad, pero cuando el Espíritu Santo me dio la gracia para hacerlo, fue el inicio de mucha sanidad y liberación en mi vida. Muchas de las verdades que en la actualidad enseño a la gente, salieron de esa verdad inicial a la que el Espíritu de verdad me guió en 1976. Desde entonces mi vida ha consistido en una serie de nuevas liberaciones, cada una precedida por una nueva verdad.

Sí, el Espíritu Santo es el Espíritu de verdad, y nos guiará a toda la verdad.

Usted y yo vivimos hoy en un mundo lleno de personas que viven falsamente, con máscaras petulantes y tapujos. Eso está mal; muy mal. Pero la razón por la cual eso sucede, es que a la gente no se le ha enseñado a caminar en la verdad. Hasta quienes estamos en la iglesia, solemos fallar por la misma razón—no hemos aprendido a hacer lo que se nos enseña en Efesios 4:15: "Mas bien, al vivir la verdad con amor..." (NVI). Esa escritura lo dice todo. Nosotros, los que estamos llenos con el Espíritu de verdad, tenemos que vivir una vida de autenticidad.

Hoy en día, mucha gente pregunta: "¿Cuál es la verdad?". Vivo agradecida porque la he encontrado;

recibo diariamente la verdad en mi vida. No quiero vivir engañada.

A veces, Satanás nos engaña, pero en otras ocasiones nos engañamos a nosotros mismos. En otras palabras, construimos existencias en las cuales nos sentimos cómodos, en vez de enfrentar la vida como realmente es y hacer frente a los problemas con el poder del Espíritu Santo.

El Espíritu Santo trata permanentemente con los problemas de mi vida, y también me ha enseñado a ser valiente, no una cobarde. Los cobardes se esconden de la verdad, porque le temen.

Si tiene suficiente valor y sabiduría para invitar al Espíritu de verdad a que entre a cada cuarto de su casa (y no estoy hablando de su hogar, sino de su persona), usted iniciará un viaje que nunca olvidará.

Me causa tremendo asombro ver todas las mentiras que creí durante tantos años, y que, de hecho, me mantuvieron en esclavitud. Temía tanto a la verdad, que sin embargo, era lo único que podía liberarme.

Mi padre abusó sexualmente de mí durante mi niñez. Crecí y salí de mi casa, pero rehusaba pensar o hablar acerca de lo que me había pasado. Pensaba que, por haber salido físicamente de mi casa, el abuso se había acabado. No me daba cuenta de que sus efectos aún quedaban en mi alma (mi mente, voluntad y emociones) y hasta en mi cuerpo. El estrés en el que vivía cuando niña, me había causado un daño físico que debía ser reparado. Escondía todo lo que me había ocurrido antes, pero eso no hizo que se fuera. El pasado estaba en mí como una enorme llaga, más grande y supurante cuanto más me esforzaba en ignorarla

Cuando el Espíritu Santo comenzó a trabajar en mí, puso en mis manos un libro escrito por una mujer que también había sido abusada sexualmente por su padre. Cuando comencé a leerlo y a darme cuenta de que la mujer que lo escribió había pasado por mis mismas experiencias, volví a sentir algo del viejo dolor emocional. Tiré el libro el piso y dije en voz alta: "No voy a leerlo". Sin embargo, estando allí sentada, sabía muy adentro de mí que el Espíritu Santo me había guiado a ese momento de mi vida, y que necesitaba tomar su mano y atravesarlo con Él.

La única manera de que podamos liberarnos de todo lo doloroso de nuestro pasado es enfrentarlo con Dios y dejar que Él nos ayude a salir. A menudo digo: "La única salida está hacia adelante". Deseamos encontrar un atajo, pero generalmente no es lo que Dios quiere.

Cuando viajamos con Dave en automóvil y nos acercamos a una ciudad, siempre tratamos de encontrar un atajo que nos desvíe de todo el tránsito del centro. Eso es válido para los viajes por carretera, pero no para el de la vida. En este caso, la mejor política es la pura y simple verdad—enfrentar todo francamente y sin desviarse.

No tenga miedo de la verdad. Jesús les explicó a sus discípulos que no estaban preparados para algunas cosas; por eso, no se las reveló en ese momento. Dios no le da una revelación por su Espíritu hasta que sabe que está preparado. Cuando Él se la dé, debe creer que sí está listo, lo sienta o no. Debemos confiar en Dios, no en nuestros sentimientos.

EL ESPÍRITU DE SÚPLICA

"Y derramaré sobre la casa de David, y sobre los moradores de Jerusalén, espíritu de gracia y de oración" (Zacarías 12:10).

De acuerdo con este versículo, el Espíritu Santo es el Espíritu de oración. Eso significa que es el Espíritu de súplica. Cada vez que sentimos deseo de orar, es el Espíritu Santo quien nos da ese deseo. Podemos no darnos cuenta de cuán a menudo el Espíritu Santo nos dirige a orar; o podemos preguntarnos por qué tenemos tan presente en nuestra mente a cierta persona o situación. Con frecuencia, recordamos a alguien y, en lugar de orar, nos quedamos pensando.

Reconocer que estamos siendo guiados por el Espíritu Santo para orar es, a menudo, una lección que toma largo tiempo aprender. A veces, atribuimos muchas de las cosas que pasan a pura coincidencia o elección en lugar de ver que Dios está tratando de guiarnos por su Espíritu. Les voy a dar un ejemplo que puede aclarar más este punto.

Un lunes, comencé a pensar en mi pastor. Lo amo y aprecio tanto su ministerio que no es raro que piense en él. Pero continué teniéndolo presente en mi mente durante tres días, y contuve el deseo que sentía de hablarle. Posponía continuamente el llamado porque estaba ocupada. (¿Le suena familiar?)

El miércoles tuve una cita de negocios y, mientras caminaba hacia el lugar de la reunión, me encontré con la secretaria del pastor. Inmediatamente le pregunté cómo estaba. Me enteré de que había estado enfermo, y que mientras regresaba de consultar a su médico había recibido una llamada telefónica avisándole que su padre tenía un cáncer que ya estaba diseminado por todo el cuerpo.

Enseguida supe por qué había tenido constantemente a mi pastor en mi corazón durante toda la semana. Debo reconocer que no aproveché el tiempo para orar por él. Había *pensado* en él, pero nunca intenté llamarlo u orar por él.

Por supuesto, me sentí apenada por haber desaprovechado la dirección del Espíritu Santo. Estoy segura de que Dios obró a través de alguien para preparar a mi pastor para la semana que enfrentaba. Pero, si el lunes hubiera orado de inmediato, y lo hubiese llamado ese mismo día, habría tenido el placer de saber que Dios me estaba usando en el Espíritu para ministrar aliento a mi pastor, incluso antes de que supiera el problema que se le avecinaba.

Dios quiere usarnos como sus ministros y representantes, pero debemos aprender a ser más sensitivos al Espíritu de súplica. En algún momento, todos hemos tenido experiencias como la que acabo de describir; no hay ninguna condenación por ellas, pero podemos y debemos aprender de nuestros errores.

El Espíritu Santo no sólo nos dirige a orar, sino que nos ayuda a orar. Nos muestra cómo orar cuando no sabemos de qué modo debemos hacerlo (vea Romanos 8:26-27).

Invite al Espíritu de súplica a su vida y permita que el ministerio de oración sea cumplido a través de usted. Es absolutamente maravilloso ver las cosas milagrosas que suceden como respuesta a la oración.

EL ESPÍRITU DE ADOPCIÓN

"Pues no habéis recibido el espíritu de esclavitud para estar otra vez en temor, sino que habéis recibido el espíritu de adopción, por el cual clamamos: ¡Abba, Padre!" (Romanos 8:15).

Este versículo nos enseña que el Espíritu Santo es el Espíritu de adopción. La palabra adopción significa aquí que hemos sido traídos a la familia de Dios, aunque éramos extraños, sin ninguna clase de relación con Dios. Éramos pecadores al servicio de Satanás, pero Dios en su gran misericordia nos redimió y compró con la sangre de su Hijo unigénito:

"Pero Dios, que es rico en misericordia, por su gran amor con que nos amó, aun estando nosotros muertos en pecados, nos dio vida juntamente con Cristo (por gracia sois salvos)..." (Efesios 2:4-5).

Nosotros entendemos la adopción en un sentido natural. Sabemos que algunos niños que no tienen padres son adoptados por gente que, a propósito, los eligen y los toman como hijos propios. En cierta manera, esto es mejor que nacer en una familia. Cuando los niños nacen dentro de una familia, su nacimiento no es siempre el resultado de una decisión de sus padres; a veces simplemente sucede. Pero cuando los niños son adoptados, son seleccionados y escogidos expresamente, con un propósito.

Con frecuencia, las personas que fueron adoptadas tienen problemas causados por sentimientos de rechazo. Se los debe animar a que miren el lado positivo y no el negativo de la situación. Es un honor haber sido elegido a propósito por los que quieren darle su amor.

Las siguientes escrituras describen la actitud de Dios hacia nosotros:

> "Según nos escogió en él antes de la fundación del mundo, para que fuésemos santos y sin mancha delante de él, en amor habiéndonos predestinado para ser adoptados hijos suyos por medio de Jesucristo, según el puro afecto de su voluntad" (Efesios 1:4-5).

A menudo medito en estas escrituras, y me asombra la revelación de haber sido adoptados por Dios.

El Salmo 27:10, es otro versículo maravilloso que habla sobre este tema. En él, David dice: "Aunque mi padre y mi madre me dejaran, con todo, Jehová me recogerá". Utilizo a menudo este pasaje de la Escritura para animar a quienes sienten que no son amados o que son rechazados por sus padres. Nunca falla para darles consuelo.

Cuando conocí a mi esposo Dave, yo tenía veintitrés años de edad y un bebé de sólo nueve meses, producto de un matrimonio que contraje a los dieciocho años.

Como ya dije, ese matrimonio terminó en divorcio por causa del adulterio y abandono de mi primer esposo. Cuando Dave me pidió que me casara con él, le respondí con estas palabras: "Bueno, sabes que tengo un hijo, y si me quieres, tienes que quererlo a él también".

Dave me dijo algo maravilloso: "No conozco tan bien a tu hijo, pero sé que te amo, y también amaré todo aquello que sea parte de ti".

Dave adoptó a mi hijo, a quien le había puesto por nombre David, sin imaginar que más tarde conocería a un hombre llamado David y me casaría con él. Dios sabe muchas cosas que nosotros ignoramos, y hace arreglos para nuestras vidas con anticipación.

Esta historia se relaciona muy de cerca con la razón por la cual Dios nos adopta. Como creyentes en Cristo, somos parte de Él—Dios el Padre decidió, antes de la fundación del mundo, que cualquiera que amara a Cristo sería amado y aceptado por Él. Decidió que adoptaría a todos aquellos que aceptaran a Jesús como su Salvador (vea Efesios 1:3-6).

Por medio del nuevo nacimiento, hemos sido traídos a la familia de Dios. Él se convierte en nuestro Padre. Nosotros venimos a ser herederos de Dios y coherederos con su hijo Jesucristo (vea Romanos 8:16-17). Su Espíritu habita en nosotros, así como seguramente el espíritu Meyer (mi actitud y estado de ánimo) habita en mis hijos, y como su espíritu habita en sus hijos, si usted los tiene. Ellos han heredado sus rasgos; tienen su sangre circulando por sus venas; podrían parecerse a usted, tener el cuerpo como el suyo, o tener sus mismos gestos.

Una de mis hijas se parece mucho a mí. Las dos tienen las piernas formadas como las mías, y las mías son como las de mi madre. Mi hijo mayor tiene la forma de las uñas de los dedos como las mías; también tiene mi personalidad. En cambio, la hija que se parece a mí tiene la personalidad de su padre.

Resulta realmente interesante cuando comenzamos a pensar siguiendo estas líneas. Tome estos ejemplos naturales y comience a ver las similitudes espirituales en su relación con Dios, y se emocionará.

Debemos tener maneras y rasgos de Dios. Su carácter debe ser reproducido en nosotros, sus hijos e hijas. En Juan 14:9, Jesús dijo: "El que me ha visto a mí, ha visto al Padre". ¿No deberíamos, en última instancia, ser capaces de decir lo mismo?

El niño adoptado puede no parecerse inicialmente a sus padres adoptivos, así como nosotros de ninguna manera nos parecíamos a Dios antes de que nos adoptara. Pero incluso el niño adoptado comienza a tomar los rasgos de sus padres adoptivos.

La gente se queda completamente asombrada cuando descubre que nuestro hijo mayor, David, es adoptado por Dave. Continuamente le dicen cuánto se parece a su padre, lo que naturalmente es imposible, porque él no tiene ninguno de los genes ni la sangre de Dave.

Cuando fui adoptada en la familia de Dios, no me parecía en nada a mi Padre celestial, pero al pasar los años tuve que cambiar y, gracias a Dios, ahora la gente puede ver a Dios en mí. Oro para poder actuar como Él de muchas maneras.

El Espíritu de adopción, el maravilloso Espíritu Santo, obró pacientemente conmigo durante años para traerme a la familia de Dios. Fue Él quien obró en mi corazón, hasta convencerme de que era una hija de Dios, una coheredera legal con Cristo. El conocimiento de esta relación familiar nos da la audacia para ir ante el trono de Dios y hacerle saber nuestras peticiones (vea Hebreos 4:16; Filipenses 4:6). El Espíritu de adopción es el mismo Espíritu Santo que obró en nuestro corazón trayéndonos a la familia de Dios, y que quizás está obrando en su corazón ahora mismo, mientras lee estas palabras.

Créame, mis hijos no dudan en dejarnos saber sus peticiones. Es así porque saben muy bien que son parte de la familia y son muy amados. Ese conocimiento le da audacia para acercarse a nosotros. Debemos aprender a actuar de la misma forma con nuestro Padre celestial y el Espíritu Santo. Si le permitiéramos hacerlo, el Espíritu de adopción iría poniendo, pacientemente, esa verdad en nuestros corazones.

EL ESPÍRITU DE SANTIDAD

"Que fue declarado Hijo de Dios con poder, según el Espíritu de santidad" (Romanos 1:4).

El Espíritu Santo es llamado así porque Él es la santidad de Dios y porque es tarea suya desarrollar esa santidad en todos aquellos que creen en Jesucristo como Salvador.

En 1 Pedro 1:15-16, se nos dice: "Sino, como aquel que os llamó es santo, sed también vosotros santos en toda vuestra manera de vivir; porque escrito está: Sed santos, porque yo soy santo".

Dios nunca nos diría que fuéramos santos sin darnos la ayuda que necesitamos para serlo. Un espíritu inmundo nunca podría hacernos santos. Así que Dios envía su Espíritu Santo a nuestros corazones para hacer la obra completa y perfecta en nosotros.

En Filipenses 1:6, el apóstol Pablo nos dice que Aquél que comenzó la buena obra en nosotros será capaz de perfeccionarla y llevarla a su fin. El Espíritu Santo continuará haciendo la obra en nosotros mientras estemos en esta tierra. Dios aborrece el pecado, y cada vez que lo ve en nuestras vidas, obra rápidamente para limpiarnos.

Este solo hecho explica por qué necesitamos que el Espíritu Santo habite dentro de nosotros. Él no sólo está ahí para dirigirnos y guiarnos por la vida, sino también para obrar inmediatamente en cooperación con el Padre y remover de nosotros todo lo que no le agrada.

El Espíritu Santo busca continuamente glorificar a Jesús, y nos está preparando para que hagamos lo mismo. En Juan 14:2-3, Jesús dijo: "Voy, pues, a preparar lugar para vosotros…para que donde yo estoy, vosotros también estéis". Es como si el Espíritu Santo le dijera: "Yo iré y los prepararé para ir a ese lugar".

Jesús está en los cielos preparando un lugar para nosotros, y su Espíritu Santo está en nosotros preparándonos para ocupar ese lugar.

En Isaías 4:4, vemos al Espíritu Santo como el Espíritu de juicio y el Espíritu de fuego abrasador: "Con espíritu de juicio y espíritu abrasador, el Señor lavará la inmundicia de las hijas de Sion y limpiará la sangre que haya en Jerusalén" (NVI).

El Espíritu Santo, como Espíritu de juicio y fuego abrasador, se relaciona con la esencia del Espíritu de santidad. Él juzga el pecado en nosotros y lo elimina, quemándolo. No es un trabajo agradable en lo que respecta a nuestros sentimientos, pero a su tiempo nos llevará al estado en que Dios desea que estemos para que podamos glorificarlo a Él.

¿Está permitiendo que el Espíritu del Dios Santo obre en usted, quemando todo lo que a Él le desagrada? Hebreos 12:10, dice que Dios nos corrige para bien a fin de que podamos ser partícipes de su santidad. No sea un creyente fluctuante, que tiene un pie en el mundo y otro en el reino de Dios. No sea tibio, sino más bien enciéndase por Dios, permitiendo que su fuego arda cada día en usted. Admita la corrección de Dios, sabiendo que es una señal de amor y de que somos sus hijos:

"*Porque el Señor al que ama, disciplina, y azota a todo el que recibe por hijo.* Si soportáis la disciplina, Dios os trata como a hijos; porque ¿qué hijo es aquel a quien el padre no disciplina?" (Hebreos 12:6-7, énfasis de la autora).

María concibió por el Espíritu Santo. Cuando el ángel se le apareció diciéndole que tendría un hijo, que llamaría su nombre Jesús, y que sería llamado Hijo de Dios: "Entonces María dijo al ángel: '¿Cómo será esto? pues no conozco varón'". El ángel le respondió que el Espíritu Santo haría sombra sobre ella, y añadió: "Por lo cual también el Santo Ser que nacerá, será llamado Hijo de Dios" (Lucas 1:34-35).

El Espíritu Santo vino sobre María y plantó en su vientre la "Semilla Santa". El Espíritu de santidad fue plantado en María como una semilla. En su vientre creció, como hijo de hombre e Hijo de Dios, Aquel que era necesario para salvar a la gente de sus pecados.

Cuando nacemos de nuevo, lo mismo sucede en nosotros. La "Semilla Santa", el Espíritu de santidad, es plantada en nosotros como una simiente. Mientras reguemos esa semilla con el agua que es la Palabra de Dios y quitemos toda "hierba mala del mundo" que trate de ahogarla, crecerá hasta ser un árbol grande de justicia: "plantío de Jehová, para gloria suya" (Isaías 61:3).

En la Palabra de Dios se nos enseña que busquemos la santidad (vea Hebreos 12:14). Todos aquellos que ponen su corazón en esta gran búsqueda serán ayudados por el Espíritu de santidad.

Los que deseamos santidad, necesitamos ser llenados completamente por el Espíritu Santo. Para eso debemos permitirle acceso a cada habitación de nuestra casa. A menudo, mantenemos ciertas partes de nuestra vida cerradas a Dios, de la misma manera en que ponemos algo en determinado lugar de nuestra casa y cerramos para que nadie pueda verlo.

En casa, mi esposo y yo tenemos un cuarto para empacar. Es donde empacamos y desempacamos cuando salimos o llegamos de viaje. Está lleno de maletas y bolsos de viaje, así como de materiales que llevamos con nosotros cuando viajamos. Como es un cuarto que no está muy ordenado, no me gusta que la gente lo vea; por lo que mantenemos la puerta cerrada.

Durante muchos años, aun siendo una cristiana que asistía fielmente a la iglesia, mantuve muchos cuartos de mi corazón y muchas áreas de mi vida cerradas al Espíritu Santo. Siempre digo que tenía bastante de Jesús como para estar alejada del infierno, pero no lo suficiente como para caminar en victoria. Luego, en 1976, tuve una maravillosa experiencia con Dios que más tarde descubrí que era el bautismo del Espíritu Santo. Antes de esa experiencia, tenía el Espíritu Santo porque había nacido de nuevo, pero Él no me tenía a mí. Yo sólo le permitía obrar cuando y donde quería que Él obrara. No era feliz, y realmente estaba muy frustrada con el cristianismo y la vida en general. Como describí en el capítulo dos, un día clamé a Dios en mi automóvil. Él me encontró tal como estaba, me llenó hasta desbordar, y nunca más he sido la misma.

Hechos 10:34, dice que Dios no hace acepción de personas. Eso significa que lo mismo que hizo conmigo, lo hará por usted, si se lo permite.

8

El reino sobrenatural

$\sim\!\!\sim\!\!\sim$

La Biblia nos dice que hay "dones del Espíritu" que debemos procurar. Ellos son dotes o talentos sobrenaturales que nos ayudan en nuestra vida diaria y cumplir la voluntad de Dios aquí en la Tierra.

Primera de Corintios 12 nos ofrece una lista de nueve dones diferentes, que son: palabra de conocimiento, palabra de sabiduría, el don de fe, el don de sanidad, de hacer milagros, de profecía (interpreta la voluntad divina y el propósito de Dios), la habilidad de discernir los espíritus, el don de hablar en lenguas, y la habilidad de interpretar las lenguas.

Aunque una persona puede operar en un don más que en otro, los dones del Espíritu son para todo el mundo.

A mí se me enseñó que los dones del Espíritu Santo y las señales y milagros habían terminado con la Iglesia Primitiva (ver 1 Corintios 12:1-11). Tristemente, esto es casi una realidad, pero no fue nunca la voluntad de Dios ni su intención. Él siempre ha tenido, en distintas partes del mundo, un remanente de personas que creen en la plenitud del evangelio, o en todo lo que la Biblia enseña, y ha sido gracias a ellos que Dios ha mantenido viva esa verdad.

Si usted ha sido una de las personas que no creen en esas cosas, o si le han enseñado que son incorrectas, le ruego que no deje de lado este libro, sino que continúe leyendo y examine personalmente las escrituras que compartiremos. Luego que busque y estudie detenidamente la Palabra de Dios, dudo seriamente de que sea capaz de negar la disponibilidad y necesidad de los dones del Espíritu Santo.

Muchos se sienten un poco temerosos ante lo que no entienden. No entendemos el reino sobrenatural, y sin embargo sentimos hambre de conocerlo por la manera en que hemos sido creados por Dios. Todos tenemos interés por lo sobrenatural, y si nuestra necesidad no es saciada por Dios, Satanás se encargará de darnos una falsificación.

Como he dicho antes, estaba espiritualmente hambrienta de algo más. No recibía lo que necesitaba en el ambiente religioso del cual participaba, así que busqué de la única manera que conocía.

Trabajé con una mujer muy involucrada con la astrología, que logró interesarme por ese tema. No es la voluntad de Dios que la gente consulte las estrellas para buscar orientación, pero como estaba tan hambrienta, Satanás pensó que me comería cualquier cosa, aunque estuviera envenenada. Según lo que ella me explicaba, las estrellas parecían ser capaces de decirle cosas que la ayudaban en su trabajo. Como sentía que nada andaba bien en mi vida, me interesé en lo que me decía.

Es así, exactamente, como Satanás confunde a muchas personas que están buscando orientación y soluciones para su diario vivir; si la iglesia no les da respuestas precisas, son presa fácil para el enemigo. ¿Para qué necesitamos escudriñar las estrellas buscando guía para nuestra vida, cuando podemos consultar al Creador del universo?

Satanás tiene una falsificación de cada cosa buena que Dios quiere darnos. Debemos ser muy sabios y conocer las Escrituras, o podemos ser engañados en estos últimos días en que vivimos. La Biblia nos advierte que sobrevendrá un gran engaño en los tiempos finales, antes del regreso de Jesús a la tierra para redimir a los suyos (vea Lucas 21:8-11; 2 Timoteo 3:13-14). Debemos orar para conocer la verdad y buscar a Dios para no ser confundidos.

Alguien debe haber estado orando por mí, porque Dios intervino y suplió mi necesidad antes de que Satanás pudiera arrastrarme hacia el hoyo que tenía cavado para mí.

Luego de recibir el bautismo en el Espíritu Santo, pude experimentar una comunión tan cercana e íntima con Dios como nunca había conocido. Comencé a sentir su dirección en mi vida. Me hablaba, y yo sabía que era su voz. En Juan 10:45, Jesús dijo: "Mi oveja conoce mi voz, y no seguirá la voz de un extraño", (paráfrasis de la autora). Estaba empezando a conocer su voz, y eso me conmovía.

Como cristianos, tenemos derecho a emocionarnos espiritualmente. Si nos impresionamos con tantas cosas, ¿por qué no va a conmovernos nuestra relación con Dios?

La gente dice, a menudo, que cualquier manifestación visible de las cosas espirituales es puro "emocionalismo". Pero, definitivamente, pude reconocer que fue Dios quien nos dio emociones y que, si bien no desea que dirijan nuestra vida, nos las ha dado con un propósito, parte del cual es que disfrutemos. Si estamos disfrutando verdaderamente de Dios, ¿por qué no mostrar alguna emoción? ¿Por qué nuestra experiencia espiritual debe ser opaca y aburrida, sin brillo ni vida? ¿Se supone que el cristianismo debe expresarse con caras largas, música triste, y rituales sombríos? ¡Claro que no!

En el Salmo 122:1, David dice que se alegra cuando le piden ir a la casa del Señor. Él danzaba delante de Jehová (vea 2 Samuel 6:14), tocaba el arpa y se regocijaba grandemente, aunque vivía bajo el antiguo pacto. Jesús y sus discípulos vivieron bajo el nuevo pacto, y Él les dijo que se regocijaran de que sus nombres estuvieran escritos en el Libro de la vida del Cordero, lo cual se aplica a cada uno de los que creen en Jesús (vea Lucas 10:20; Apocalipsis 21:27). Romanos 15:13, dice que los que creen en Jesús serán llenos de esperanza, gozo y paz (bajo el nuevo pacto). ¡Esa es razón suficiente para emocionarnos y regocijarnos!

Ya hemos visto que la antigua alianza es un pacto de obras, consistente en hacer todo por nosotros mismos—mediante lucha, contienda y trabajo, para ser aceptos para Dios. Esa clase de pacto roba nuestro gozo y nuestra paz. Pero recuerde que la nueva alianza es un pacto de gracia, el cual se basa, no en lo que hacemos sino en lo que Cristo ya hizo por nosotros. Por consiguiente, somos justificados por nuestra fe, no por nuestras obras. Eso es maravilloso, porque nos quita la presión de tener que hacer. Podemos renunciar a nuestros esfuerzos externos, y permitir que Dios obre a través de nuestras vidas, por el poder de su Espíritu Santo en nosotros.

El punto es este: el antiguo pacto conlleva esclavitud; el nuevo pacto, libertad. Si David se podía regocijar bajo el antiguo pacto, ¿cuánto más deberíamos alegrarnos nosotros bajo el nuevo pacto?

¿SE LE HA PRIVADO DEL PODER DEL ESPÍRITU SANTO EN SU VIDA?

"Y después de esto derramaré mi Espíritu sobre toda carne, y profetizarán vuestros hijos y vuestras hijas; vuestros ancianos soñarán sueños, y vuestros jóvenes verán visiones. Y también sobre los siervos y sobre las siervas derramaré mi Espíritu en aquellos días" (Joel 2:28-29).

Sí, la llenura del Espíritu Santo es diferente a cualquier cosa que podamos experimentar, pues nos capacita para *ser* lo que estamos destinados a ser *en* Dios y luego *hacer* lo que estamos destinados a hacer *para* Dios.

Muchos cristianos tratan de *hacer* algo antes de *ser*

algo. Esto produce una clase de cristianismo árido y aburrido, sin brillo ni vida.

No debemos decirle a la gente que algo no existe sólo porque nuestra experiencia así lo indica. Por el contrario, tenemos que ir a la Palabra de Dios y a las multitudes que lo han experimentado antes que nosotros, que fueron bautizados con el Espíritu Santo y hablaron en otras lenguas; los que fueron testigos de los milagros, sanidades y liberaciones de demonios. Deberíamos hablar con aquellos cuyas vidas han sido radicalmente transformadas por el poder de Dios.

Recuerdo haber hablado con uno de los pastores de la primera iglesia a la que asistí después de que Dave y yo nos casamos. Había tenido un encuentro con Dios y estaba muy emocionada. Aunque había nacido de nuevo a la edad de nueve años, una noche en la cocina, mientras lavaba los platos, tuve una experiencia que renovó mi fe. El Señor se hizo muy real para mí, y de repente vi cómo Él me había dirigido todos estos años, aunque yo pensaba que no estaba ahí—o que, si estaba, se había olvidado de mí. Me conmovió la maravillosa fidelidad de Dios. Quería contárselo a alguien que pudiera entender las cosas espirituales, así que fui a ver al pastor, quien me pidió que me tranquilizara y aceptara que mi emoción no iba a durar mucho.

Quizás lo hizo con buena intención, pero creo que me desanimó porque nunca había experimentado lo que le estaba describiendo; por eso, lo rechazó como algo sin valor. Me sentí muy desilusionada, y salí de su oficina sintiéndome como un globo que, de repente, se quedó sin aire.

Es vergonzoso tirar agua en el fuego de un creyente. A menudo, la gente siente temor de que una persona emocionada haga algo descabellado. Pero, como alguien dijo: "Prefiero tener algo de fuego salvaje que no tener nada".

Algunas personas sólo van a la iglesia y se estacionan; ése es el principio y fin de su experiencia espiritual. Hace tiempo supe que, si quiero ir a algún lado, tengo que poner el automóvil en movimiento.

Es absolutamente imposible manejar un automóvil que está estacionado. Saque su vida de esa posición, colocando a Dios al volante—luego, ajústese el cinturón y ¡parta para el viaje de su vida!

Pídale a Dios que haga algo nuevo con ella. No trate de que se ciña a los parámetros de su particular doctrina religiosa. De acuerdo a la Biblia, el poder de Dios es apagado por las doctrinas de hombres:

"Que tendrán apariencia de piedad, pero negarán la eficacia de ella; a éstos evita,..." (2 Timoteo 3:5).

"Pues si habéis muerto con Cristo en cuanto a los rudimentos del mundo, ¿por qué, como si vivieseis en el mundo, os sometéis a preceptos tales como: No manejes, ni gustes, ni aun toques (en conformidad a mandamientos y doctrinas de hombres), cosas que todas se destruyen con el uso? Tales cosas tienen a la verdad cierta reputación de sabiduría en culto voluntario, en humildad y en duro trato del cuerpo;

pero no tienen valor alguno contra los apetitos de la carne" (Colosenses 2:20-23).

Las doctrinas de hombres han privado a miles y miles de creyentes de recibir el poder del Espíritu Santo en sus vidas. Dios no está interesado en nuestras doctrinas; sino sólo en lo que su Palabra dice, y ése debería ser también nuestro interés.

Cuando Dios me bautizó con el Espíritu Santo ese viernes de febrero de 1976, no me preguntó sobre mis doctrinas religiosas o si mis amigos de la iglesia lo aprobarían o no. El resultado fue que no lo aprobaron. No sólo me pidieron que abandonara la iglesia, sino que simultáneamente perdí todos mis "amigos". Fue un momento difícil en mi vida, pero a través de él aprendí de qué manera utiliza Satanás el dolor del rechazo para tratar de impedir que la gente siga adelante con Dios.

Claro está, me tentaron para que olvidara todo y volviera a ser una cristiana "normal". Pero sabía que Dios había hecho algo maravilloso en mi vida. Nunca me había sentido así, y tomé una decisión: aunque nunca más tuviera amigos, no volvería a lo que había sido antes ni a lo que había tenido. Jamás había sido suficiente y nunca lo sería.

¡Simplemente, tenía que seguir con Dios sin importar el precio!

Oro para que usted se sienta de la misma manera cuando termine de leer este libro. Uno de los principales propósitos que tengo al escribirlo, es despertar el hambre de los que aman a Dios, pero necesitan más del Espíritu Santo en sus vidas. Si usted es uno de ellos, oro para que abra cada rincón de su vida y permita que Dios tome el control. Recuerde que Jesús no murió por usted para que fuera un religioso sino para que pudiera tener una profunda, íntima relación personal con Dios a través de Él, y pudiera conocer el gozo de ser llenado completamente por el Espíritu Santo.

Estar sentado en la iglesia no lo hace a uno más cristiano, al igual que a un automóvil no lo hace más estar estacionado en un garaje. Nuestra experiencia con Dios debe ir más allá de asistir a la iglesia. Siempre me aflijo cuando pregunto a las personas si son cristianas, y me responden mencionando la iglesia a que asisten ("Sí, yo voy a la iglesia 'tal'")—esto significa, en general, que van a la iglesia pero no conocen al Señor de una manera verdaderamente personal.

ABRA CADA CUARTO DE LA CASA

"He aquí, yo estoy a la puerta y llamo; si alguno oye mi voz y abre la puerta, entraré a él, y cenaré con él, y él conmigo" (Apocalipsis 3:20).

Luego de haber sido bautizada con el Espíritu Santo, encontré a Dios en áreas de mi vida en las que Él nunca antes había sido invitado. Él trató conmigo en cada área; no había ninguna en la que no estuviera involucrado. Me gustaba, pero no me gustaba, usted entiende a qué me refiero. Era emocionante, y a la vez atemorizante.

Dios se interesó en cómo le hablaba a la gente y cómo hablaba de ellos. Se involucró en cómo gastaba mi dinero, cómo vestía, qué amistades tenía, y con qué me entretenía. Intervino en lo que pensaba y en mis actitudes. Me di cuenta de que conocía los más profundos secretos de mi corazón y no había nada que pudiera esconderle. Ya no estaba más en el cuarto del "domingo por la mañana" de mi vida, sino que recorría toda la casa. Tenía las llaves de cada cuarto, y entraba sin avisar—y podría añadir, aun sin golpear o presionar el timbre de la puerta. En otras palabras, nunca sabía cuándo podía aparecer y dar su opinión sobre algún asunto; sin embargo, sucedía cada vez más y con mayor frecuencia. Como dije, era emocionante, pero rápidamente me di cuenta de que muchas cosas iban a cambiar.

Todos queremos cambios, pero cuando vienen, nos atemorizan. Queremos que cambien nuestras vidas, pero no nuestro estilo de vida. Quizás no nos guste lo que tenemos, pero ¿y si lo que viene nos gusta menos? Éste es un ejemplo de las preguntas que nos hacemos. Nos atemoriza cuando parecemos haber perdido el control y estar a merced de otra persona.

Estar llenos del Espíritu Santo significa vivir nuestra vida para la gloria y complacencia de Dios, no para nosotros. Significa echar a un lado la vida que habíamos planeado, y descubrir y seguir el plan que Él tiene para nosotros.

Ahora sé que siempre estuve llamada a ser una maestra de la Palabra de Dios. Al mirar hacia atrás, puedo ver en toda mi vida señales indicadoras. Pensaba que era una mujer con una carrera profesional. Tenía un plan para vivir pero, súbitamente, fue interrumpido por Dios aquel viernes de febrero de 1976.

Como hemos visto, Proverbios 16:9 dice que la mente del hombre planifica su camino, pero Dios dirige sus pasos. Habían transcurrido tres semanas desde mi bautismo con el Espíritu Santo, cuando me encontré haciendo planes, dirigida por Dios, para tener un estudio bíblico, y desde entonces, con la excepción de un año, he estado enseñando continuamente la Palabra de Dios.

Cuando le damos a Dios el control de nuestra vida, todo comienza a cambiar rápidamente. Es por eso que primero debemos aprender a orar, y luego hacer planes.

Toda mi vida hice planes y luego oré a Dios para que se pudieran realizar. Esos eran *mis* planes, y malgasté el tiempo tratando de que se realizaran—y sintiéndome desilusionada y confundida cuando no daban resultado.

¿Le permitirá al Espíritu de Dios tener el control de su "casa"? ¿Lo invitará a su vida y lo hará sentir cómodo como si estuviera en casa? Oro para que así sea, porque sé que nunca estará satisfecho a menos que lo haga. Puede venir la oposición, porque con cada oportunidad siempre hay algo de oposición. El precio puede ser alto, pero los beneficios ciertamente lo merecen. Usted fue creado para ser la casa de Dios. ¿Permitirá que Él tenga completo y libre acceso a su vida?

EVIDENCIA DEL BAUTISMO
DEL ESPÍRITU SANTO

"Entonces el Espíritu de Jehová vendrá sobre ti con poder, y profetizarás con ellos, y serás mudado en otro hombre" (1 Samuel 10:6).

Las evidencias más importantes de la vida llena del Espíritu son el cambio del carácter y el desarrollo del fruto del Espíritu Santo, descrito en Gálatas 5:22-23. Dios bautiza a la gente en el Espíritu Santo para que sean capaces de vivir para Él. Si no lo están haciendo, entonces no muestran la evidencia correcta del bautismo del Espíritu Santo. El hablar en lenguas fue una de las evidencias del derramamiento del Espíritu Santo en Pentecostés, pero la evidencia más importante fue, y siempre será, el cambio en las vidas de hombres y mujeres.

Cuando Jesús fue llevado a juicio, Pedro negó a Cristo en tres ocasiones por temor a los judíos (vea Lucas 22:56-62). Pero, luego de ser lleno con el Espíritu Santo el día de Pentecostés, se paró y predicó un mensaje con extrema audacia. El resultado de la predicación de Pedro ese día fueron tres mil almas añadidas al reino de Dios (vea Hechos 2:14-41). El bautismo del Espíritu Santo cambió a Pedro; lo cambió en otro hombre. De repente, su temor desapareció, y se volvió un hombre atrevido.

El mundo está lleno de personas que viven cada día atormentadas por los temores. Tristemente, muchos no saben que tienen a su disposición una ayuda por medio de la llenura del Espíritu Santo.

De hecho, no fue solamente Pedro quien se paró con valor ese día. Los demás apóstoles hicieron lo mismo. Cuando Jesús se les apareció después de su resurrección, todos se habían escondido a puertas cerradas por temor a los judíos (vea Juan 20:19-22). Pero en cuanto fueron llenos con el Espíritu Santo, se volvieron atrevidos y perdieron el miedo.

El bautismo del Espíritu Santo cambió a Saúl; cambió a Pedro y a los discípulos; me cambió a mí; y continúa cambiando a aquellos que le buscan por todo el mundo. Sí, el cambio en las vidas de hombres y mujeres es la evidencia más importante, pero no es la única que esperamos encontrar. El hablar en lenguas es también una evidencia, y es un don muy valioso.

LA EVIDENCIA DE HABLAR EN LENGUAS

"Cuando llegó el día de Pentecostés, estaban todos unánimes juntos. Y de repente vino del cielo un estruendo como de un viento recio que soplaba, el cual llenó toda la casa donde estaban sentados; y se les aparecieron lenguas repartidas, como de fuego, asentándose sobre cada uno de ellos. Y fueron todos llenos del Espíritu Santo, y comenzaron a hablar en otras lenguas, según el Espíritu les daba que hablasen" (Hechos 2:1-4).

En este pasaje, la Biblia dice que en el día de Pentecostés los discípulos que estaban en el aposento alto hablaron en otras lenguas.

Algunas personas le piden a Dios el don de hablar en lenguas, pese a lo cual, muy adentro de sí tienen miedo de recibirlo. Es algo insólito que el diablo haya escogido ese único don de tantos que se mencionan en la Biblia para hacer un alboroto. Esto me indica que debe haber algo muy valioso en hablar en otras lenguas; de lo contrario, Satanás no trabajaría tan duro para desacreditarlo.

Piense en esto: a la gente no le importa si tenemos sabiduría, conocimiento, discernimiento, fe o cualquiera de los otros dones del Espíritu Santo, pero se enojan si hablamos en otras lenguas. Sin embargo, todos estos dones se mencionan juntos en 1 Corintios 12.

He conocido algunos preciosos cristianos, que creo fueron bautizados con el Espíritu Santo, y que todavía no hablan en lenguas. Muestran el maravilloso fruto del Espíritu en sus vidas, y en muchos casos más fruto que otros que conozco y que hablan en lenguas. A veces, la gente le da demasiada importancia al asunto de hablar en lenguas. Actúan como fuera lo único que hace espiritual a una persona, lo que no es así.

Como he dicho, sí, yo creo que una persona puede ser bautizada con el Espíritu Santo y no hablar en lenguas, pero no creo que eso sea aplicable a todo el mundo. Animo a cada persona que quiera ser llena con el Espíritu Santo a que desee también hablar en otras lenguas, y en fe abra su boca y haga lo que hicieron los ciento veinte en Pentecosté—comenzaron a hablar en otras lenguas como el Espíritu les daba que hablasen (vea Hechos 2:4).

No creo que debamos ser bautizados con el Espíritu Santo para ser salvos e ir al cielo, pero sí que necesitamos el bautismo del Espíritu Santo y el poder que trae, para caminar en victoria en nuestro diario vivir. Necesitamos el poder de Dios para dominar la carne y obtener diariamente la victoria que Jesús ganó en el Calvario, cuando tomó autoridad sobre el enemigo.

Soy el tipo de persona que desea todo lo que Dios tenga para ofrecer. A menudo, digo que soy una "acaparadora espiritual". Aunque puedo alcanzar el cielo sin el bautismo del Espíritu Santo, ¿por qué no iba a querer tenerlo?

Dios debe haber enviado esas cosas y las tiene disponibles para nosotros porque quiere que las tomemos, y dado que Él las envió, quiero recibirlas en toda su plenitud. *No tengo la intención de quedarme sin algo que Dios me ofrece sólo para que alguna gente no se moleste.* Si Dios quiere que tenga algo, estoy dispuesta a recibirlo.

EL VALOR DE HABLAR EN LENGUAS

"Porque el que habla en lenguas no habla a los hombres, sino a Dios; pues nadie le entiende, aunque por el Espíritu habla misterios...Porque si yo oro en lengua desconocida, mi espíritu ora, pero mi entendimiento queda sin fruto. ¿Qué, pues? Oraré con el espíritu, pero oraré también con el entendimiento; cantaré con el espíritu, pero cantaré también con el entendimiento" (1 Corintios 14:2, 14-15).

Cuando hablamos en lenguas, hablamos secretos y misterios para Dios. Estamos hablando en un lenguaje espiritual que Satanás no puede entender. Ni siquiera nosotros lo entendemos. En el versículo 14 de este pasaje, Pablo dice que cuando oramos en el Espíritu, nuestro entendimiento queda sin fruto o nuestra mente está improductiva. En otras palabras, nuestra mente no entiende, pero nuestro espíritu es edificado y se desarrolla. En Judas versículo 20 dice que cuando oramos en el Espíritu Santo, nos edificamos y desarrollamos nuestra santísima fe.[1]

Muchas veces he tenido la experiencia de sentirme desilusionada, o físicamente cansada, cuando todavía me quedaba trabajo por hacer. A menudo, cuando tuve que enseñar en alguna de mis conferencias, no me he sentido precisamente como la mujer de fe que fue ungida por Dios, o llena con su poder, para ministrar a otros. En esos momentos he aprendido a orar en el Espíritu Santo, u orar en otras lenguas. Mientras lo hago, puedo sentir literalmente la vida y el poder de Dios levantarse de mi "hombre interior" y ministrar fortaleza a todo mi ser (vea Efesios 3:16).

En Juan 7:38-39, Jesús dijo: "'De aquel que cree en mí, como dice la Escritura, brotarán ríos de agua viva'. Con esto se refería al Espíritu que habrían de recibir más tarde los que creyeran en él. Hasta ese momento el Espíritu no había sido dado, porque Jesús no había sido glorificado todavía" (NVI). Como indica este pasaje, Jesús estaba hablando del Espíritu Santo que aún no había sido derramado. Creo que el hablar en lenguas es el sonido de esos ríos de agua viva que brotan de los que están llenos del Espíritu.

Cuando hablamos en lenguas, a menudo profetizamos

cosas grandes sobre nuestras propias vidas. Si supiéramos lo que estamos diciendo, el misterio nos parecería tan grande que probablemente no lo creeríamos; por eso, el hablar en lenguas es una buena forma de "llamar a las cosas que no son, como si fuesen", como expresa Romanos 4:17. Ahí se nos dice que servimos a un Dios que llama las cosas que no existen como si existieran, y creo que deberíamos seguir sus pasos.

Orar en lenguas es una manera adecuada de hacerlo cuando no sabemos cómo orar "como conviene" (vea Romanos 8:26). A menudo esas oraciones no parecen tener palabras, como si fueran un suspiro o un gemido. La versión en inglés *The Amplified Bible* [AMP] dice en Romanos 8:26, que el Espíritu Santo ora a través de nosotros "con suspiros y gemidos tan profundos que no se pueden expresar en palabras".

Para serle honesta, estas cosas son difíciles de explicar a quien no las ha experimentado, pero una vez que la persona las vive, no puede negar la realidad de este maravilloso lenguaje del Espíritu.

Cada persona tiene un lenguaje de oración un poco diferente, y Satanás se asegura de decirle enseguida a cada uno, que su lenguaje particular es sólo una jerigonza que él mismo se ha inventado.

Yo no recibí mi lenguaje espiritual de oración el día que fui llena del Espíritu Santo. Pero, poco tiempo después, mientras leía el libro titulado *A New Song* (Nueva canción) de Pat Boone,[2] fui inspirada a hablar en lenguas. Pat estaba describiendo lo que le había sucedido a él cuando recibió el bautismo del Espíritu

Santo y comenzó a hablar en lenguas. Como soy el tipo de persona atrevida, simplemente abrí mi boca y hablé palabras extrañas que venían a mi corazón. Sólo recibí unas cuatro palabras. Después el diablo me dio un buen discurso, por supuesto afirmando que todo era mentira, y quedé convencida de que me había inventado esas cuatro palabras. Así que le puse un tapón al don y seguí en mis asuntos.

Cuando creemos las mentiras de Satanás, somos engañados. Yo lo fui, al creer que lo que había recibido de Dios no era real.

Varios días más tarde, buscando en el diccionario para ayudar a mi hija con una tarea escolar, hallé una serie de palabras en latín y me di cuenta de que algunas de ellas eran las que Dios me había dado el día en que hablé en lenguas. Del diccionario aprendí que las palabras que había recibido significaban "Omnipotente Padre Celestial". Mi asombro no tenía límites. Sabía que Dios me estaba hablando a través de ese diccionario, sobre todo mostrándome, sin lugar a dudas, que no pude haber inventado esas palabras. No sabía nada de latín y, mucho menos, cómo colocar esas palabras juntas para hacer tal declaración. Esto no era coincidencia: el Espíritu Santo me había dado el lenguaje, y luego me había guiado a ese descubrimiento que aumentó mi fe y me alertó para que Satanás no pudiera robarme lo que Dios me había dado con tanta gracia.

Una de las maneras más importantes en que podemos evitar que Satanás nos engañe, es viviendo por fe. La fe va más allá de lo que podemos ver o sentir.

Tiene que ver con lo que está en lo más profundo de nuestro corazón.

Cuando advertí lo que había sucedido me emocioné mucho. Mi corazón se llenó de fe, porque tuve la certeza de haber escuchado a Dios. Desde entonces, Satanás jamás ha vuelto a tratar de robarme el don.

Comencé a usar diligentemente esas cuatro palabritas que había recibido, y pronto Dios fue añadiendo otras a mi lenguaje espiritual de oración. Ahora oro en lenguas regularmente. Es parte de mi vida diaria. Hablo con Dios a través del Espíritu Santo, y creo con todo mi corazón que lo que estoy diciendo es la oración perfecta que necesito orar.

La fe es lo único que nos trae al reposo de Dios (vea Hebreos 4:3). Elimina todas las preguntas y razonamientos de la vida. Simplemente confiamos, y ¡la vida se vuelve maravillosa! Aunque tengamos problemas, la vida sigue siendo maravillosa porque estamos llenos de esperanza, creyendo que Alguien mayor que nosotros está de nuestro lado (vea Romanos 8:31; 1 Juan 4:4).

En 1 Corintios 14:13 se nos dice que debemos orar para poder interpretar nuestro lenguaje de oración, y yo creo que lo comprendemos, pero no siempre en el momento en que oramos. Por ejemplo, en los días que voy a ministrar oro mucho en lenguas. Entiendo que el modo en que dirijo las conferencias, y las cosas que digo y predico, que realmente logran llenar las necesidades de la gente, son la interpretación de lo que he orado en el Espíritu durante el día.

Muy a menudo, la gente me dice que siente como

si le estuviera hablando directamente, porque parecería que conozco su problema. Me dicen: "Es como si usted estuviera viviendo en mi casa". Bueno, obviamente, no vivo en sus casas, pero el Espíritu Santo sí. Él está ministrándolos a través de mí. Como sabe cuáles son sus problemas, puede dirigirse a ellos directamente.

La oración en el Espíritu, que practico regularmente, me ayuda a prepararme para poder ministrar a la gente. A mí me parece muy normal lo que les digo, pero a menudo a ellos les resulta completamente sobrenatural.

Creo firmemente que Dios puede darnos su dirección sobrenatural de modo natural. No todo lo que es sobrenatural tiene que ser "espeluznante" o "chiflado". Podemos tener los pies en la tierra y estar llenos del Espíritu Santo. No tenemos que ser "místicos" y "estar en trance" la mitad del tiempo.

NO TEMA A LO DESCONOCIDO

"Pues si ustedes, aun siendo malos, saben dar cosas buenas a sus hijos, ¡cuánto más el Padre celestial dará el Espíritu Santo a quienes se lo pidan!" (Lucas 11:13, NVI).

Le ruego que no le tenga miedo al Espíritu Santo y a sus dones sólo porque aún no los ha experimentado. Dios nunca le dará un regalo malo si usted pide uno bueno.

En la carta que Pablo escribió a la iglesia de Corinto, preguntó: "¿Tienen todos dones de sanidad? ¿Hablan todos lenguas? ¿Interpretan todos?" (1 Corintios 12:30). La respuesta obvia es que no. Esta es una escritura que ha sido tomada fuera de contexto por quienes cuestionan el hablar en lenguas. Ellos sostienen que Pablo estaba diciendo claramente que no todos hablarían en lenguas. Es cierto que Pablo decía eso, pero se refería al uso del don de lenguas en una reunión pública, donde era necesaria la interpretación. No estaba hablando del lenguaje espiritual de oración disponible para todos los creyentes nacidos de nuevo, que han sido bautizados con el Espíritu Santo, y mediante el cual pueden hablar los secretos y misterios de Dios. No todos los creyentes poseen "dones de sanidad", y sin embargo, la Biblia alienta a todos los creyentes a poner sus manos sobre los enfermos para que sean sanados.

ESTAS SEÑALES SEGUIRÁN A LOS QUE CREEN

> "Y estas señales seguirán a los que creen: En mi nombre echarán fuera demonios; hablarán nuevas lenguas; tomarán en las manos serpientes, y si bebieren cosa mortífera, no les hará daño; sobre los enfermos pondrán sus manos, y sanarán" (Marcos 16:17-18).

En el libro de Marcos, se escribe esto como lo último que fue dicho por Jesús antes de su ascensión. Si éstas fueron sus palabras de despedida, deben ser importantes.

Marcos 16:15 registra lo que comúnmente llamamos la Gran Comisión: "Y les dijo: Id por todo el mundo y predicad el evangelio a toda criatura". La gente de cualquier iglesia cristiana acepta y trata de cumplir este versículo. Pero aunque dos versículos más adelante (17 y 18),

Jesús dice que los creyentes echarán fuera demonios, hablarán en nuevas lenguas y pondrán las manos sobre los enfermos y los sanarán, algunas iglesias no practican estas cosas, y muchos enseñan en contra de ellas.

Honestamente, creo que un momento de sincera reflexión revelará al alma sedienta que si seguir a Jesús significa para nosotros cumplir con Marcos 16:15, entonces Él también quiso que cumpliéramos los versículos 17 y 18. Es peligroso buscar y seleccionar escrituras por conveniencia. No podemos tomar las que nos gustan e ignorar el resto—al menos, no si vamos a seguir el evangelio completo. Necesitamos el consejo completo de la Palabra de Dios, no sólo partes o trozos de ella.

Satanás ha tenido bastante éxito en quitar el poder del evangelio de algunas iglesias y, por consiguiente, de las vidas de muchos creyentes. Él no quiere que la gente se salve, pero si eso ocurre, seguramente no querrá que tengan ni manifiesten poder alguno en sus vidas. Él sabe que si los creyentes manifiestan el poder de Dios en sus propias vidas, van a afectar a otras personas en una manera positiva y serán usados por Dios para traer a muchos otros a su reino.

Sí, Pablo indicó que no todos tendrían dones de sanidad, no todos tendrían el don de hablar en lenguas, y no todos tendrían el don de interpretación de lenguas. Pero quiero enfatizar nuevamente que Pablo no estaba hablando de los dones del Espíritu disponible para cada creyente; él se refería al don especial de poder sobrenatural, dado a ciertos creyentes para operar públicamente con esos dones para beneficio de todos.

Más adelante hablaré acerca de los dones del Espíritu Santo, que Él da a todos los creyentes para que con ellos puedan ayudar a otros y hacer sus propias vidas más fáciles y poderosas. Tenemos que "ambicionar" (desear intensamente) los dones (vea 1 Corintios 12:31), y el Espíritu Santo hará que fluyan en cada uno de nosotros cuando tengamos la necesidad y cuando Él considere el momento apropiado.

9

Cómo recibir la plenitud del Espíritu Santo

"Y de conocer el amor de Cristo, que excede a todo conocimiento, para que seáis llenos de toda la plenitud de Dios" (Efesios 3:19).

Toda esta información acerca del bautismo en el Espíritu Santo será de muy poco valor para nosotros, a menos que recibamos la plenitud del Espíritu Santo en nuestra vida, como se nos instruye en Efesios 3:19.

Primero debemos ser llenados, y luego permanecer llenos. Para ser llenos, ante todo debemos desearlo.

Como recordará, le compartí que llegó un momento en mi vida en el cual sabía que si quería seguir siendo cristiana necesitaba algo más. Ya me estaba sintiendo desesperada, cuando fui bautizada con el Espíritu Santo.

Personalmente, creo que a menudo Dios no contesta nuestros primeros gritos de angustia porque quiere que lleguemos a estar lo suficientemente desesperados como para abrirnos por completo a lo que Él quiere hacer en nuestra vida.

Le di antes el ejemplo de una persona que se está ahogando, lucha y resiste cualquier intento por salvarla, hasta que el cansancio la domina y ya no puede resistir más, y recién entonces puede ser puesta a salvo. Yo estaba así. Había luchado tanto con la vida que ya no quedaba nada de "peleadora" en mí, pero eso realmente operó para mi beneficio. Había llegado hasta el fondo y no tenía a donde ir, salvo volver a subir. Estaba lista para lo que el Gran Cirujano dijera que me era necesario.

Si una persona se está muriendo por alguna enfermedad, o experimenta tanto dolor que ya no puede resistir ni un segundo más, hará lo que el médico le diga—usualmente sin preguntar—para mitigar su padecimiento. Necesitamos llegar a ese mismo extremo en nuestro caminar con Dios. Él desea "medicar" nuestras almas, y nosotros deberíamos estar dispuestos a aceptar cualquier prescripción que nos dé.

La prescripción de Dios para mí para ese momento, fue el bautismo en el Espíritu Santo, y desde entonces estoy en un proceso de sanidad.

DESÉELO

"Abres tu mano, y colmas de bendición a todo ser viviente" (Salmo 145:16).

Si está ávido de tener más de Dios en su vida, usted es un candidato a recibir el bautismo del Espíritu Santo.

Recibir la plenitud del Espíritu Santo en su vida es algo santo, algo para ser reverenciado y aun temido respetuosamente. Dios no nos investirá con su poder sólo para diversión o juego. Él es un Dios con propósitos. Todo lo que Él hace en nuestra vida tiene un designio. Encontrar el propósito de Dios para nosotros, y permitirle que nos prepare para realizarlo, debería ser la prioridad de nuestra existencia.

En mi vida he notado que cuando deseo fuertemente algo, es común que lo obtenga. Es así porque fuimos creados de tal manera que, por lo general, nuestra determinación se antepone a la satisfacción de nuestros deseos, pues al tomarla hacemos lo que sea necesario para lograr el objetivo deseado.

Mi esposo Dave recibió el bautismo del Espíritu Santo a los dieciocho años de edad. La iglesia donde asistía no enseñaba tales cosas, pero llegó a un momento de su vida en el cual supo que le faltaba algo. Al igual que yo, no sabía qué era. Pero su deseo de tenerlo se hizo tan fuerte que un día, en su trabajo, se fue al baño y allí sentado le dijo a Dios que no se iba a mover de aquel lugar hasta que le diera lo que él estaba buscando. Mientras permanecía sentado allí, Dios lo visitó y fue lleno con el Espíritu Santo. Al mismo tiempo, recibió sanidad de sus ojos: él usaba anteojos, pero después de aquella experiencia con Dios no los necesitó por muchos años.

Ese fuerte deseo de Dave hizo saber a Dios que era importante para él.

Nuestros deseos dicen mucho de quiénes somos

realmente. Están conectados con nuestro propio centro, nuestra voluntad. Lo que queremos refleja nuestro carácter. Si deseamos más dinero, puede significar que somos codiciosos. Si más poder, puede significar que buscamos dominar. Pero si queremos más de Dios, eso dice algo importante sobre la actitud de nuestro corazón. Creo que Dios siempre satisface los deseos de quienes queremos más de Él—nunca nos deja hambrientos (vea Salmo 37:4).

Si anhela tener más de Dios, aunque con toda honestidad no sepa qué desea, pídale a Dios que le conceda ese deseo. Dígale que desea desear más. Dudo que no tenga ese anhelo. Si no estuviera buscando más de Dios, probablemente no estaría leyendo todavía este libro.

Dios lo encontrará donde usted está. Él me encontró en mi automóvil y a Dave en el baño de su trabajo. Eso no parece muy religioso, ¿verdad? Mucha gente piensa que sólo en la iglesia Dios puede tocarlos de la manera descripta en este libro. Pero Dios nos encuentra dondequiera que estemos. Donde sea que se encuentre una persona hambrienta, ahí va Él para saciarla.

Dios nos encuentra en nuestra imperfección y en nuestra necesidad, y nos llena con su Espíritu para ayudarnos en toda área, para que tengamos una vida plena y bendecida. Le animo para que clame a Dios ahora mismo, ahí donde esté. Creo que Él lo encontrará dondequiera que se encuentre y lo ayudará a llegar a donde usted necesita estar.

ESTÉ ABIERTO

"Felipe halló a Natanael, y le dijo: Hemos hallado a aquél de quien escribió Moisés en la ley, así como los profetas: a Jesús, el hijo de José, de Nazaret. Natanael le dijo: ¿De Nazaret puede salir algo de bueno? Le dijo Felipe: Ven y ve" (Juan 1:45-46).

Natanael tenía una opinión equivocada, pero al menos estaba abierto a que le demostraran si estaba equivocado. Creo que eso es todo lo que Dios nos pide.

Si no tiene información (o se ha sido alimentado con mucha información negativa) acerca del bautismo del Espíritu Santo, el hablar en lenguas, la sanidad de enfermos, o cosas parecidas relacionas con Dios, es probable que su opinión al respecto sea al menos precavida, y quizás un poco negativa. Todo cuanto le pido es que sea una persona abierta. Busque las escrituras por sí mismo y pídale a Dios que le revele la verdad.

Toda la discusión de este libro sobre el bautismo del Espíritu Santo podrá parecerle extraña. Quizás es algo que nunca había escuchado. Le insto a que lea las escrituras sobre este tema. Analícelo usted mismo. Dígale a Dios que quiere recibir todo lo que le corresponde por herencia y como coheredero de su Hijo Jesucristo. No siga viviendo en la pobreza espiritual. No se conforme con lo mínimo del Espíritu Santo, con una ración que apenas le alcance para pasar el día. Invítelo a su vida en toda su plenitud.

Algunas personas manejan sus autos con el vapor de la gasolina, cargando sólo lo indispensable para ir de un lugar a otro. Así hacen espiritualmente algunos cristianos. Mendigan unas migajas del poder de Dios que les alcancen a duras penas para pasar el día. Eso es triste e innecesario, porque hay mucho más a su disposición.

Si necesita más del poder de Dios, le recomiendo que haga como Natanael. No importa lo que pueda haber escuchado en el pasado, no importa la opinión que se haya formado, lo menos que puede hacer es venir y ver. ¡Verifíquelo usted mismo!

Como hemos visto en Apocalipsis 3:20, ahora mismo Jesús está tocando a la puerta de muchos corazones, pero recordemos que esa puerta se abre desde el lado de adentro. Como he dicho, el Espíritu Santo es un Caballero; Él no forzará su entrada a nuestra vida. Nosotros debemos hacerle la invitación.

Sea receptivo al Espíritu Santo. Ábrale la puerta de su corazón por medio de la fe. Sea como Pedro—el único del grupo que salió de la barca y caminó sobre el agua. Probablemente sintió escalofríos al hacerlo, pero mientras mantuvo sus ojos en Jesús, todo anduvo bien (vea Mateo 14:23-30).

Las personas obstinadas tienen la mente estrecha. Su pensamiento es apocado y viven vidas de escasez. Dios tiene planeada una vida maravillosa y abundante para usted y para mí, pero si somos duros de cerviz, como Dios llamó a los israelitas (vea Éxodo 33:3), o testarudos (como decimos hoy), perderemos lo que Él tiene para nosotros. La obstinación marca nuestros caminos, y nunca dejaremos de preguntarnos si vamos o no por los realmente correctos.

En el libro del profeta Hageo, en tiempos del Antiguo Testamento, la gente estaba viviendo en escasez y experimentando muchos problemas, por lo que Dios les dijo que consideraran sus caminos (vea Hageo 1:5). Muchas veces, cuando las personas no están satisfechas con sus vidas, buscan la razón en cualquier lado excepto en sí mismos. Si está insatisfecho con su vida, haga lo que Dios le dijo al pueblo de Judá: "Meditad bien sobre vuestros caminos". Tal vez necesite hacer algunos cambios, como me ocurrió a mí.

Yo era obstinada, porfiada, cabeza dura, orgullosa, en fin todo lo que me podía impedir progresar. Pero, gracias a Dios, ¡Él me cambió! Y oro para que me siga cambiando, que nunca deje de cambiarme hasta que yo sea como Él—y eso no ocurrirá hasta que llegue al cielo.

Quiero tener todo lo que Dios quiera que tenga, y nada de lo que no quiera que tenga. Le pertenezco, y usted también. Dios es su hogar, y usted es su hogar. ¿Cómo pueden dos personas estar tan cerca una de la otra? 1 Juan 1:6 dice que el Espíritu Santo fue enviado por Jesús para que tuviera "comunión" con los creyentes. Atienda el llamado que está sonando en la puerta de su corazón y permita que el Espíritu Santo venga a su vida en toda su plenitud.

PREPÁRESE PARA OBEDECER

"Si me amáis, guardad mis mandamientos" (Juan 14:15).

La gente orgullosa no es accesible, abierta. Es sumamente cerrada, atada por la vanidad. Su sentido de orgullo no le permite ir más allá de sus propias opiniones, su propio camino. Encuentra casi imposible aprender algo de otro, porque su pedantería no le deja admitir que podría necesitar algo que no tiene o no conoce.

Para recibir el bautismo del Espíritu Santo, debe estar preparado para obedecerle, dejando de lado el estilo de vida autosuficiente. Esto es muy difícil de hacer para una persona orgullosa. La obediencia requiere la disposición a negarse a sí mismo.

Puedo recordar muy claramente cómo, después que recibí el bautismo del Espíritu Santo, Él comenzó a tratar conmigo respecto a no guardar enojos, perdonar a personas que me habían ofendido o herido, y disculparme con los que yo había ofendido o herido. Él me pedía una obediencia definida. Y por cierto, yo no estaba dispuesta; no podía imaginar que debiera tener que pedir disculpas. En aquella época, fuera lo que fuese que sucediera en mi vida, siempre pensaba que la culpa era de los demás.

Sentía como si mi carne estuviera gritando contra esas órdenes del Espíritu Santo. Pero amaba tanto al Señor que quería complacerlo. Creo que finalmente llegué al punto en el que quería complacerlo más a Él que a mí misma.

Cuando usted pide el bautismo del Espíritu Santo debe estar preparado para cambiar, lo que siempre requiere nuevos niveles de obediencia. Dios puede llamarlo a hacer para Él algo especial, que requerirá obediencia. Mientras el Espíritu Santo lo dirige, puede que deba separarse de influencias que están envenenando su vida, o cambiar algunos patrones de conducta que no glorifican a Dios.

Una cosa es segura: mi vida cambió radicalmente luego de ese día de febrero de 1976. Antes de esa fecha, nunca había pensado realmente en obedecer a Dios. Iba a la iglesia los domingos, realizaba tareas en la iglesia y disfrutaba de actividades sociales en la iglesia. Pero no recuerdo haber sabido que Dios vivía dentro de mí por su Espíritu o que Él quería guiarme, dirigirme y manejar mi vida. Clamaba a Él cuando las cosas me iban mal, oraba algo cada día, leía un capítulo de la Biblia algunos días, y eso era todo. Hacía todo lo que sabía hacer, pero no entendía que el cristianismo no consiste en lo que yo pueda hacer, sino en lo que Jesús ya hizo.

No mostramos nuestro amor y gratitud por lo que Jesús ha hecho por nosotros yendo a la iglesia los domingos y haciendo lo que queremos el resto de la semana. Mostramos nuestro amor y gratitud caminando todos los días de la semana bajo la guía de su Espíritu que vive en nosotros.

Como Jesús nos dice en Juan 14:15, si realmente lo amamos obedeceremos sus mandamientos, así como Él obedeció las órdenes de su Padre.

Ya hemos visto cómo, inmediatamente después de que Jesús fue bautizado con el Espíritu Santo, fue llevado por el Espíritu al desierto para ser tentado por el diablo durante cuarenta días y noches. Seguramente no fue una experiencia agradable, y sin embargo, Jesús fue obediente. Confió en su Padre, sabiendo que al final eso obraría en su propio beneficio.

Al terminar los cuarenta días, Jesús comenzó su ministerio público, como vemos en Lucas 4:14: "Y Jesús volvió en el poder del Espíritu a Galilea, y se difundió su fama por toda la tierra de alrededor". Jesús no sólo tuvo que estar dispuesto a seguir al Espíritu Santo en los momentos de poder y fama, sino también en los difíciles, en los tiempos de prueba.

Siempre estamos dispuestos a seguir al Espíritu Santo cuando nos da sus bendiciones, pero se nos dificulta escucharlo cuando su dirección significa que no vamos a lograr lo que queremos.

Luego de su conversión y bautismo en el Espíritu Santo, Él le señaló a Pablo las dificultades por las que tendría que pasar (vea Hechos 9:15-16). Pablo atravesó muchas situaciones difíciles, pero también fue bendecido. Tuvo el privilegio de escribir gran parte del Nuevo Testamento por inspiración del Espíritu Santo. Tuvo experiencias espirituales tan tremendas que él mismo no las podía describir. Fue llevado al tercer cielo, vio visiones, y fue visitado por ángeles, además de muchas otras cosas maravillosas. Sí, fue bendecido—pero también tuvo que seguir la dirección del Espíritu, le pareciera conveniente o no, agradable o desagradable, a su favor o en su contra.

En Filipenses 4:11-12, Pablo escribió que había aprendido a contentarse en la escasez tanto como en la abundancia. En el versículo 13 declara que podía hacer todas las cosas por medio de Cristo, quien lo fortalecía. Pablo aprendió a descansar en la fortaleza de Dios que estaba en él. Era fortalecido en los buenos tiempos, para disfrutarlos y mantener una actitud correcta mientras duraban, y en los difíciles, para soportarlos y seguir manteniendo una actitud correcta a través de ellos.

Nuestra actitud es muy importante para el Señor. Revela mucho sobre nuestro carácter. Obedecer a Dios en tiempos difíciles ayuda a desarrollar el carácter de Dios en cada uno de nosotros. A menudo digo: "En muchas ocasiones, seremos llamados a hacer lo correcto aunque no sintamos hacerlo, y así será por mucho tiempo, antes de que lo correcto comience a fluir de nosotros".

No podemos hacer lo correcto sólo para obtener una recompensa o bendición. Hay que buscar la presencia de Dios, no sus regalos. Debemos hacer lo correcto porque es lo correcto, y porque amamos a Jesús y sabemos que nuestra obediencia lo honra a Él. El Espíritu Santo es enviado a vivir en nosotros para ayudarnos a buscarlo con corazón puro. Nos ha sido dado tanto para los momentos fáciles de la vida, como para los difíciles, y especialmente para éstos.

Por eso, hoy día mucha gente está siempre llorando y quejándose. Habla más de lo que no puede hacer que de lo que puede hacer. Se da por vencida fácilmente y no tiene suficiente determinación para llegar hasta el final.

Hace tiempo supe que Dios me dio su Espíritu para ayudarme a superar cualquier obstáculo que se interponga en el camino de su plan para mi vida, sea éste una persona, circunstancia, demonio, desilusión, frustración o desánimo.

¿Está listo para obedecer a Dios? Si es así, entonces lo está para recibir el bautismo del Espíritu Santo. Si usted tiene un corazón dispuesto, Dios le dará la plenitud de su Espíritu para capacitarlo para seguir en acción.

¡ES TIEMPO DE PEDIR Y CREER!

"Para que en Cristo Jesús la bendición de Abraham alcanzase a los gentiles, a fin de que por la fe recibiésemos la promesa del Espíritu" (Gálatas 3:14).

Si usted ha llegado hasta aquí, ya es tiempo de pedir. Recuerde: el Espíritu Santo es un caballero. Él lo llenará, pero sólo si lo invita a hacerlo. En Lucas 11:13, Jesús promete que Dios dará el Espíritu Santo a aquellos que se lo pidan. Y Santiago 4:2 nos dice que no tenemos porque no pedimos.

Acérquese humildemente y pida. Pida esperando recibir. No tenga doble ánimo. No permita que la duda llene su corazón. Pida con fe. Crea que recibe y lo recibirá. Dios no es hombre que pueda mentir (vea Números 23:19). Él es fiel para cumplir su Palabra, con cualquiera que dé ese paso de fe.

Gálatas 3:14 dice que recibimos la promesa del Espíritu por la fe. No se puede forzar a nadie a recibir un don; los regalos deben ser ofrecidos por el dador y recibidos por el destinatario. Dios le ofrece su Espíritu, y usted debe distenderse y recibirlo por fe. Puede ser que sienta algo, o puede que no.

NO ES CUESTIÓN DE SENTIMIENTOS

Yo tuve una experiencia definida al sentir al Espíritu derramarse en mí. A pesar de que, en ese tiempo, ignoraba que estaba siendo bautizada con el Espíritu Santo, sí sabía que Dios estaba haciendo algo maravilloso en mí.

Desde aquella época, he ministrado el bautismo en el Espíritu Santo a miles de personas y las he visto reaccionar de muchas formas, desde armar un alboroto hasta algo totalmente silencioso. He visto lágrimas, risas, brincos, caídas al suelo bajo el poder del Espíritu Santo, y casi todo lo que se pueda imaginar.

Muchas otras personas que recibieron el bautismo del Espíritu Santo a través de mi ministerio, me expresaron que no habían sentido nada. Más tarde, he frecuentado a algunas de ellas y descubrí que fueron dramáticamente cambiadas desde aquel mismo instante.

No basamos nuestra experiencia con Dios en los sentimientos, sino en la fe. No tenemos que experimentar excitación para recibir la llenura del Espíritu Santo. Si vemos el fruto del Espíritu en nuestras vidas (vea Gálatas 5:22-23), sabemos que lo hemos recibido.

Cuando usted sea lleno del Espíritu Santo, experimentará una cercanía e intimidad mayor con Dios. Notará una dirección más clara y definida del Espíritu en su vida. También experimentará de modo más directo la corrección divina. En otras palabras, Dios comenzará a meterse en sus asuntos. Sus asuntos serán los asuntos de Él, y los asuntos de Él serán sus asuntos.

Sentirá que tiene un socio permanentemente con usted, Alguien con el que puede hablar sobre *cualquier cosa*.

RECIBA EL BAUTISMO DEL ESPÍRITU SANTO

La Palabra de Dios enseña que, si bien alguna gente recibe el Espíritu Santo por imposición de manos, otras veces simplemente Él se derrama sobre la gente. Hechos 10:44 dice: "Mientras aún hablaba Pedro estas palabras, el Espíritu Santo cayó sobre todos los que oían el discurso". Los creyentes que habían ido con Pedro se quedaron maravillados porque presenciaron cómo el don gratuito del Espíritu Santo fue derramado sobre la multitud, y la escucharon hablar en lenguas desconocidas.

Usted puede pedirle a Dios que lo llene y lo bautice con el Espíritu Santo ahora mismo, ahí donde está, simplemente orando. Esta es una oración que puede usar.

Padre, en el nombre de Jesús, te pido que me bautices con el Espíritu Santo y la evidencia de hablar en lenguas. Dame valentía, como lo hiciste con los que fueron llenos el día de Pentecostés, y dame cualquier otro don espiritual que tú desees que tenga.

Ahora usted puede confirmar su fe diciendo en voz alta: "Creo que he recibido el bautismo del Espíritu Santo, y nunca seré la misma persona".

Si ha hecho esta oración, espere en Dios tranquilamente y crea que ha recibido lo que pidió. Si no cree que lo recibió, aunque se le haya dado, para usted será como si no lo tuviera. No puede usar algo que cree no tener. Debo reafirmar nuevamente la importancia de "tener fe" en lo que usted ha recibido, y no tomar una decisión basada en sus sentimientos.

Me parece que es mejor cerrar los ojos; eso lo ayudará a desconectarse de todo lo que pueda distraerlo. Ahora alce su voz a Dios. Siéntese tranquilo, relajado y espere en Él. No trate de hacer que ocurra algo; deje que sea Dios el que dirija. Recuerde que la gente "aguardó" en el aposento alto hasta que recibieron el poder de lo alto.

Dios lo ama y desea lo mejor para usted. Le sugiero que concentre su atención en lo que está pasando en su espíritu; sentirá un bullir de vida. Dios dijo que de nuestro interior fluirían ríos de agua viva (vea Juan 7:38). Sólo entréguese completamente al Señor y confíe en Él como nunca antes.

Mientras más audazmente ore, mejor. No tiene que tener miedo ni avergonzarse de nada. Usted pertenece a Dios. Él es su Padre que lo ha llenado con su Espíritu y ha prometido que nunca lo dejará ni lo desamparará.

No tenga prisa. Permita que Dios le ministre. Puede que haya en su corazón algo de lo que Él quiera hablarle, falta de perdón, o algún pecado del cual necesita arrepentirse. Cualquier cosa que Él le diga, ¡hágala!

Mientras siente ese bullir dentro de su espíritu, puede querer llorar o reír, o puede sentir una paz profunda, o un alivio como si se le quitara una carga de encima. ¡Se sentirá completamente bien!

No compare su experiencia con la de otra persona. Somos individuos únicos, y Dios nos ministra como tales. Sepa que Él conoce cuál es la manera más conveniente para usted. Si no habla en lenguas inmediatamente, no se desanime. Continúe creyendo y confesando que Dios lo ha llenado con su Espíritu Santo porque se lo pidió, y recibirá su lenguaje de oración.

Recuerde siempre estas maravillosas escrituras:

"Y yo os digo: Pedid, y se os dará; buscad, y hallaréis; llamad, y se os abrirá. Porque todo aquel que pide, recibe; y el que busca, halla; y al que llama, se le abrirá. ¿Qué padre de vosotros, si su hijo le pide pan, le dará una piedra? ¿o si pescado, en lugar de pescado, le dará una serpiente? ¿O si le pide un huevo, le dará un escorpión? Pues si vosotros, siendo malos, sabéis dar buenas dádivas a vuestros hijos, ¿cuánto más vuestro Padre celestial dará el Espíritu Santo a los que se lo pidan?" (Lucas 11:9-13).

¿Y AHORA QUÉ?

"Señor, ¿qué quieres que yo haga?" (Hechos 9:6).

Una vez que somos bautizados con el Espíritu Santo, ¿qué debemos hacer? Mucha gente comete el error de contarle a todo el mundo lo que le ha acontecido. Eso, claro está, es un deseo natural; probablemente se siente emocionado y quiere compartir su entusiasmo con otros. Pero no es lo más sabio; no todo el mundo se emocionará con usted, y no debe permitir que eso lo moleste.

En primer lugar, no todos van a entender su entusiasmo. En segundo, pueden sentirse amenazados si les da la impresión de que posee algo que ellos no tienen y que ahora deben intentar conseguir. Puede que a usted le parezca bien, pero el entusiasmo agresivo puede intimidar u ofender a otros. Si se siente dirigido por el Espíritu Santo a compartirlo con alguien, también puede darle una copia de este libro para que, así, pueda tener un entendimiento completo de esta provisión de Dios.

Mi esposo y yo cometimos muchos errores con amigos y parientes cuando recibimos el bautismo del Espíritu Santo. Para ser honesta, nos tomó años, en algunos casos, recuperar las relaciones que perdimos. Claro está, la culpa no fue totalmente nuestra, pero si hubiéramos sido lo bastante sabios como para manejar el tema de una manera diferente desde el principio, las cosas habrían salido mejor.

A veces, es mejor decir menos y mostrar más. Simplemente espere y deje que la gente vea sus cambios, y luego le preguntarán qué le ha pasado. Cuando lo hagan, sus corazones estarán abiertos para recibir. Eso es mucho mejor que hacerles sentir que está tratando de forzarlos a oír algo que no quieren.

Frecuentemente los cristianos predicamos mucho, pero deberíamos hacer como los escolares en "Muestre y Explique". Durante esta actividad, presentan algo en especial y luego comentan acerca del mismo; no hablan sin mostrar nada. La prueba en vivo es siempre mejor que las palabras vacías.

Como he dicho, fui bautizada con el Espíritu Santo un viernes por la tarde. Dave y yo íbamos a bolear en una liga cada viernes, y obviamente, debo haberme comportado de modo diferente esa tarde, aunque no conscientemente. No comprendía aún lo que me había ocurrido, así que evité comentarlo con alguien. En el transcurso de la tarde, uno de los amigos con los que jugábamos habitualmente, me miró y dijo: "Meyer, ¿qué te pasa hoy? Parece que estuvieras en las nubes".

De hecho, me sentía embriagada por el amor de Dios. Quiero decir que estaba tan llena de Dios que afectaba mi comportamiento. Me sentía en completa paz. Nada me molestaba. En realidad, todo me parecía maravilloso.

Con el transcurso de las semanas, los compañeros del trabajo comenzaron a preguntarme qué me sucedía. Después de que varios me hicieran la misma pregunta, comencé a darme cuenta de que se estaba notando lo que Dios había hecho en mí.

Para entonces, Dios me había guiado a leer algunos libros y escuchar algunos testimonios que me permitieron ver que lo que me había sucedido, ya les había pasado a otras personas, y que eso tenía un nombre. Supe que había recibido el bautismo del Espíritu Santo. En la década de los setenta hubo un derramamiento del Espíritu Santo en todo el mundo. Gente de cada denominación recibió el Espíritu Santo y habló en lenguas. De hecho, varios de mi iglesia ya lo habían recibido, y Dios me dirigió hacia ellos para compartir y obtener estímulo.

Me pareció verdaderamente asombroso cómo Dios me guió después de aquel viernes de 1976, día en que recibí su toque especial mientras iba en mi automóvil. Por ejemplo, nunca había escuchado la radio mientras conducía de mi casa al trabajo, pero de repente sentí la urgencia de encenderla. La estación que apareció, "por coincidencia", estaba poniendo en el aire, "por coincidencia", testimonios de personas que compartían sus experiencias acerca del bautismo o la llenura del Espíritu Santo en sus vidas. Testimonios que me ayudaron a confiar en lo que Dios había hecho en mí.

Ahora sé que esto no fue una coincidencia, sino algo ordenado y dispuesto por Dios. Tan pronto como le entregué mi vida, Él tomó el control. Comencé a ver que me acontecían cosas maravillosas, que aumentaron mi fe y me emocionaron, como lo de hacerme prender la radio para que pudiera escuchar lo que me hacía falta en ese momento tan particular.

Encontré que, mientras me preguntaban qué me sucedía porque se daban cuenta de que había cambiado, estaban más propensos a escuchar, ya que ellos mismos habían traído el asunto a colación.

Cuando la gente está ávida de más de Dios en su vida, desea escuchar lo que Dios ha hecho en la vida de otro. Si no tienen hambre, es inútil tratar de alimentarlos a la fuerza; porque escupen cualquier cosa que les demos.

Así que sea paciente, y Dios le abrirá puertas para que pueda compartir su fe y entusiasmo. Comenzará a darle "conexiones divinas": lo conectará con gente que ha tenido la misma experiencia y ha pasado por lo mismo que usted. Encontrará una comunión rica y maravillosa que es diferente a cualquier otra amistad que haya tenido. De hecho, cuando conozca a otro creyente que fue bautizado con el Espíritu Santo, será como encontrarse con un familiar a quien no conoce. Al instante, se sentirán unidos de una manera especial. Es una conexión espiritual que la mente natural no siempre puede comprender.

Consiga algunos buenos libros sobre el tema del Espíritu Santo y aprenda más sobre el bautismo del Espíritu Santo y cómo él ha cambiado las vidas de otras personas. Mientras más lea, mejor. Busque estos versículos y estúdielos: Hechos 1:8; Hechos 2:1-18; Hechos 8:12-17; Hechos 10:42-48; Hechos 19:1-16.

Indague en las Sagradas Escrituras, y busque todas las referencias que he compartido en este libro. Ore para que Dios lo dirija al lugar en donde Él quiere que esté. Si tiene oportunidad, vaya a un estudio bíblico o un servicio en el que sienta la presencia del Espíritu. Venga a una de nuestras conferencias, si estamos en su área, o tome unas vacaciones y lléguese a donde vayamos a tener una conferencia ese mes.

Si usted todavía no se ha bautizado en agua después de creer en Jesús, le animo a que busque una iglesia en la que le enseñen sobre esta demostración de fe de acuerdo con las Escrituras. La importancia de ambos bautismos, en agua y del Espíritu Santo, se demuestra en los dos ejemplos siguientes.

El Señor envió a Felipe a encontrarse con el eunuco

etíope, quien estaba leyendo la profecía de Isaías que proclamaba la venida de un Salvador. Cuando Felipe le comunicó las buenas nuevas de que el Salvador ya había venido, y que era Jesús, el eunuco se puso tan contento que pidió ser bautizado en agua allí mismo.

En Hechos 8:37, Felipe dijo: "Si crees de todo corazón, bien puedes. Y respondiendo, dijo: Creo que Jesucristo es el Hijo de Dios". Así que fue bautizado inmediatamente.

Pero en cambio, los creyentes que estaban escuchando a Pedro y recibieron el bautismo del Espíritu Santo con la evidencia de hablar en lenguas, no habían sido bautizados previamente en agua. Así que Pedro preguntó: "¿Puede acaso alguno impedir el agua, para que no sean bautizados estos que han recibido el Espíritu Santo también como nosotros? Y mandó bautizarles en el nombre del Señor Jesús" (Hechos 10:47-48).

Dios tiene muchas cosas para enseñarle, bastantes como para demandar su atención hacia Él todos los días de su vida. Pero, permítame animarle nuevamente: sea paciente, y Dios le dirigirá. Aparte un tiempo especial para estar con Él cada día. Llegue a conocerlo cada vez mejor. Lea la Biblia; le resultará más fácil entenderla luego de haber recibido la plenitud del Espíritu Santo.

Usted se ha embarcado en un gran viaje. A veces hará progresos rápidos, y otras le parecerá que no hace ningún progreso. Pero todo producirá fruto, así que recuerde: *¡Sea paciente!*

Si ha recibido el bautismo del Espíritu Santo como resultado de leer este libro, por favor háganoslo saber. Queremos compartir su gozo y orar por usted mientras comienza su nueva jornada con Dios. Si tiene preguntas, estaremos encantados de asistirle de la manera en que podamos. Puede llamar o escribir a nuestras oficinas y alguien gustosamente le ayudará. Nuestro número telefónico y dirección están al final de este libro.

NIVEL DE INTIMIDAD
3

⤳

La gloria manifiesta de Dios

"Y si hijos, también herederos; herederos de Dios y coherederos con Cristo, si es que padecemos juntamente con él, para que juntamente con él seamos glorificados. Pues tengo por cierto que las aflicciones del tiempo presente no son comparables con la gloria venidera que en nosotros ha de manifestarse. Porque el anhelo ardiente de la creación es el aguardar la manifestación de los hijos de Dios".

—ROMANOS 8:17-19

10

"Sed llenos" del Espíritu Santo

~~~~~~~

"No os embriaguéis con vino, en lo cual hay
disolución; antes bien sed llenos del Espíritu" (Efesios 5:18).

Si usted ya tiene la llenura del Espíritu Santo o si ha
recibido el Espíritu Santo como resultado de leer este
libro, es importante que sepa que debe ser instruido
en la Palabra de Dios para "ser lleno" del Espíritu—es
decir, estar lleno todo el tiempo.

Para "ser lleno" del Espíritu, es necesario darle a Él
el primer lugar en su vida. Esto suele requerir disciplina, porque muchas otras cosas demandan nuestro
tiempo y atención. Hay algunas que queremos y necesitamos, pero ninguna es más importante que Dios.

El Espíritu Santo nunca se va; siempre viene para
quedarse. No cambia de dirección; una vez que toma
posesión, se establece y rehúsa irse. Pero es importante
que nos mantengamos activos en las cosas espirituales.
Cualquier cosa que esté caliente puede ponerse fría si
el fuego se extingue.

En una oportunidad, pasé por un periodo de seis meses durante el cual Dios me prohibió pedirle nada, excepto más de Él. Fue una gran disciplina acercarme a Él en un nivel de intimidad tan profundo como no había tenido antes. A veces, empezaba a decir: "Dios, necesito _____" y, luego, me detenía al recordar la instrucción que me había dado. Podía finalizar mi petición con "más de ti".

Durante ese tiempo, tuve deseos de comer pan de calabacín horneado en casa, pero no le dije nada a nadie. Por supuesto, estaba muy ocupada para hacerlo por mí misma. Sin embargo, al finalizar una reunión, una mujer me entregó una caja, diciendo: "El Señor puso en mi corazón darte esto".

Era una caja que, de acuerdo a la foto, contenía un utensilio para la cocina, y no podía imaginarme por qué Dios le habría dicho que tenía que entregármelo. Pero cuando abrí la caja, había adentro una hogaza de pan de calabacín recién horneada.

Con ese ejemplo, Dios me estaba enseñando que, si me deleitaba en Él, Él me daría los deseos y las peticiones secretas de mi corazón. Si Él era lo primero y principal en mi vida, se encargaría de proveerme las demás cosas que deseara, aun las más pequeñas, que podían parecer insignificantes pero eran significativas para mí (vea Salmo 37:4).

AVIVE EL DON

"Por lo cual te aconsejo que avives el fuego del don de Dios que está en ti por la imposición de mis manos" (1 Timoteo 1:6).

En los asuntos espirituales pueden suceder dos cosas: o seguimos tenazmente hacia el propósito o comenzamos a deslizarnos hacia atrás. Crecemos o empezamos a morir. No existe el cristianismo inactivo. No podemos dejar nuestra vida cristiana en suspenso, o en un congelador, hasta el próximo año. Es vital que sigamos avanzando. Es por eso que, en este pasaje, Pablo instruye a Timoteo para que avive el don que estaba en él por la imposición de manos de los ancianos durante su ordenación. Le indicó que soplara la llama y reavivara el fuego que una vez había ardido en él.

Evidentemente, Timoteo había empezado a deslizarse. Si juzgamos por 2 Timoteo 1:7, pudo haber caído en temor,[1] porque Pablo le escribió diciéndole: "Porque no nos ha dado Dios espíritu de cobardía, sino de poder, de amor y de dominio propio".

Cada vez que caemos en temor, comenzamos a estancarnos en lugar de seguir marchando. El temor nos paraliza, por así decirlo; impide la transformación.

Puede que Timoteo se haya sentido atemorizado por la extrema persecución a los cristianos de aquellos días, y tal vez, había perdido momentáneamente su audacia. Después de todo Pablo, su mentor, estaba en prisión. ¿Qué tal si a él le ocurría lo mismo?

Ciertamente, es fácil entender por qué Timoteo pudo

haber perdido su coraje y confianza. Aun así, Pablo lo exhorta firmemente para que se levante, vuelva a colocarse en su posición, recuerde el llamado de su vida, resista el temor, y recuerde que Dios no le ha dado "espíritu de cobardía, sino de poder, de amor y de dominio propio".

Eso es exactamente lo que obtenemos cuando recibimos la plenitud del Espíritu Santo: poder, amor y dominio propio. De acuerdo con Romanos 5:5, es el Espíritu Santo el que ha sido derramado en nuestros corazones. Él es el Espíritu de poder, el Espíritu de amor, y el Espíritu que nos mantiene con dominio propio.

Timoteo necesitó aliento y ánimo, y habrá momentos en que cada uno de nosotros también los necesitaremos. Probablemente Timoteo había estado pensando y hablando incorrectamente y, mientras más lo hacía, peor se sentía. Si queremos ser avivados por el Espíritu Santo, debemos tener cuidado con nuestros pensamientos y palabras.

TENGA UN CORAZÓN ALEGRE

"Hablando entre vosotros con salmos, con himnos y cánticos espirituales, cantando y alabando al Señor en vuestros corazones" (Efesios 5:19).

Me gusta aplicar esta escritura de dos maneras. Es importante saber qué tipo de "conversación" tengo conmigo mismo, y cómo me comunico con los demás.

Es fácil caer en la trampa de hablar de cosas negativas, problemas de la vida, todos nuestros desencantos, y temas por el estilo. Pero nada de eso nos ayuda a "estar llenos" del Espíritu. ¿Por qué? Porque el Espíritu Santo nunca es negativo. Su silencio en esos momentos, es la señal de que Él no está complacido con nuestra conversación.

Cuando siento que el Espíritu Santo se mueve en mí, siento que Él está complacido; cuando se retrae, sé que no lo está.

El Espíritu Santo es muy amante de la música "adecuada"—música que anima, levanta, es positiva y llena de gozo—, música que tiene un buen mensaje. En la última parte de Efesios 5:19, dice que tenemos que cantar y alabar al Señor en nuestro corazón. Literalmente, eso significa que pasemos el día con una canción en nuestro corazón. Podemos hacerlo sin tener que estar todo el día cantando en voz alta.

Cuando me siento alegre de corazón, me encuentro a mí misma silbando, tarareando o cantando suavemente durante el día. Una canción puede transformar una tarea desagradable en una agradable. Puede aliviar una carga de nuestra vida y alumbrar el día más oscuro. De hecho, es también un arma de guerra espiritual.

Satanás se opone al gozo y hará todo lo posible para impedir que lo tengamos. De acuerdo con Nehemías 8:10, el gozo del Señor es nuestra fortaleza. Satanás nos quiere ver débiles, pero la música aumenta nuestro gozo y, por consiguiente, nuestra fortaleza. Mientras más cantemos y alabemos en nuestros corazones, mejor nos sentiremos.

La Biblia está llena de poderosas escrituras que hacen referencia a la música, especialmente a la alabanza y adoración. Repetidamente dicen: "cantad un nuevo cántico al Señor".

Algunos han estado cantando la misma vieja y triste canción toda su vida. Necesitan una nueva, una alegre. Una nueva canción puede ser una que nadie haya escuchado jamás, una de admiración al Señor que nazca del corazón.

Escuche música. Aprenda las canciones que escucha, y luego abra su boca y cante. Puede que no sea un gran cantante, pero el Salmo 98:4 nos anima a que cantemos "alegres a Jehová". Ésa es una de las mejores maneras de avivar la llama del Espíritu Santo dentro de nosotros.

SEA SIEMPRE AGRADECIDO

"Dando siempre gracias por todo al Dios y Padre, en el nombre de nuestro Señor Jesucristo" (Efesios 5:20).

Junto con las escrituras que enseñan que "seamos llenos" del Espíritu Santo, encontramos esta instrucción de dar gracias en todo y por todo. Eso significa que tenemos que mantener una actitud de gratitud, sin importar cuáles sean nuestras circunstancias.

Para eso necesitamos del poder del Espíritu Santo porque, siendo humanos, es natural que nuestras emociones fluctúen según las circunstancias. Podemos ser tentados a actuar naturalmente, pero con el poder del Espíritu Santo siempre podremos hacerlo sobrenaturalmente. Ya tenemos lo "natural", pero el Espíritu Santo viene a nuestra vida para traer lo "sobre". Cuando añadimos su "sobre" a nuestro "natural", tenemos lo sobrenatural.

Si vamos a "estar llenos" del Espíritu Santo, debemos darnos cuenta de que Él siempre estará presto para ayudarnos con cualquier dificultad que sobrevenga. Usted y yo podemos hacer lo pertinente en cada situación si nos apropiamos del poder que mora en nosotros por su Espíritu. Es justo que seamos agradecidos, porque sin importar lo que esté sucediendo en nuestra vida ahora mismo, Dios sigue siendo bueno. Y si miramos nuestra vida completa, nos daremos cuenta de que tenemos muchos motivos para estar agradecidos.

Cuando los tiempos son duros, y nos desanimamos, es fácil que nos tornemos negativos y veamos con los ojos nublados por el problema actual. Pero todos hemos experimentado la fidelidad de Dios muchas veces en nuestra vida. El cuidado providencial de Dios es absolutamente asombroso.

Por ejemplo, ¿cuántas veces lo ha salvado de un serio accidente, de sufrir heridas o lo protegió del peligro? Caemos en el hábito de mirar las cosas negativas que nos suceden y quejarnos de ellas, pero ¿qué pasa con aquellas otras que nos hubieran pasado si Dios no hubiese intervenido? ¿No deberíamos estar extremadamente agradecidos por todos sus cuidados?

Ser agradecido nos ayuda a "estar llenos y ser estimulados" por el Espíritu Santo, como se nos ha dicho en Efesios 5:18. En ese versículo, somos animados a no embriagarnos con vino en lo cual hay disolución, sino a ser llenos del Espíritu Santo.

Piense lo que se siente al ser estimulado. El Diccionario General de la Lengua Española Vox define el verbo *estimular* como "EXCITAR vivamente [a uno] a la ejecución de una cosa, avivar [una actividad, función, etc.]".[2]

Cuando somos agradecidos, se aviva el Espíritu Santo en nosotros y, realmente, podemos sentir su gozo. Muchas veces, cuando estamos deprimidos o tristes es porque el Espíritu Santo ha sido contristado u ofendido por nuestra conducta. Cuando Él aprueba nuestras acciones, nos sentimos bien por dentro; cuando no aprueba algo, no experimentamos ese bienestar.

Cantar, hablar lo correcto con uno mismo, tener conversaciones adecuadas con los demás, pensamientos oportunos, una actitud agradecida—son todas cosas estimulantes que avivan al Espíritu Santo y nos ayudan a "estar llenos" de Él.

Algunas personas usan el alcohol como estimulante. Les ayuda a olvidar lo que les molesta y hace que se sientan bien—al menos hasta el día siguiente. Debemos darnos cuenta de la ironía del Espíritu Santo expresada en la Palabra de Dios: no se embriague con vino; usted no necesita eso como estimulante; en su lugar, "sea lleno" del Espíritu Santo. Ése es el único estimulante que necesitará.

ENERGÍA FÍSICA

"El da esfuerzo al cansado, y multiplica las fuerzas al que no tiene ningunas" (Isaías 40:29).

Ser llenos con el Espíritu Santo nos da también energía física.

Muchas veces he sido estimulada por el Espíritu Santo y pasé velozmente del extremo cansancio a sentir que podía correr por toda la ciudad. Esa es otra razón para mantenernos llenos: necesitamos toda la energía que podamos tener. Creo firmemente que la manera en que pensamos y hablamos nos puede agotar; y de la misma manera, la aplicación de los lineamientos bíblicos a nuestro diario vivir nos ayuda a sentirnos con energía.

Parece que la mayoría de la gente del mundo actual está cansada. Parte de su fatiga viene del exceso de ocupaciones, pero otra gran parte se debe a la manera en que viven—cómo piensan, hablan y actúan con otras personas.

El Espíritu Santo no nos va a dar energías para que seamos malos, odiosos, egoístas o egocéntricos.

EL ESPÍRITU DE AMOR

"Porque el amor de Dios ha sido derramado en nuestros corazones por el Espíritu Santo que nos fue dado" (Romanos 5:5).

Cuando el Espíritu Santo viene a vivir en nosotros, el amor viene a vivir en nosotros. Dios es amor (1 Juan 4:8), y cuando Él viene, el amor viene.

Primera de Juan 4:12 es una de mis escrituras favoritas. Me encanta leerla y tomarme tiempo para meditar en ella: "Nadie ha visto jamás a Dios. Si nos amamos unos a otros, Dios permanece en nosotros, y su amor se ha perfeccionado en nosotros".

Esta escritura me ayuda a entender cómo me sentí el día de mi bautismo en el Espíritu Santo, igual que si me hubieran llenado con amor líquido. En ese momento, una medida extra del amor de Dios fue derramada en mi corazón. Tuve que recibir ese amor para mí misma; luego, pude comenzar a correspondérselo a Dios; y, finalmente, pude empezar a dejarlo fluir de mí hacia los demás.

No podemos dar lo que no tenemos. Es inútil tratar de amar a alguien si nunca hemos recibido el amor de Dios. Debemos amarnos a nosotros mismos de una manera equilibrada, no egoísta o egocéntrica. Yo enseño que debemos amarnos a nosotros mismos, pero no estar "enamorados" de nosotros mismos.

En otras palabras, crea en el amor que Dios tiene por usted; sepa que es infinito e incondicional. Permita que su amor lo afirme y lo haga sentir seguro, pero no empiece a tener un concepto de usted mismo mayor del que debe tener (vea Romanos 12:3). Pienso que amarnos a nosotros mismos de una manera equilibrada, es lo que nos prepara para que a través nuestro el amor fluya hacia otros. Si no recibimos el amor de

Dios hacia nuestra persona de un modo apropiado, el tipo de sentimiento que podemos experimentar hacia los demás sería un amor humanista; pero, ciertamente, no podremos amar incondicionalmente a las personas, a menos que Dios induzca esa clase de amor.

Es el Espíritu Santo el que purifica nuestro corazón para que podamos permitir que el amor sincero de Dios fluya de nosotros hacia los demás, como se nos ha dicho en 1 Pedro 1:22: "Habiendo purificado vuestras almas por la obediencia a la verdad, mediante el Espíritu, para el amor fraternal no fingido, amaos unos a otros entrañablemente, de corazón puro". El fin del Espíritu Santo es transformarnos de modo tal que el amor sincero de Dios pueda fluir a través de nosotros. Esto nos ayuda a "ser llenos" del Espíritu Santo.

Caminar en amor es el objetivo principal del cristianismo. Ese debería ser el primordial motivo de nuestros esfuerzos. Se nos ha dicho en las Escrituras que mantengamos nuestro amor al rojo vivo. Tenemos que tener amor ferviente los unos por los otros. Jesús nos dejó el mandato que amarnos unos a otros como Él nos amó. Dijo que nos había dado un nuevo mandamiento, y que en ese mandamiento de amar a Dios y amarnos unos a otros se resumían todos los demás mandamientos (vea Juan 13:34; Mateo 22:37-40).

Cuando pienso lo que puedo hacer por mí misma o cómo puedo conseguir que otros me bendigan, estoy llena del "yo". Cuando pienso en otras personas y en cómo puedo bendecirlas, estoy llena del Espíritu Santo, que es el Espíritu de amor.

CONOCIDOS POR NUESTRO FRUTO

"Si yo hablase lenguas humanas y angélicas, y no tengo amor, vengo a ser como metal que resuena, o címbalo que retiñe. Y si tuviese profecía, y entendiese todos los misterios y toda ciencia, y si tuviese toda la fe, de tal manera que trasladase los montes, y no tengo amor, nada soy. Y si repartiese todos mis bienes para dar de comer a los pobres, y si entregase mi cuerpo para ser quemado, y no tengo amor, de nada me sirve" (1 Corintios 13:1-3).

El comienzo de 1 Corintios 13:1-3, es un discurso sobre el amor. Nos dice claramente que no importa cuántos dones del Espíritu podamos tener, si no operamos en amor, de nada sirven. Si hablamos en lenguas, pero no tenemos amor, sólo hacemos un gran ruido. Si tenemos poder profético, y poder para entender e interpretar secretos y misterios, si tenemos todo el conocimiento y tanta fe que movemos montañas, pero no tenemos amor, según al apóstol Pablo, no nos vale de nada. Aun si damos todo lo que tenemos para alimentar al pobre y hasta rendimos nuestras propias vidas, pero por motivos incorrectos y no por amor, nada obtenemos.

Estas escrituras no pueden ser ignoradas. El día en que Cristo recompense las obras que hicimos aquí en la tierra, habrá mucha gente desilusionada cuando descubra que perdió su recompensa porque sus motivos fueron impuros.

Dice 1 Pedro 1:22 que el amor proviene de un

corazón puro y ese afecto debe ser sincero. Y Romanos 12:9 nos recuerda que el amor debe ser sincero, algo real.

En 1 Corintios 12 el apóstol Pablo nos da una enseñanza profunda acerca de los dones del Espíritu Santo, y concluye en el versículo 31 diciendo: "Procurad, pues, los dones mejores. Mas yo os muestro un camino aún más excelente".

Después de que fui bautizada con el Espíritu Santo y comencé a tener comunión con otras personas que también lo habían sido, escuché que hablaban mucho sobre sus dones espirituales. Parecía que todo cuanto les importaba era saber cuál era su don y poder ejercerlo. Asistí a muchos seminarios y leí gran cantidad de libros sobre los dones del Espíritu Santo. Escuché mucho más de los dones que del fruto del Espíritu.

Hay nueve dones del Espíritu que se mencionan en 1 Corintios 12 y varios otros en Romanos 12. Hay nueve características del fruto del Espíritu que se mencionan en Gálatas 5. Los dones del Espíritu son extremadamente importantes, y como he dicho antes, debemos desearlos profundamente. Se nos instruye para que aprendamos acerca de ellos, no estemos mal informados, desarrollemos los dones que tenemos y aprendamos cómo emplearlos correctamente.

En 1 Corintios 12:4, Pablo les recordó a los corintios que hay mucha variedad de dones, pero todos vienen del mismo Espíritu Santo. Pienso que podemos interpretar eso como: "No te preocupes por los dones tanto que llegues a olvidarte del Dador de los dones".

Vamos a concentrarnos en el Espíritu Santo y a

confiar en que Él distribuirá sus dones a cada individuo de manera adecuada. Vamos a estar seguros de que los dones que tenemos sean bien balanceados con el fruto del Espíritu Santo.

En Mateo 7:16-18, Jesús dijo que por los frutos nos conocerían. No dijo que los cristianos serían reconocidos por sus dones. Hay personas que tienen un don que puede llevarlos a cualquier parte, pero no tienen el carácter necesario para mantenerse allí. Vemos a mucha gente con dones caer en pecado y perder su posición en la vida, porque nunca se preocuparon de desarrollar el fruto del Espíritu y el carácter santo.

Una mujer vino una vez a una de mis conferencias, y me compartió que nunca dejaba de pensar y hablar de sus problemas, aun cuando había sido enseñada de otra forma. Sabía lo que debía hacer, pero parecía no poder hacerlo. Le faltaba el poder para actuar porque siempre estaba pensando y hablando acerca de cosas que no debía. Conoció a varias mujeres que, como ella, también habían sido abusadas.

Mientras conversaban durante el almuerzo, escuchó que Dios les había dicho a todas que hicieran lo mismo que le dijo a ella, pero las otras habían obedecido y ella no. Las demás habían renovados sus mentes con la Palabra de Dios, mientras que ella seguía girando en torno a sus problemas al rehusar sacarlos de su mente y de lo profundo de su alma.

Lo que hay en nuestra mente sale por nuestra boca. Ella estaba en una prisión de donde no podía salir, porque rehusó obedecer a Dios y dejar de pensar y hablar de sus problemas. Alcanzamos metas por la manera en que pensamos y hablamos de ellas. Ella pudo haber buscado y alcanzado a Dios de esta forma; en cambio, buscó y logró tener más problemas que los que estaba tratando de vencer.

EL AMOR ES PRIMERO

Deje que la gente reconozca que usted es un cristiano por su actitud amorosa hacia ellos.

> "Digo, pues, por la gracia que me es dada, a cada cual que está entre vosotros, que no tenga más alto concepto de sí que el que debe tener, sino que piense de sí con cordura, conforme a la medida de fe que Dios repartió a cada uno. Porque de la manera que en un cuerpo tenemos muchos miembros, pero no todos los miembros tienen la misma función, así nosotros, siendo muchos, somos un cuerpo en Cristo, y todos miembros los unos de los otros. De manera que, teniendo diferentes dones, según la gracia que nos es dada, si el de profecía, úsese conforme a la medida de la fe" (Romanos 12:3-6).

La gente que tiene dones pero carece del fruto del Espíritu puede rápidamente convertirse en orgullosa. El orgullo es sumamente dañino. Es lo opuesto a la humildad, la cual es fruto del Espíritu Santo. El orgullo es una obra del diablo y debe evitarse a toda costa.

La carne tiene una tendencia natural hacia el orgullo, y por esa misma razón frecuentemente debemos recordarnos a nosotros mismos que cualquier cosa que hagamos, la hacemos por el poder y la bondad de Dios. Es Dios el que nos da los dones, y no podemos obtenerlos por nosotros mismos (vea Efesios 2:8-9; Santiago 1:17). Él no sólo nos da dones, también nos da la gracia para operar con ellos. Recuerde: gracia es el poder del Espíritu Santo disponible para usted y para mí, para hacer con facilidad lo que no podemos hacer con nuestras fuerzas.

Romanos 12:6 dice que tenemos que usar los dones de acuerdo con la medida de gracia que nos ha sido dada.

Dos personas pueden tener el don de enseñar; no obstante, uno puede ser más capaz que el otro para la enseñanza, porque tiene una mayor gracia de Dios para su llamado particular. Un pastor puede ser ungido por el Espíritu Santo para dirigir una iglesia de quinientas personas, mientras que otro pastor puede ser ungido y dársele gracia para dirigir una iglesia de cinco mil personas. ¿Por qué? Porque el Espíritu Santo reparte los dones como Él quiere y a quien Él quiere (vea 1 Corintios 12:11). Él tiene sus razones para hacer lo que hace, y no nos corresponde cuestionarlo. Tenemos que ser agradecidos con lo que Él nos ha dado y no dejar que el orgullo nos haga sentir celosos o envidiosos del don de otro. No podemos caminar en amor con alguien y, a la vez, estar celosos de esa persona.

Mi esposo habría podido estar celoso por el hecho de que Dios me dio el don de predicar, y a él no. Hace tiempo, Dave se dio cuenta de que no podría ser feliz si trataba de operar más allá de la gracia que había recibido. Si procuraba ser lo que yo soy, perdería su gozo. Dave está ungido para la administración y las finanzas, y su parte en nuestro ministerio es tan importante como la mía.

Si desea ser realmente feliz, haga lo que ha sido llamado a hacer (vea Romanos 12:6-8). No esté celoso de otros. No se compare con los demás. Evite el orgullo. Cuando permitimos que emociones negativas, como la vanidad, gobiernen nuestra vida, eso contrista al Espíritu Santo. La única respuesta a todas esas cosas es caminar en amor.

Debo decir que durante varios años me mantuve en una enseñanza que sobrevaloraba los dones del Espíritu Santo. Sólo cuando Él me confrontó con eso en mi corazón, comencé a tener una actitud más equilibrada. Él comenzó a tratar seriamente conmigo respecto al fruto del Espíritu y a caminar en amor. Cuanto más estudiaba sobre estos dos importantes aspectos del caminar cristiano, mejor pude apreciar que la Biblia habla más acerca de ellos que de los dones del Espíritu. Cuando comencé a concentrarme en el caminar en amor, empecé a sentir que podía "ser llena" del Espíritu Santo.

Cuando nos emocionamos por algo que está bien, el Espíritu Santo se emociona—sentimos su emoción en nosotros, y vigoriza nuestra vida de una manera como nadie más puede.

Los dones del Espíritu son importantes, pero no lo son tanto como el fruto del amor. En realidad, una persona con dones (talentos y habilidades), pero sin amor (el amor de Dios para otros) puede ser un grave problema.

Cuando digo estas cosas, de ninguna manera estoy menospreciando o quitándoles valor a los dones del Espíritu Santo. De hecho, estoy escribiendo este libro para animarle a que se abra a ellos. Pero es igualmente importante que comparta estas verdades de tal manera que no le cause un desequilibrio en su búsqueda de lo que Dios quiere que usted tenga.

Creo que el hablar en lenguas es muy importante, pero no tanto como el amor. Creo que las palabras de sabiduría y conocimiento son definitivamente importantes, pero no si son causa de que nos llenemos de orgullo por lo que sabemos. El amor es humilde y sencillo, no jactancioso ni arrogante.

Creo que los dones de fe, de sanidades y milagros son todos importantes. Pero 1 Corintios 13 dice claramente que si tenemos todas esas cosas y no tenemos amor, entonces no nos sirven de nada, y el cielo nos ve como alguien hueco a quien le gusta hacer ruido.

Creo que la interpretación de lenguas, profecía y discernimiento de espíritus son dones excelentes, pero no son tan importantes como el amor. Debemos amar primero y dejar que las demás cosas vengan por sí solas.

Pablo les dijo a los romanos que eran libres, pero si ejercitaban su libertad a costa de herir a alguien, no andaban en amor (vea Romanos 14:15). Todo, siempre, se reduce al amor; ésa debe ser la meta y el factor decisivo de todas nuestras acciones.

11

No contriste al Espíritu Santo

⁓

"Y no contristéis al Espíritu Santo de Dios..." (Efesios 4:30).

Esta escritura siempre me parecía muy sombría y seria. Sabía que no quería contristar al Espíritu Santo, pero no estaba segura de comprender exactamente qué debía hacer para evitarlo.

Generalmente podemos determinar cómo interpretar una escritura estudiando los versículos que están antes y después de ése en particular. Al leer los que rodean a Efesios 4:30, se ve claramente que una cosa que contrista al Espíritu Santo es que las personas se maltraten unas a otras.

Efesios 4:29 nos aconseja que estemos seguros de que las palabras que salen de nuestra boca sean para la edificación y el beneficio del crecimiento espiritual de otros. Efesios 4:31 nos exhorta a que no estemos llenos de amargura, enojo, ira, gritería y maledicencia, y de toda clase de malicia. El versículo 32 de ese capítulo, nos dice que seamos buenos y misericordiosos unos con otros, perdonándonos libre y prontamente, como Dios nos ha perdonado en Cristo.

EL ESPÍRITU SANTO Y EL CAMINAR EN AMOR ESTÁN ENLAZADOS

"Y andad en amor, como también Cristo nos amó, y se entregó a sí mismo por nosotros, ofrenda y sacrificio a Dios en olor fragante" (Efesios 5:2).

De ésta y otras escrituras similares aprendemos que el caminar en amor y el Espíritu Santo están directamente relacionados. Es "porque el amor de Dios ha sido derramado en nuestros corazones por el Espíritu Santo que nos fue dado" (Romanos 5:5). Es Él quien nos enseña y redarguye de alguna conducta inapropiada cuando maltratamos a otros. Es Él quien trabaja en nosotros para darnos un corazón tierno.

No es la voluntad de Dios que seamos duros de corazón, como dice en Ezequiel 11:19: "Y les daré un corazón, y un espíritu nuevo pondré dentro de ellos; y quitaré el corazón de piedra de en medio de su carne, y les daré un corazón de carne".

Yo tenía un corazón duro, porque había sido abusada cuando niña y abandonada por mi primer esposo. Parecía que, toda mi vida, la gente tomaba ventaja de mí y me usaba para sus propósitos egoístas. Mi respuesta fue ser una persona de corazón duro, para bloquear cualquier emoción dolorosa adicional.

Una vez que nuestro corazón se endurece, es casi imposible cambiarlo por propia decisión. Ese tipo de cambio requiere una obra sobrenatural del Espíritu Santo. Él es el Único que puede llegar a lo profundo de nuestra alma y sanar las heridas que hay allí. Sólo Él puede restaurarnos a la condición que teníamos antes de ser heridos.

Nunca se permita mantener endurecido su corazón. Es imposible caminar en amor con otros, si no se es sensible a sus necesidades. Ore para que Dios ablande su corazón y le dé una conciencia sensible, una que responda a su toque. Pídale que le permita sentir lo que Él siente y que forme su carácter en usted.

Comencé a tomar en serio ese tipo de conducta al darme cuenta de que contristaba al Espíritu Santo cuando yo era cortante u odiosa con alguien, o cuando permanecía enojada con otro. Yo amaba a Dios y, ciertamente, no quería contristar su Espíritu.

Cuando usted y yo contristamos al Espíritu Santo, también nos sentimos entristecidos. Aun cuando no comprendemos qué nos sucede, sabemos que nos sentimos tristes o deprimidos o que algo no está bien.

He llegado a creer que gran parte de la tristeza, depresión y pesadumbre que experimentamos, tiene mucho que ver con nuestra conducta hacia otras personas. Gálatas 6:7 dice que lo que usted y yo sembremos, eso cosecharemos. Si sembramos palabras y acciones que entristecen a otros, cosecharemos tristeza. Pero si sembramos alegría en sus vidas, cosecharemos alegría en nuestra propia vida.

De hecho, he encontrado el secreto para estar feliz todo el tiempo: caminar en amor.

"¿POR QUÉ NO SIENTO LA
PRESENCIA DE DIOS?"

"Pedid, y se os dará; buscad, y hallaréis; llamad, y se os abrirá" (Mateo 7:7).

A través de los años en el ministerio, era frecuente que me preguntaran: "¿Por qué no siento la presencia de Dios?". En ciertos momentos, me he hecho la misma pregunta.

Por la Escritura, sabemos que el Espíritu Santo no sale corriendo y nos deja cada vez que hacemos algo que a Él le desagrada (vea Hebreos 13:5). De hecho, Él está comprometido a estar con nosotros y ayudarnos a trabajar con nuestros problemas, de modo que no va abandonarnos en medio de ellos sin ninguna ayuda.

No, el Espíritu Santo nunca nos deja, pero algunas veces se "esconde". Me gusta decir que en ocasiones Dios juega "a las escondidas" con sus hijos. A veces, Él se esconde de nosotros hasta que, cuando lo echamos mucho de menos, comenzamos a buscarlo. Repetidamente nos dice en su Palabra que lo busquemos; que busquemos su rostro, su voluntad, su propósito para nuestra vida, y mucho más. Y se nos ha dicho que lo busquemos temprano, con ahínco y diligentemente (vea Proverbios 8:17, Hebreos 11:6). Si no lo hacemos, viviremos una vida de desilusiones.

Buscar a Dios es el centro de nuestro caminar con Él; es vital para nuestro progreso espiritual. Como evidencia de esa verdad, considere estas escrituras, comenzando con una que estudiamos antes:

"Una cosa he demandado a Jehová, ésta buscaré; que esté yo en la casa de Jehová todos los días de mi vida, para contemplar la hermosura de Jehová, y para inquirir en su templo" (Salmo 27:4).

"Y tú, Salomón, hijo mío, reconoce al Dios de tu padre, y sírvele con corazón perfecto y con ánimo voluntario; porque Jehová escudriña los corazones de todos, y entiende todo intento de los pensamientos. Si tú le buscares, lo hallarás; mas si lo dejares, él te desechará para siempre" (2 Crónicas 28:9).

"Gócense y alégrense en ti todos los que te buscan, y digan siempre los que aman tu salvación: Jehová sea enaltecido" (Salmo 40:16).

"Los hombres malos no entienden el juicio; mas los que buscan a Jehová entienden todas las cosas" (Proverbios 28:5).

"Buscad a Jehová mientras puede ser hallado, llamadle en tanto que está cercano" (Isaías 55:6).

"Andaré y volveré a mi lugar, hasta que reconozcan su pecado y busquen mi rostro. En su angustia me buscarán" (Oseas 5:15).

"Pero sin fe es imposible agradar a Dios; porque es necesario que el que se acerca a Dios crea que le hay, y que es galardonador de los que le buscan" (Hebreos 11:6).

La Biblia está llena de escrituras que nos animan a buscar a Dios. Pero, ¿qué significa exactamente buscar a Dios? El *Vine Diccionario Expositivo de Palabras del Antiguo y del Nuevo Testamento Exhaustivo* comparte algunas maravillosas acepciones de esta palabra aplicada a nuestra relación con Dios. Dice que "'buscar' es, metafóricamente, tratar, pensando, de buscar cómo hacer algo, o qué obtener".[1]

Necesitamos pensar mucho en Dios. Debemos pensar en su Palabra, sus caminos, lo que ha hecho por nosotros, cuán bueno es, cuánto le amamos, y mucho más. Terminaremos hablando de aquello en que pensemos, y Dios es uno de los mejores temas de que podemos hablar. Él es la Respuesta a todos los dilemas que enfrentamos en la vida. Así que, ¿por qué hablar todo el tiempo sobre el problema, cuando podemos hablar sobre la Respuesta?

Malaquías 3:16 nos dice que Dios registra las conversaciones de quienes hablan de Él y piensan en su nombre: "Entonces los que temían a Jehová hablaron cada uno a su compañero; y Jehová escuchó y oyó, y fue escrito libro de memoria delante de él para los que temen a Jehová, y para los que piensan en su nombre".

Otra manera en que buscamos al Señor, de acuerdo con Vine, es por nuestros deseos.[2] Nuestros deseos dicen mucho de nosotros; aclaran lo que realmente queremos.

Dios desea ser el primero en nuestra vida. Es un Dios celoso, y aunque quiere bendecirnos con cosas, siempre debemos desearlo a Él más que a nada (vea

Éxodo 34:14). Debemos tener cuidado de no caer en la trampa de usar a Dios para obtener las cosas que deseamos.

En el Antiguo Testamento, David fue amado y honrado por Dios, aunque cometió serios errores en su vida. Como vemos en el Salmo 27:4, él reveló que su principal deseo y objetivo era estar en la presencia de Dios y contemplar su hermosura todos los días de su vida.

Esta escritura cobró especial importancia para mí en la etapa en que Dios me estuvo ayudando a realizar la transición de buscarlo, no por lo que Él podía hacer por mí, sino por lo que es.

Creo que todos, como creyentes nuevos, comenzamos nuestra relación con Dios más bien por necesidad. Él establece su relación con nosotros como el Padre amoroso que siempre está dispuesto a satisfacer nuestras necesidades, y a hacer por nosotros lo que no podemos hacer por nosotros mismos. Eso es bueno y saludable en un principio, pero siempre llega el momento en que debemos hacer una transición. Debemos dejar esos rudimentos e ir en pos de la madurez.

Cuando los niños están creciendo, los padres se complacen en cuidarlos. Pero llega el día cuando los padres desean que sus hijos también hagan cosas por sí mismos.

Mi esposo y yo tenemos cuatro hijos adultos. Cuando eran pequeños, dispusimos todo nuestro tiempo para cuidarlos. Por supuesto, todavía hacemos cosas por ellos y los ayudaremos mientras podamos, pero le puedo decir por experiencia que también deseo que ellos hagan algunas cosas por mí. Deseo que vengan a visitarme o que me llamen sólo porque me aman, no porque necesiten o quieran algo. En otras palabras, quiero que deseen mi persona—no lo que les pueda dar o pueda hacer por ellos.

El Espíritu Santo se contrista cuando no buscamos a Dios o cuando lo buscamos por la razón equivocada, con el solo motivo de obtener algo de Él. Buscar a Dios es importante para nosotros. Cuando no lo hacemos, a menudo Él se esconde de nosotros, esperando que eso nos anime a buscarlo.

Cuando finalmente hice la transición y comencé a buscar a Dios regularmente, empecé a poder disfrutar de su presencia casi siempre. Antes parecía que siempre me estaba preguntando por qué no podía sentir la presencia de Dios como otros la percibían.

Cuando buscamos a Dios regularmente eso lo complace, y cuando Él está complacido, sentimos placer porque su Espíritu está en nosotros. Si Él está contristado, nosotros nos sentimos entristecidos.

Si siempre se siente deprimido o triste, esta lección le puede ayudar a descubrir la causa de su frecuente depresión y tristeza.

LA DESOBEDIENCIA CONTRISTA AL ESPÍRITU SANTO

"Anteriormente, yo era un blasfemo, un perseguidor y un insolente; pero Dios tuvo misericordia de mí porque yo era un incrédulo y actuaba con ignorancia" (1 Timoteo 1:13, NVI).

Toda desobediencia es pecado, y el pecado contrista al Espíritu Santo. La desobediencia contrista especialmente al Espíritu Santo cuando se hace a sabiendas. Hay momentos de nuestra vida en que desobedecemos a Dios porque ignoramos sus mandamientos, y hay otros en los que desobedecemos sabiendo que nuestra conducta va en contra de sus mandamientos.

En un tiempo, el apóstol Pablo persiguió celosamente a los cristianos, pero lo hizo pensando que estaba haciendo algo a favor de Dios. Él era un hombre sumamente religioso que creía que los cristianos eran malos. Como vimos anteriormente, el Señor lo enfrentó y él se convirtió inmediatamente, y luego fue bautizado con el Espíritu Santo. Más tarde, Pablo declara que él recibió la misericordia de Dios porque había actuado bajo ignorancia.

Cualquiera que desee tener una vida llena de paz y gozo debe decidirse a vivir obedeciendo a Dios. *La desobediencia es la raíz de toda infelicidad.*

El escritor del libro de Eclesiastés lo dice bien en el capítulo 12, versículo 13: "El fin de todo el discurso oído es este: Teme a Dios, y guarda sus mandamientos; porque esto es el todo del hombre".

El hombre que escribió este libro, literalmente había intentado todo para ser feliz. Tuvo mucha riqueza, poder y muchas mujeres. No se abstuvo de ningún placer mundano. Cuanto sus ojos deseaban, lo tomaba. Comía, bebía y se divertía. Tenía tremendo conocimiento, sabiduría y respeto, aunque aborrecía la vida.

Todo comenzó a parecerle vacío. Trató de descifrar qué significado tenía la vida y se confundió más cada vez.

Finalmente, comprendió la raíz de su problema: no había estado obedeciendo los mandamientos de Dios. No era feliz por esa causa, y declaró que el fundamento para toda felicidad es la obediencia.

Hay muchísimos individuos que caminan tristes y afligidos, echando la culpa de su infelicidad a otra gente y a las circunstancias, sin darse cuenta de que la razón de su insatisfacción es su desobediencia a Dios. La verdad hace libre a la gente, pero para que produzca ese efecto, se la debe enfrentar y aceptar.

Una de las formas en que desobedecemos a Dios, es rebelándonos contra las figuras de autoridad que Dios ha puesto en nuestra vida. Pueden ser nuestros padres, nuestro cónyuge, un jefe, un maestro, un líder espiritual, el gobierno o el dueño de la tienda donde compramos. De hecho, diariamente somos enfrentados con la autoridad. Dios dice que nos sometamos de buena gana a las autoridades que están sobre nosotros, aunque el mundo de hoy está lleno del espíritu de rebelión.

Yo era una persona rebelde, en parte porque había sido abusada por una figura de autoridad en mi vida, pero también porque caminaba en la carne. Después de que fui llena del Espíritu Santo, Él comenzó a hablar conmigo sobre mi actitud rebelde, especialmente hacia mi esposo.

Recuerdo que mientras oraba una mañana para que mi ministerio creciera, el Señor me dijo: "Joyce, no puedo hacer nada más en tu ministerio hasta que tú obedezcas lo que te he dicho respecto a tu actitud hacia tu esposo". En ese tiempo yo era irrespetuosa, porfiada y me enfurecía rápidamente si las cosas no se hacían como quería.

Mi carne sufría, pero mediante el poder del Espíritu Santo pude finalmente someterme a Dios al someterme a Dave. La sumisión no significa que no podamos tener nuestras opiniones o que permitamos que la gente abuse de nosotros, sino que las cosas no se harán siempre a nuestra manera. Significa que tendremos que guardarnos nuestras opiniones, y tener una actitud sumisa cuando se nos pida hacer cosas que preferiríamos no hacer.

Mientras estoy escribiendo este libro, me he encontrado precisamente en una situación como la que relato. Dave desea que lo acompañe a una reunión que tendrá en los próximos días, a la cual realmente no quiero ir porque creo que él puede arreglárselas solo. Le he mencionado todas las demás cosas que tengo que hacer, pero él siente que sería un gran ejemplo para otros que yo estuviera. Aunque he discrepado amablemente, decidí someterme a su petición. Créanme que esto es un gran cambio respecto a cómo hubiera manejado la situación años atrás. Mi rebelión hubiera contristado al Espíritu Santo, pero mi obediencia le place a Él.

OBEDIENCIA A DIOS EN LAS RELACIONES

"Y no contristéis al Espíritu Santo de Dios, con el cual fuisteis sellados para el día de la redención" (Efesios 4:30).

Como hemos visto, el cuidadoso examen hecho de Efesios 4:30 y de las escrituras adyacentes, que nos enseñan a no contristar al Espíritu Santo, revela que para Dios es importante la manera en que nos relacionamos con otras personas.

Muchas veces, desarrollamos el hábito de maltratar a los que están cerca de nosotros cuando no nos sentimos bien, o hemos tenido un mal día en el trabajo, o hemos sufrido alguna desilusión, o cosas por el estilo. Pero tenemos que tratar a los demás con respeto todo el tiempo, no sólo cuando lo sentimos.

Yo misma me preguntaba por qué actuaba tan mal con mi esposo o los niños, pero no con otras personas. El Espíritu Santo me mostró rápidamente que controlaba mis emociones y actitudes negativas cuando estaba entre la gente, para impresionar. Pero cuando estaba con mi propia familia, aquellos con quienes tenía ya una relación, era libre para revelar claramente mis flaquezas de carácter e inmadurez espiritual. Yo misma estaba convencida de que no podía evitar ponerme furiosa, gruñona, o difícil de llevar, no podía disciplinarme a mí misma. Me sentía tan frustrada que parecía que en cualquier momento iba a explotar con alguien.

La mayor parte del tiempo, cuando me enojaba con Dave o alguno de mis hijos por algún asunto pequeño o insignificante, lo que me molestaba no era realmente el asunto en particular, sino algo no resuelto dentro de mí. Me irritaba por la escasez financiera, por el tránsito intenso cuando manejaba, porque tenía dolor de cabeza, o si era corregida en el trabajo. No importaba realmente lo que fuera; la verdad es que yo era una persona irritable y difícil de sobrellevar. Era una persona porfiada, no una pacificadora—¡y era desobediente!

Las relaciones son uno de nuestros bienes más importantes, y Dios desea que las valoremos. Cuando valoramos algo, lo tratamos con mucho cuidado. Somos cuidadosos al manejarlo. Incluso nos esmeramos en asegurarnos de que esté protegido de cualquier peligro. Ciertamente, no le haríamos daño si le demostraríamos indiferencia.

¿Ha dañado alguna relación por sus propias acciones desconsideradas e insensibles? Estoy segura de que todos contestaríamos afirmativamente a esa pregunta, pero parte de las buenas nuevas del Evangelio, es que podemos cambiar por medio del poder de Dios que está en nosotros.

Si tenemos una posesión que es extremadamente valiosa para nosotros, una que admiramos y apreciamos, nos afligiríamos mucho si vemos a otra persona llevándola de un lado para otro sin ningún cuidado, dejándola a la intemperie o usándola sin ninguna precaución para evitar que se dañe.

Dios siente por sus posesiones lo mismo que nosotros por las nuestras. La gente le pertenece a Dios. Es su creación, y Él se entristece cuando ve que se la maltrata. Cuando Dios se contrista, su Espíritu se contrista. Y como ese mismo Espíritu habita en todos los creyentes, naturalmente todos los que son maltratados también se sienten contristados.

Dios es un Patrón que tiene misiones para asignar a cada individuo, con Igualdad de Oportunidades. No todo el mundo comparte el *mismo* llamado en su vida, pero todo el mundo tiene la misma herencia. Cada persona nacida de nuevo es un heredero de Dios y coheredero con Cristo. Cada individuo tiene derecho a recibir paz, justicia y gozo. Cada individuo tiene derecho a que sus necesidades sean satisfechas, a ser usado por Dios y a ver fluir la unción a través de él.

Cada uno tiene igual oportunidad de ver el fruto de su ministerio, pero cuánto fruto va a ver dependerá mucho de su disposición para amar a otros. Dios me dijo hace mucho tiempo: "Una de las principales razones por la que la gente no camina en amor, es porque requiere esfuerzo. Cada vez que caminan en amor, les cuesta algo".

El amor requiere que nos privemos de decir algunas cosas que nos gustaría decir. También demanda que nos reprimamos de hacer otras que nos gustaría hacer, y dar algunas cosas que querríamos conservar.

Cuando Dios comenzó a tratar conmigo acerca de amar a la gente, primero me mostró cómo el rey David no estuvo dispuesto a ofrecerle a Él algo que no le hubiera costado nada (vea 2 Samuel 24:24). Yo había dado algunas de mis ropas viejas a unas mujeres que trabajaron conmigo, pero Dios me mostró que debía dar pertenencias que me importaran. Recuerdo que había comprado un traje rojo precioso, de un talle más grande que el que usaba, pero era nuevo. Conseguí los aretes que hacían juego perfecto con el traje y los puse a su lado para alguna ocasión especial.

El traje había estado colgado en mi guardarropa por algún tiempo, cuando un día el Señor puso en mi corazón que se lo diera a una mujer que trabajaba para nosotros. Vacilé. "Pero Señor, ¡si todavía no lo he estrenado!". El impulso dentro de mí se intensificó más, así que añadí: "Y además, tengo los aretes que combinan perfectamente con él".

Así que el Señor me dijo: "Joyce, yo iba a dejarte los aretes, pero como significan para ti más de lo que deberían, quiero que también se los des".

He aprendido que amar es darle a alguien un tiempo en lugar de tomarlo para ti. Es tener que llevar a alguien a algún lugar cuando no querrías ir—tener que salir de tu ruta para llevarlos aunque no tengas ganas de hacerlo.

El amor te dirá que perdones a alguien cuando no lo merece. Perdonar es mejor que guardar rencor; la falta de perdón es como tomar tú el veneno y esperar que muera tu enemigo. Sin duda alguna, el amor requiere esfuerzo. El amor te costará algo. Muchos, nunca ven fruto en lo que hacen porque no están dispuestos a pagar el precio y amar a la gente. Una vez que aprendí estas cosas, comencé a ser más cuidadosa en la forma como trataba a las personas. Amo a Dios y ciertamente no quiero contristarle. Darme cuenta de que mi manera de tratar a veces a la gente lo contristaba, hizo cambiar mi conducta.

Juan 16:8 nos dice que el Espíritu Santo tiene el trabajo de convencernos de pecado y de justicia, lo cual significa tener rectitud de corazón y la posición correcta en Dios. Él siempre me convence rápidamente cuando actúo con aspereza, muestro falta de respeto, uso palabras que hieren a otros en lugar de ayudarlos, pienso mal de alguno, juzgo mal a otro o soy impaciente.

Dios desea que seamos con los demás, de la misma manera que Él es con nosotros. Él es misericordioso, amable, paciente, tierno, compasivo, alentador y muchas otras cosas buenas. Por consiguiente, vamos a vivir ante el Señor con una conciencia limpia, evitando toda ofensa hacia Dios y hacia los hombres. Eso es lo que el apóstol Pablo decía que tuvo que luchar por hacer (vea Hechos 24:16). Oremos por una conciencia sensible, que esté pronta a convencernos de nuestra conducta impropia hacia otra persona, especialmente un hijo de Dios. Podemos aprender mucho de lo que complace o contrista a Dios, simplemente observando lo que nos complace o contrista.

Una de las maneras en que honramos a Dios es honrando a su gente. Me puedo identificar con eso, porque sé cómo me gusta cuando la gente honra a mis hijos sólo porque son mis hijos. En nuestro ministerio, espero que nuestros empleados honren a nuestros hijos de la misma manera en que nos honran a Dave o a mí.

Recuerdo una vez, cuando un empleado fue muy rudo con uno de mis hijos, que por entonces tenía quince años. Ese empleado se impacientó con nuestro hijo y le estaba hablando en un tono de enojo. Esto me ofendió, porque esperaba que mi hijo fuera tratado con respeto.

Tal vez se preguntará si mi hijo había hecho algo para merecer el trato que recibió. La respuesta es que sí, seguramente lo hizo. Sin embargo, no le correspondía a ese empleado hablarle como lo hizo. No me habría importado si lo hubiera corregido de manera amorosa, con el tono de voz y expresión facial apropiados; pero me disgustó mucho la actitud de enojo e impaciencia mostrada por él hacia mi hijo. De la misma manera, nosotros como creyentes todos somos propiedad de Dios. Como tal, Él se comprometió a cuidarnos y no le agrada cuando somos maltratados.

En Mateo 18:6 Jesús mismo dijo que sería mejor para una persona amarrarse una rueda de molino en su cuello y echarse al mar, que herir a "alguno de estos pequeños". El ejemplo que se menciona, es el de un niño pequeño, pero creo que también puede aplicarse a un hijo de Dios.

Tome la decisión de hablar bien a la gente. Hábleles en un tono de voz amable, no brusco. Piense cosas buenas de ellos. Muéstreles respeto. No sea rudo. Si usted ha tenido un mal día o no se siente bien, no la tome con otras personas. Tenga en cuenta el valor que tiene cada ser humano. Sea igual a Dios: no haga acepción de personas; eso significa que no debe ser parcial (vea Hechos 10:34). Haga todo lo que pueda para evitar contristar al Espíritu Santo en esas áreas.

12

No apague al Espíritu Santo

~~~

"No apaguéis al Espíritu" (1 Tesalonicenses 5:19).

En este versículo se nos dice que no apaguemos (ahogar o mitigar) el Espíritu Santo. De acuerdo con el diccionario de la Real Academia Española, *apagar* significa "extinguir, disipar, aplacar algo", *ahogar* significa "quitar la vida a una persona o a un animal, impidiéndole la respiración, ya sea apretándole la garganta, ya sumergiéndolo en el agua, ya de otro modo" y *mitigar* significa "moderar, aplacar, disminuir o suavizar algo riguroso o áspero."[1] Si apagamos un fuego, estamos eliminándolo o extinguiéndolo. No queremos apagar al Espíritu Santo; más bien, queremos estar seguros de que hacemos todo lo posible para incrementar su actividad y su fluir en nuestra vida.

¿Qué podemos hacer como individuos para incrementar la actividad y fluir del Espíritu Santo en nuestra vida diaria? En 1 Tesalonicenses 5 se nos da una amplia visión de este tema.

En el versículo 12 de ese capítulo, se nos instruye

para reconocer a los que trabajan entre nosotros—
estimarlos, apreciarlos y respetarlos. A pesar de que
este versículo parece dirigido a reconocer a nuestros
líderes, creo que Jesús hubiera querido que también
lo aplicáramos a los que trabajan junto a nosotros por
una causa común.

Los versículos 13 y 14 nos enseñan a que estemos
en paz y amonestemos a los que se apartan, pero al
mismo tiempo seamos pacientes con todos, contro-
lando siempre nuestro temperamento.

En el versículo 15 se nos dice que nadie pague mal
por mal, sino que siempre mostremos bondad y busquemos hacer el bien con cada uno y con todos.

En los versículos 16 al 20, se nos instruye para estar
alegres en nuestra fe, siempre gozosos y agradecidos de
corazón, incesantes en la oración, agradeciendo a Dios
en todo sin importar las circunstancias, y a no menospreciar los dones y las profecías ni despreciar la instrucción, exhortación o amonestación.

De estas escrituras, surge que nuestra actitud se
señala una vez más como un factor que puede incrementar o disminuir el flujo del Espíritu Santo en
nuestra vida personal.

LA ACTITUD DETERMINA EL DESTINO

"Sobre toda cosa guardada, guarda tu corazón;
porque de él mana la vida" (Proverbios 4:23).

La actitud es muy importante; tiene que ver con la
forma como reaccionamos, los patrones de conducta

que mostramos. Nuestra actitud comprende nuestro carácter, y nuestro carácter comienza con nuestros pensamientos.

Escuché a alguien decir: "Siembras un pensamiento, cosechas una acción; siembras una acción, cosechas un hábito; siembras un hábito, cosechas un carácter; siembras un carácter, cosechas un destino".

El destino es el resultado de la vida; el carácter es quién somos; los hábitos son patrones subconscientes de conducta. Nuestro destino, o el resultado de nuestra vida, ciertamente proviene de nuestros pensamientos. Allí es donde comienza todo el proceso. Con razón, la Biblia nos enseña que renovemos completamente nuestras mentes, desarrollando nuevas actitudes e ideales (vea Romanos 12:2; Efesios 4:23). Tenemos que ser buenos estudiantes de la Palabra de Dios, y entonces desarrollaremos nuevos patrones de pensamiento, los cuales finalmente cambiarán nuestro destino completo (el resultado de nuestra vida).

Si albergamos malas actitudes dentro de nosotros, ellas estorbarán la obra del Espíritu Santo. Éstas pueden ser la amargura, el enojo, la falta de perdón, el rencor, la falta de respeto, la venganza, la falta de aprecio, y la lista puede seguir. El Espíritu Santo fluye a través de una actitud santa, no de una carnal.

Examine habitualmente su actitud, y cuídela atentamente, como dice Proverbios 4:23. No piense que no puede cambiar de actitud; todo lo que necesita hacer es cambiar sus pensamientos.

Muchos se engañan, creyendo que no pueden

controlar lo que piensan, pero podemos escoger nuestros propios pensamientos. Necesitamos considerar en qué hemos estado pensando. Cuando lo hacemos, no nos lleva mucho tiempo descubrir la raíz de nuestra mala actitud.

Satanás siempre tratará de llenar nuestras mentes con pensamientos indebidos, pero no tenemos por qué recibir todo lo que trata de infiltrarnos. No voy a tomar una cucharada de veneno sólo porque alguien me la ofrezca, ni tampoco usted lo hará. Si somos lo suficientemente inteligentes como para no tomar el veneno, debemos serlo también como para no dejar que Satanás nos envenene la mente, la actitud, y por último, nuestra vida.

Escribí un libro poderoso sobre este tema, titulado *El campo de batalla de la mente*. Si no lo ha leído, le recomiendo que lo haga.

MIRE MÁS ALLÁ DE LA SUPERFICIE

"Y andad en amor, como también Cristo nos amó, y se entregó a sí mismo por nosotros, ofrenda y sacrificio a Dios en olor fragante" (Efesios 5:2).

Se nos ha instruido para caminar en amor, estimándonos y regocijándonos unos con otros. Para estimarnos y regocijarnos unos con otros, primero tenemos que conocernos unos a los otros, que es un acto de amor.

Lleva tiempo y esfuerzo mirar más allá de la superficie de cada ser humano. Tenemos la tendencia de juzgar de acuerdo a la carne, y lo hacemos a la ligera. La Palabra de Dios condena ambas prácticas:

"No juzguéis según las apariencias, sino juzgad con justo juicio" (Juan 7:24).

"Así que, no juzguéis nada antes de tiempo, hasta que venga el Señor, el cual aclarará también lo oculto de las tinieblas, y manifestará las intenciones de los corazones; y entonces cada uno recibirá su alabanza de Dios" (1 Corintios 4:5).

Siempre había sido la clase de persona que formula juicios a la ligera. Dios lidió conmigo sobre ese particular en varias ocasiones, y finalmente me di cuenta de lo peligroso que es juzgar sin fundamento y por las apariencias.

Antes de juzgar a alguien, debemos tomarnos tiempo para conocer a la verdadera persona, lo que 1 Pedro 3:4 llama "el hombre interior del corazón" (RVR).

De otro modo, podemos cometer un error de cualquiera de dos formas: una, podemos aprobar a alguien que aparenta ser algo que no es; o dos, podemos desaprobar a alguien que tiene una apariencia extraña o actúa extrañamente, cuando en realidad es por dentro una excelente persona.

He encontrado que todos tenemos nuestras pequeñas peculiaridades, nuestras pequeñas rarezas, conductas y actitudes que no son fáciles de entender para otros. Dios mismo no nos juzga por la apariencia, y nosotros debemos seguir su ejemplo.

David nunca hubiera sido escogido por el hombre para ser rey. Incluso su propia familia lo descartó: ni siquiera lo incluyeron en el proceso de selección (vea 1 Samuel 16:1-13). Dios miró el corazón de David, el corazón de un pastor. Dios vio a un adorador, alguien que tenía un corazón para Él, alguien que era dócil y moldeable en su mano. Esas son las cualidades que Dios está buscando.

A menudo pienso en las geodas, rocas que por fuera se ven feas y grotescas, pero por dentro son absolutamente esplendorosas. Por dentro parecen gemas, y algunas ciertamente lo son, pero por fuera son ásperas y con muchas incrustaciones.

Al igual que esas rocas, a menudo por fuera somos ásperos, grotescos y con incrustaciones, pero Dios sabe que ha puesto cosas hermosas dentro de nosotros. Así como el minero sabe que debe ser paciente cuando cava en busca de las pepitas de oro, Dios sabe que debe ser paciente mientras el Espíritu Santo continúa trabajando con nosotros, cavando en nuestras vidas, y sacando, finalmente, lo que está en nuestro interior.

Lo que sembramos en las vidas de otras personas, seguramente cosecharemos en nuestra propia vida. Si sembramos juicio precipitado y asperezas, eso es exactamente lo que cosecharemos. No nos gusta para nada cuando la gente se forma un juicio rápido sobre nosotros; cuando deciden sólo por lo que ven, sin llegar a conocernos realmente. Debemos hacer lo que dice Mateo 7:12, y hacer con otros lo que nos gustaría que los demás hicieran con nosotros.

EVITE LA CONTIENDA

"Nada hagáis por contienda o por vanagloria; antes bien con humildad, estimando cada uno a los demás como superiores a él mismo" (Filipenses 2:3).

No contriste al Espíritu Santo en su vida, permitiendo o siento partícipe de contiendas.

En 2 Timoteo 2:24, el apóstol Pablo nos enseña que los siervos del Señor no deben ser contenciosos (porfiados y provocadores). Más bien, deben ser amables y buenos con todo el mundo. En otras palabras, deben ser pacificadores, no peleadores.

Muchos hogares cristianos e iglesias están llenos de contienda. Ésta mata la unción; estorba su flujo, la apaga. Donde no hay unción, no se rompen las ataduras. Satanás sabe esto y, por consiguiente, trabaja diligentemente para avivar la contienda dondequiera que pueda. Cuando rehusamos envolvernos en ella, complacemos al Espíritu Santo, y más aún, cuando tratamos activamente de pararla:

"Seguid la paz con todos, y la santidad, sin la cual nadie verá al Señor. Mirad bien, no sea que alguno deje de alcanzar la gracia de Dios; que brotando alguna raíz de amargura, os estorbe, y por ella muchos sean contaminados" (Hebreos 12:14-15).

Como vemos en este pasaje, también podemos tomar medidas para prevenir la contienda. Estos versículos nos enseñan a que velemos los unos por los otros, y que ayudemos a evitar que nada le robe la paz a la gente.

Debemos evitar el resentimiento, amargura y odio, todo lo que contribuye a la contienda y el conflicto.

Quiero llamar su atención a que la Biblia dice que *muchos* serán contaminados y corrompidos por la contienda. Por eso es imperativo que la paremos dondequiera que la encontremos. Ella se extiende como una enfermedad y contamina todo lo que toca.

Es fácil mantener viva la contienda si no estamos dispuestos a confiar a Dios los deseos de nuestro corazón. Dave y yo fuimos una vez a las tiendas, y en una de ellas vi cierto cuadro que me gustó y quise comprarlo. Dave no creía que fuera una necesidad, así que me agarré una de mis silenciosas "rabietas temperamentales". No dije ni una palabra, porque estaba enojada.

Él me preguntó: "¿Estás bien?".

"Sí, estoy bien, muy bien. Todo está bien". Era uno de esos momentos en que mis labios sonreían, pero mis ojos no reflejaban placer, y por dentro estaba pensando: *Ah, tú siempre tienes que tratar de decirme lo que debo a hacer. ¿Por qué no te vas y me dejas hacer lo que yo quiero? Siempre actúas como si no supiera lo que estoy haciendo. Bueno, tú sales y juegas golf si quieres; ¿por qué no puedo comprar el cuadro si yo quiero? Bla, bla, bla...*

Y así estuve malhumorada cerca de una hora mientras caminábamos para arriba y para abajo por las tiendas. Estaba tratando de manipular a Dave. Sabía que con su personalidad pacífica y flemática, Dave terminaría cediendo antes que pelear conmigo. Era demasiado inmadura en el Señor como para entender que esa era una conducta carnal. Desde entonces, tuve que aprender por las malas que exigir que las cosas se hicieran a mi manera resultaba en contienda en lugar de verdadera satisfacción.

Pero ese día, con mi silencio, yo estaba aguijoneando a Dave para que cediera, parara en la tienda y me comprara el cuadro. Como es un amante de la paz, Dave me dijo: "Vamos, vamos a comprar el cuadro. Está bien, vamos a comprarlo".

Por supuesto, yo le dije: "No, no, no, ahora ya no quiero el cuadro. No lo quiero".

"Cómo que no, vamos. Tú vas a tener ese cuadro. Yo quiero que lo tengas. Tómalo; quiero que tengas ese cuadro".

Así que compramos el cuadro, y mientras lo colocaba en mi casa, el Espíritu Santo me dijo: "Sabes, realmente tú no ganaste. Tú obtuviste el cuadro, pero sigues siendo una perdedora porque no lo hiciste a mi manera".

Debemos evitar la contienda en el trabajo, en la comunidad, entre familiares, en nuestra familia inmediata, en la iglesia e incluso entre el Señor y nosotros mismos. Él nunca contiende con nosotros, pero hay momentos en que nos enojamos con Él. No está bien, pero ocurre.

También, sería negligente si no menciono la importancia de no contender con nosotros mismos. Muchos no se llevan bien consigo mismos. La vida será difícil si usted no se lleva bien consigo mismo ni se acepta a sí mismo. Después de todo, nunca va a librarse de usted—¡siempre estará, dondequiera que vaya! Si no se lleva bien consigo mismo, tampoco se puede llevar bien con los demás.

Si una iglesia está llena de contienda, la comunidad entera puede ser consumida por ella. Una vez vi morir a una iglesia, y no fue una experiencia alentadora. Sin embargo, me enseñó sobre los peligros de la contienda. Aprendí que necesitaba evitarla a toda costa.

> "Porque toda la ley en esta sola palabra se cumple: Amarás a tu prójimo como a ti mismo. Pero si os mordéis y os coméis unos a otros, mirad que también no os consumáis unos a otros. Digo, pues: Andad en el Espíritu, y no satisfagáis los deseos de la carne" (Gálatas 5:14-16).

El Espíritu Santo siempre nos guía a la paz. Aun si nos dirige a la confrontación, es para que podamos finalmente vivir en paz.

Debemos ser dirigidos y guiados por el Espíritu. Debemos amar a la gente, no devorarla con la murmuración y el juicio. Esa clase de conducta negativa es carnal y no acorde con la voluntad de Dios. Apaga el Espíritu Santo en nuestra vida, y nosotros queremos que su poder aumente y fluya, no que disminuya y se extinga.

NO MENOSPRECIAR LAS PROFECÍAS

> "No menospreciéis las profecías" (1 Tesalonicenses 5:20).

A continuación de la instrucción de no apagar al Espíritu Santo, en 1 Tesalonicenses 5:19, tenemos la de no menospreciar las profecías. Observemos lo que esta palabra significa en el texto original.

De acuerdo a Vine, la palabra griega que fue traducida a *profecía* "significa 'la proclamación de la mente y consejo de Dios'", y también se refiere "del ejercicio del don, ya de aquello que es 'profetizado'".[2]

Vine luego menciona: "«Aunque mucha parte de la profecía del AT era puramente predictiva,...la profecía no es necesariamente, y ni siquiera primariamente, predicción. Es la declaración de aquello que no puede ser conocido por medios naturales,...es la proclamación de la voluntad de Dios, tanto si es con referencia al pasado como al presente o al futuro»".[3]

En el Nuevo Testamento, Dios dio dones espirituales a los hombres, uno de los cuales fue el de profetizar. De acuerdo con Vine: "'el propósito del ministerio de estos profetas era el de edificar, consolar y alentar a los creyentes,...en tanto que su efecto sobre los incrédulos era el de mostrar que los secretos del corazón del hombre son conocidos por Dios, para convencer de pecado, y constriñendo a la adoración'".[4]

Los profetas del Antiguo Testamento eran la boca de Dios. Él le hablaba a la gente a través de ellos. Aun los reyes escuchaban atentamente a los profetas. Si no lo hacían, generalmente terminaban perdiendo su reino. Algunos reyes malos rehusaron escuchar a los profetas. Sus reinados trajeron gran ruina y destrucción, y abrieron la puerta para que la maldad entrara a la tierra.

Por supuesto, hay profetas en el mundo de hoy,

pero no todo el que profetiza es llamado a estar en la posición de profeta. En 1 Corintios 12:10, en la versión inglesa *The Amplified Bible* [AMP] se señala que la profecía es "el don de interpretar la voluntad divina y el propósito" de Dios. Yo creo que los maestros de la Palabra de Dios ungidos, profetizan cada vez que enseñan. Ellos interpretan, o declaran, la voluntad divina y el consejo de Dios.

Recibir una palabra de parte de Dios no lo convierte a uno en profeta. En la actualidad, muchos se llaman a sí mismos profetas, pero no lo son. Ellos tratan de decirle a la gente cómo vivir sus vidas. Profetizan mentiras y declaran su propia voluntad, llamándola la voluntad de Dios. Mucha gente inocente y sin discernimiento ha sido confundida y guiada al error por estos falsos profetas. Se nos ha dicho, en 1 Juan 4:1, que tenemos que probar (examinar) los espíritus para ver si son de Dios, y en 1 Tesalonicenses 5:21 se nos dice que examinemos y probemos todo hasta que estemos seguros de que es bueno. No crea a todo el que viene y le dice algo; esté seguro de que su ministerio está a tono con la Palabra de Dios.

¿Qué quiere decir la Biblia cuando afirma que si menospreciamos las profecías apagaremos al Espíritu Santo?

Primero, creo que significa que debemos amar la predicación de la Palabra de Dios, o apagaremos el progreso que el Espíritu Santo desea que hagamos. Es imposible crecer espiritualmente sin la Palabra de Dios. Su Palabra es a nuestro espíritu lo que el alimento es a nuestro cuerpo; debemos tomarlo regularmente para estar saludables.

Segundo, creo que significa que no debemos hacer juicio o tener cualquier clase de actitud negativa hacia el don de profecía o cualquiera de los dones del Espíritu. Debemos tener respeto por todas las maneras en que Dios obra por medio de hombres y mujeres. Debemos apreciar los dones y honrar a aquellos por quienes ellos fluyen. Sus dones les fueron dados por el Espíritu Santo para nuestro beneficio, para ayudarnos a crecer y madurar.

DIOS USA A DIFERENTES PERSONAS

"Y él mismo constituyó a unos, apóstoles; a otros, profetas; a otros, evangelistas; a otros, pastores y maestros, a fin de perfeccionar a los santos para la obra del ministerio, para la edificación del cuerpo de Cristo, hasta que todos lleguemos a la unidad de la fe y del conocimiento del Hijo de Dios, a un varón perfecto, a la medida de la estatura de la plenitud de Cristo" (Efesios 4:11-13).

Aunque mi don de enseñanza ha sido una gran bendición para mi propia vida, ciertamente fue puesto en mí por Dios para el beneficio de otras personas. Sin embargo, hay gente que por alguna razón decide que no les agrado o no creen que Dios me llamó. Cuando hacen eso, están apagando la obra que el Espíritu Santo podía hacer en sus vidas por medio del don que Él ha puesto en mí.

Lo mismo ocurre con todos los ministros. Siempre habrá quienes abrirán sus corazones y recibirán de algunos, pero no de otros. Debemos aprender a recibir de diversas personas, porque Dios usa la diversidad de ellas. Es un error mirar demasiado al vaso que Dios decide usar—muchas veces no nos gusta la apariencia de la "vasija", y rechazamos lo que hay adentro.

¿Qué tal si alguien depositara diez mil dólares en el banco para usted, pero cuando usted llega no le gusta el edificio, por lo que rehúsa entrar y retirar su dinero? Por supuesto, sería tonto, y si le llegara la pobreza, la tendría merecida.

A menudo, mantenemos nuestros problemas y ataduras porque no aprobamos la ayuda que Dios nos envía. La rechazamos como si fuera falsa sin realmente probarla para estar seguros.

Parece que algunas personas se tragan todo, el anzuelo, hilo y plomo como dicen, sin siquiera verificar nada. Y hay otros que son tan críticos y extremadamente precavidos, que no pueden recibir nada de nadie, a menos que la persona sea exactamente como ellos están acostumbrados. El único problema con esto, es que si eso a lo que están acostumbrados no satisfizo su necesidad, lo que probablemente es así, ¿por qué más de lo mismo podría darles algún beneficio?

No clame a Dios por un cambio, y luego tenga miedo de él cuando llegue.

Recuerdo a un caballero que me dijo que si hubiera sabido que yo era mujer, nunca me habría escuchado porque no creía en las mujeres predicadoras. En ese tiempo, yo estaba solamente en la radio, y como mi voz es más grave que la de la mayoría de las mujeres, a menudo me confundían con un hombre, porque me escuchaban pero no me veían. Este hombre continuó diciéndome que, cuando que se dio cuenta de que yo era una mujer, su vida había cambiado tan drásticamente por la Palabra que predicaba y enseñaba, que no pudo negar que lo que yo hablaba era de Dios.

Los que se oponen a que las mujeres estén en el ministerio, cometen el error de basar sus creencias y prácticas en dos lugares de la Biblia donde Pablo escribió que la mujer debía guardar silencio en la iglesia, y que si quería aprender algo, debía preguntar a su esposo en la casa (vea 1 Timoteo 2:11-12; 1 Corintios 14:34-35). Estas escrituras han sido malinterpretadas durante siglos.

El estudio correcto de la historia y del texto griego muestra que, en los días en que estas palabras fueron escritas, los hombres y las mujeres se sentaban en lados opuestos de la iglesia.[5] En ese tiempo, la mayoría de las mujeres no eran educadas, y en general, no estaban informadas de lo que sucedía.[6] Los dones del Espíritu y aun el mismo cristianismo eran algo nuevo, así que naturalmente, tanto mujeres como hombres, estaban muy interesados en conocer más. De otras fuentes se desprende que, durante las reuniones, las mujeres frecuentemente llamaban a sus esposos quienes, como hemos dicho, estaban del otro lado del salón para tener alguna explicación de lo que acontecía. Esto causó confusión. Cuando se le preguntó al apóstol cómo manejar la situación, Pablo respondió que la mujer debía estar en silencio en la iglesia, y si quería saber algo debía preguntar en casa a su esposo.[7]

En las escrituras donde Pablo dice que las mujeres debían guardar silencio en la iglesia y no enseñar, o "usurpar" la autoridad del hombre, algunos estudiosos han dicho que la misma palabra griega traducida *hombre* es también traducida *esposo* en otros lugares, y de la misma manera, el uso de la palabra griega para *mujer* en 1 Timoteo 2:12 puede ser traducida como *esposa*.[8] ¿Qué ocurriría si estas escrituras fueran traducidas para que se leyera que la mujer (o esposa) no podía enseñar a su esposo o "usurpar" la autoridad de él? Eso cambiaría por completo el contexto.

Tenemos textos bíblicos y libros de estudio a nuestra disposición, para que podamos indagar un poco más y obtener revelación en asuntos que nos conciernen. La escritura debe ser interpretada a la luz de otra escritura.

Hay muchos otros pasajes de la Biblia en los que Dios usó a las mujeres. Débora fue una profetisa y ciertamente dio instrucciones de parte de Dios, tanto a hombres como a mujeres (vea Jueces 4-5). Joel profetizó que en los últimos días Dios derramaría su Espíritu sobre hombres y mujeres, y que ellos profetizarían (vea Joel 2:28-29). Evidentemente, una mujer no puede profetizar y estar callada al mismo tiempo. El apóstol Pedro citó esta misma escritura en el día de Pentecostés (vea Hechos 2:16-18).

Si las escrituras en las que Pablo escribió acerca de las mujeres fueran tomadas sin hacer ningún estudio profundo, deberíamos concluir que las mujeres no pueden enseñar de ninguna manera a los hombres. Por consiguiente, no podrían ser maestras de escuela, maestras de escuela bíblica, instructoras para conducir, médicos, abogadas, y muchos otros oficios más. Básicamente, no podrían estar en *ninguna* posición donde tuvieran que instruir a hombres. Por supuesto, sabemos que esa forma de pensar es necia.

Puedo decir con seguridad que Dios no es prejuicioso. En Gálatas 3:28, Pablo mismo escribió: "…no hay varón ni mujer; porque todos vosotros sois uno en Cristo Jesús". Cuando Dios llama a una persona al ministerio, no mira si es hombre o mujer; Él ve la disposición y la actitud del corazón.

En obediencia a la Escritura, me someto a mi esposo y no me considero a mí misma su maestra (vea Efesios 5:22; Colosenses 3:18). Él me ha escuchado predicar miles de veces, y estoy segura de que ha aprendido algunas de las cosas que he enseñado. Pero ninguno de los dos cree que yo sea su maestra; soy su esposa. Sé cuál es mi lugar, en el púlpito y en mi casa. Cuando la gente le pregunta a Dave si es el esposo de Joyce Meyer, siempre dice: "No, Joyce Meyer es mi esposa". Ésa es su forma divertida y amorosa de afirmar y mantener su posición como cabeza de nuestro matrimonio y hogar.

Debemos mirar el fruto de la vida de la persona y del ministerio, antes de cuestionar para qué los llama Dios y para qué no son llamados. De una cosa estoy segura, no existe absolutamente manera alguna en que yo hubiera podido hacer lo que vengo haciendo desde

1976, y tenido el éxito que tuve, si Dios no hubiera estado permanentemente junto a mí.

Sí, apagamos el Espíritu Santo cuando menospreciamos los dones de los profetas, o cualquiera de los dones. Aprendamos los unos de los otros en sujeción, con corazones humildes.

13

Los dones del Espíritu Santo

"No quiero, hermanos, que ignoréis acerca de los dones espirituales" (1 Corintios 12:1).

Mucho se ha escrito acerca de los dones del Espíritu desde el gran derramamiento del Espíritu Santo que tuvo lugar durante el pasado siglo, y comenzó a principios de 1900.[1]

La Biblia nos enseña la importancia de los dones del Espíritu Santo. También, cuán importante es que no seamos ignorantes respecto a ellos, como dice este pasaje. Aun hoy, a pesar de toda la información disponible sobre el tema, mucha gente los ignora por completo. Yo misma asistí durante muchos años a una iglesia, y nunca escuché un sermón o lección de ninguna clase sobre los dones del Espíritu. No sabía siquiera lo que eran, mucho menos que estaban a mi disposición.

Hay mucha variedad de "dones" o "dotes", como se les llama en la versión en inglés de *The Amplified Bible* [AMP], a los cuales también se refiere como "poderes extraordinarios que distinguen a ciertos cristianos"

(1 Corintios 12:4). Los dones varían, pero todos provienen del mismo Espíritu Santo. Encontramos una lista de algunos de ellos, según son descritos en 1 Corintios 12:8-10:

- palabra de sabiduría
- palabra de ciencia
- fe
- dones de sanidades
- el hacer milagros
- profecía
- discernimiento de espíritus
- diversos géneros de lenguas
- interpretación de lenguas

Todos estos son habilidades, dones, proezas y dotes de poder sobrenatural con los cuales el creyente es capaz de lograr algo que excede lo ordinario.

Vamos a ver cada uno de estos importantes dones, por separado.

LA PALABRA DE SABIDURÍA

"Porque a éste es dada por el Espíritu palabra de sabiduría" (1 Corintios 12:8).

Dice 1 Corintios 1:30, que Jesús nos fue hecho sabiduría por Dios. Y el escritor del libro de Proverbios nos indica, repetidamente, que busquemos la sabiduría y que hagamos todo lo posible para tenerla. La sabiduría está disponible para todo el mundo, pero la palabra de sabiduría, que funciona como un don del Espíritu Santo, es de un tipo diferente o superior.

Toda sabiduría proviene de Dios, pero hay una sabiduría que puede ser aprendida de la experiencia y alcanzada intelectualmente. Ésa no es la palabra de sabiduría que se menciona en 1 Corintios 12:8. La palabra de sabiduría es una forma de guía espiritual. Cuando está operando, a la persona se le da a conocer sobrenaturalmente, por el Espíritu Santo, cómo manejar cierto asunto de una manera excepcionalmente sabia, que está más allá de su aprendizaje o experiencia natural, y en línea con el propósito de Dios.[1]

Frecuentemente operamos con este don sin siquiera darnos cuenta. Podemos decir a alguien algo que nos parece común, pero para el que lo recibe es una palabra de tremenda sabiduría aplicable a su situación.

De hecho, creo firmemente que el Señor desea que operemos con estos dones sobrenaturales de manera natural. He visto a mucha gente tratar de ser tan súper espirituales con la operación de los dones del Espíritu, que resulta difícil estar a su lado. Por ejemplo, no se debe hacer un anuncio especial cada vez que alguien está operando con un don del Espíritu. No tenemos que llamar la atención sobre nosotros, sino dirigirla hacia Jesús. El Espíritu Santo vino para glorificar a Jesús, no al hombre.

No podemos forzar la operación de la palabra de sabiduría. Podemos procurar (desear sinceramente) todos los dones, pero es únicamente función del Espíritu Santo saber cuándo y por quién serán operados.

He recibido palabras de sabiduría dadas por niños que, estoy segura, no tenían ni idea de lo que estaban diciendo. El Espíritu Santo estaba tratando de decirme algo, y usó esa fuente particular para que supiera que Él me estaba hablando.

Dios casi nunca usa a la gente de mayor lustre; en general, es casi lo contrario. Nos dice 1 Corintios 1:27-29 que Dios, a propósito, escoge lo que el mundo llama débil y necio, para avergonzar a los que se creen sabios. Él usa lo que el mundo desecha, para que ningún mortal tenga motivo para engrandecerse ante su presencia.

Estoy segura de que, a menudo, rechazamos algo que Dios está tratando de darnos porque no nos gusta el paquete en el que viene. Como adultos, es duro para nuestro orgullo ser enseñados por un niño, o si somos cristianos de muchos años, ser enseñados por un nuevo creyente. Si somos maestros, nos es difícil recibir instrucción de un estudiante. Pero, lo que Dios escoja para llegar a nosotros es su problema, no el nuestro.

Los dones operan como el Espíritu diga, no como lo haga el hombre (vea 1 Corintios 12:11). Nos metemos en problemas cuando tratamos de hacer operar los dones, en lugar de dejar que operen en nosotros. También lo hacemos cuando tratamos de escoger el don o dones que preferimos tener.

Mucha gente quiere los dones "llamativos" de sanidad o de hacer milagros. Pero la Biblia nos dice, en 1 Corintios 12:7, que a cada uno le es dada la manifestación del Espíritu Santo para el bien y provecho de otros. Cada uno de nosotros podría tener varios dones fluyendo a través de él, para ser usados para el beneficio de otras personas, si aceptáramos que sólo somos sus vasos, sus instrumentos. No debemos desear un don solamente porque parezca importante, sino para beneficiar a los demás.

LA PALABRA DE CIENCIA

"...a otro, palabra de ciencia según el mismo Espíritu" (1 Corintios 12:8).

La palabra de ciencia opera de manera similar a la palabra de sabiduría. Existen diferentes interpretaciones de lo que es la palabra de ciencia, pero una valiosa es ésta: El don de ciencia está en operación cuando Dios revela a una persona algo de lo que Él está haciendo en una situación; algo que él o ella no tendría forma de conocer por medios naturales.[3]

A veces, cuando Dios nos da una palabra de ciencia sobre otra persona, sabemos lo que a esa persona le está pasando o lo que se necesita hacer en su situación específica. Nunca debemos tratar de forzar este tipo de ciencia sobrenatural en nadie. En cambio, debemos presentarla humildemente y dejar que Dios traiga el convencimiento.

Recuerdo que, en una oportunidad, mi esposo recibió una palabra de ciencia sobre algo de mi vida. Cuando la compartió conmigo, me enojé. Él simplemente me contestó: "Haz lo que quieras con ella; yo sólo me limito a decirte lo que creo que Dios me reveló". No trató de convencerme; sólo me informó lo que Dios le había revelado.

Durante los siguientes tres días, Dios me convenció de que la palabra que me había dado mi esposo era correcta. Derramé muchas lágrimas porque no quería que Dave tuviera razón en lo que me había dicho.

Por la palabra de ciencia que él me dio, pude conocer la razón de tantos problemas en cierta área de mi vida. Había estado buscando a Dios respecto a esa situación, pero no me había contestado. Cuando Dave me trajo la respuesta, no me gustó la que me dio. Quizás por eso Dios se la dio a Dave; Él sabía que no la hubiera escuchado de otra manera.

Esa palabra de ciencia me convenció del pecado de juzgar y murmurar; yo no creí que ese fuera mi problema. Le había contado a Dave que algo no estaba bien, que no sentía la unción de Dios cuando predicaba, y que eso me tenía preocupada. Le pregunté a Dios qué estaba pasando, y Él me contestó a través de Dave: había criticado y juzgado a otro predicador y Dios no estaba complacido. Debía arrepentirme y no repetir esa conducta.

No puedo expresarle el impacto que esta experiencia tuvo en mi vida. Si Dios hubiera tratado conmigo directamente, con seguridad habría aprendido la lección, pero no hubiera sido nada comparado con lo que aprendí cuando la palabra de ciencia vino a mí a través de Dave. No sólo fue embarazoso, sino que tampoco podía ocultarlo.

Algunas veces tratamos de esconder nuestros

pecados. Dios sabe cuáles son, pero ciertamente no queremos que nadie más los conozca. Recuerdo que acusé a Dave, diciéndole que él había hecho lo mismo que yo, criticando a ese predicador. La respuesta de Dave fue: "Tienes toda la razón; lo hice. Pero no soy el que está teniendo problemas, sino tú—así que tienes que arreglártelas con Dios".

Dios me dirigió a unas escrituras en Santiago capítulo 3, acerca de las palabras de nuestra boca, y el hecho de que no todos deberíamos pretender ser maestros, pues seremos juzgados con mayor severidad que otras personas (vea v. 1). Aquí estaba mi respuesta. Dios me estaba tratando más duramente que a Dave. Como soy una maestra de la Biblia, no continuaré recibiendo su unción poderosa sobre mi enseñanza, si estoy criticando y juzgando a otros que tienen el mismo don. Todo juicio—incluyendo crítica, opiniones negativas y desconfianza—es incorrecto, pero es especialmente peligroso juzgar a otro del mismo ministerio en el que quisiéramos estar o para el que estamos ungidos.

Creo que la palabra de ciencia ha ayudado a mucha gente a través de mí. Creo firmemente, que la palabra de ciencia opera en mí casi siempre que estoy enseñando y predicando la Palabra de Dios.

Como mencioné antes, muy a menudo la gente a la que le he ministrado una palabra de ciencia me ha dicho: "¿Cómo sabía eso de mí, Joyce? Fue como si usted estuviera viviendo en mi casa". Por supuesto, lo que le haya dicho no lo podía saber por medios naturales. Dios puso en mi mente qué decir en el momento oportuno. Aunque me parezca natural, es sobrenatural para el oyente.

Aunque la palabra de ciencia es interpretada, generalmente, como una herramienta de ministerio para ayudar a alguien, pienso que ese don también nos ayuda muchas veces en nuestra vida personal. Por ejemplo, encontré que tenía ese don y lo ejercitaba frecuentemente cuando perdía algo o no sabía dónde lo había colocado. Súbitamente, el Espíritu Santo me daba una imagen mental de dónde estaba lo que buscaba.

Una vez no podía encontrar mis anteojos en ningún lado; busqué por toda la casa y ya estaba frustrada. Paré por unos segundos, y simplemente dije: "Espíritu Santo, por favor, ayúdame a encontrar mis anteojos". Instantáneamente, en mi espíritu vi mis anteojos entre las almohadillas del sofá. Fui a buscar, segura de que estaban ahí. El Espíritu Santo le dijo a mi espíritu algo que mi mente no sabía.

EL DON DE FE

"A otro, fe por el mismo Espíritu" (1 Corintios 12:9).

Creo que hay ciertos individuos a los que Dios les da el don de fe para ocasiones específicas, como ir a un viaje misionero peligroso o una situación desafiante. Cuando este don opera en las personas, son capaces de creer tranquilamente que Dios hará algo que los demás verían como imposible.[4] Tienen fe total en algo que aterraría a los demás.

Sé que mi esposo tiene el don de fe en el área de las

finanzas. Sin importar las circunstancias que hayamos vivido, en lo concerniente al dinero Dave siempre ha estado en paz y seguro de que Dios proveerá. Dave tiene a su cargo todas las finanzas de nuestro ministerio Vida en la Palabra, y es capaz de creer que Dios proveerá el dinero para la culminación de grandes proyectos, cuando al resto nos tiemblan las rodillas.

Una persona que está operando con el don de fe, debe guardarse de creer que los que no tienen ese don son incrédulos o cobardes, porque cuando el don está actuando en la persona, Dios le da una porción mayor de fe, para garantizar que su propósito en la tierra sea cumplido. Como Romanos 12:3 dice: "Digo, pues, por la gracia que me es dada, a cada cual que está entre vosotros, que no tenga más alto concepto de sí que el que debe tener, sino que piense de sí con cordura, conforme a la medida de fe que Dios repartió a cada uno".

Esta escritura nos deja saber que a cada persona le es dada cierta medida de fe. Todos podemos estar seguros de que Dios siempre nos dará la fe suficiente para recibir su gracia, para el cumplimiento de la tarea que Dios da a cada uno.[5] Sin embargo, no es sabio compararnos con otros o comparar nuestra fe con la de otra persona. Somos responsables de usar lo que Dios nos dio y luchar para lograr con eso lo máximo posible.

También creo que hay personas que tienen el don de fe para ciertas cosas de la vida. Algunos pueden tener el don de fe para orar por los enfermos y creer que serán sanados, o pueden tener el don para algún tipo específico de sanidad como cáncer u otra enfermedad.

Como mencioné respecto a mi esposo, hay un don de fe que opera en el área de las finanzas. Algunas personas están ungidas y dotadas para ser dadores en una medida extraordinaria. Esta gente usualmente tiene el don de fe que los capacita para ser negociantes y hacer mucho dinero. Ellos pueden hacer cosas que otros temerían hacer.

El don de fe hace que la persona sea excepcionalmente valiente. Cualquiera que opere con este don debe darse cuenta de que su valentía le es dada por Dios, y darle siempre las gracias a Él por ello.

LOS DONES DE SANIDADES

"Y a otro, dones de sanidades por el mismo Espíritu" (1 Corintios 12:9).

Los dones de sanidades operan con el don de fe. Aunque a todos los creyentes se les anima a orar por los enfermos para que sean sanados (vea Marcos 16:17-18), Dios puede escoger y usar a ciertas personas en un ministerio especial de sanidad.[6]

En nuestras conferencias siempre oramos por la gente, y hemos visto maravillosas sanidades. Tenemos montones de cartas con testimonios que nos han llegado en todos estos años, dándonos informes confirmados de sanidades físicas. Yo hago la oración de fe en nuestras conferencias y por televisión, y a menudo recibo palabra de ciencia sobre ciertas sanidades que están ocurriendo mientras oro.

Como creyentes, podemos orar siempre por los

enfermos, pero los dones de sanidades no siempre están presentes, así como el don de fe tampoco lo está continuamente. Podemos orar siempre con fe, utilizando la medida de fe que Dios ha dado a cada persona, pero el don sobrenatural de fe es dado por voluntad del Espíritu.

Kathryn Kuhlman era usada por Dios en el ministerio de sanidad. Cuando las sanidades comenzaban a ocurrir en sus reuniones públicas, se sorprendía tanto como los demás. Llegó a llamarse la "hija del destino". El ministerio de sanidad no fue algo que buscó; fue el destino que Dios tenía para ella, y, simplemente, caminó en él con la guía del Espíritu Santo. Siempre le dio a Dios toda la gloria y abiertamente decía que si fuera por ella, sanaría a todo el mundo. Nunca entendió por qué algunas personas recibían sanidad, mientras otras no; pero siempre tuvo la certeza de que operaba con un don sobrenatural.

Cuando alguien es sanado, tal vez su curación no se manifieste inmediatamente. La sanidad puede ser un proceso que trabaja como un medicamento: es necesario tomarla por fe y creer que está haciendo efecto. Más tarde, los resultados serán visibles.

Cuando el don de milagros está operando, vemos sanidades más dramáticas que lo habitual, y casi siempre son instantáneas.

He visto a muchos esforzarse para que actúen los dones de sanidades pero los verdaderos dones del Espíritu fluyen fácilmente; no requieren ninguna lucha ni esfuerzo humano. Por ejemplo, vi a un ministro orar por alguien que estaba en una silla de ruedas, y luego tratar de forzar a la persona para que se levantara de la silla y estuviera en pie. En Hechos 3, leemos acerca de un hombre que era "cojo de nacimiento" y a quien lo ponían a pedir limosnas a la puerta del templo que se llamaba "la Hermosa" (v. 2). Mientras Pedro y Juan estaban entrando al templo para orar, el hombre les pidió algunas monedas. Cuando lo hizo, Pedro miró directamente al hombre y le dijo que no tenía dinero para ofrecerle, pero que le daría lo que tenía. Entonces, Pedro le ordenó al hombre que caminara en el nombre de Jesús:

> "Y tomándole por la mano derecha le levantó; y al momento se le afirmaron los pies y tobillos; y saltando, se puso en pie y anduvo; y entró con ellos en el templo, andando, y saltando, y alabando a Dios" (Hechos 3:7-8).

Tomar a alguien de la mano como Pedro hizo en este pasaje es muy diferente a tratar de forzar a la gente a que camine por sí misma.

Nuevamente quiero dejar esto en claro: los dones del Espíritu Santo no pueden ser ejercidos a la fuerza. Pueden ser deseados y, luego, desarrollados por el uso, pero no pueden ser forzados o falsificados.

EL HACER MILAGROS

"A otro, el hacer milagros" (2 Corintios 12:10).

Jesús hizo muchos milagros. Por ejemplo, convirtió el agua en vino (vea Juan 2:1-10) y alimentó una multitud con el almuerzo de un muchacho, del que sobraron canastas llenas de alimento (vea Juan 6:1-13). Hay muchas clases de milagros: de provisión, de liberación, de sanidad, y muchos más.[7] Ya hemos mencionado milagros en conjunto con sanidad, pero ahora quisiera abundar en este tema, contándoles sobre un amigo nuestro.

Conocemos a un hombre que es misionero, y a quien Dios usa en milagros de sanidad. Hizo su primera cruzada misionera cuando era muy joven. Había visto a otros hombres de Dios hacer cruzadas, y sabía que tenía el mismo llamado sobre su vida.

Sin ninguna experiencia, sin dinero y sin entrenamiento formal, partió a su primer viaje misionero. Fue a un pueblo en un país extranjero, y comenzó a anunciar que iba a hacer una cruzada donde sucederían milagros, señales y maravillas. Más tarde, nos contaba que nunca le pasó por la mente cuál podría ser la reacción de la gente si no se producían los milagros.

Nos dijo que todo iba bien hasta que se paró en la plataforma por primera vez y comenzó a ver cojos, ciegos y sordos en la audiencia. Había gente leprosa y otra con enfermedades terribles, así que mientras miraba alrededor, el temor sacudió su corazón. Pensó: *Oh mi Dios, ¿qué he hecho? ¿Qué pasará si no se realizan los milagros?* Entonces, de repente su corazón se llenó de fe. Le dijo a Dios que había venido en el nombre de Jesús, no en su propio nombre. Más adelante, él declaró que era la reputación de Dios la que estaba en juego, no la suya.

Con esa declaración, se paró firme y comenzó a predicar. Luego, mientras oraba por los enfermos, comenzaron a producirse los milagros: de repente los ojos de los ciegos eran abiertos y los cojos caminaban. Decía que sintió como si estuviera parado atrás como un espectador. Veía lo que estaba pasando, pero sabía que nada de eso tenía que ver con él. El don de milagros comenzó a operar y ha seguido operando en sus cruzadas desde entonces.

Como muchas otras personas, Dave y yo hemos experimentados milagros de provisión en todos estos años—momentos en que Dios ha provisto de manera tan sobrenatural, que es obvio que ha ocurrido un milagro.

Los milagros son cosas que no se pueden explicar, cosas que no ocurren por medios comunes. Todos podemos y debemos creer que Dios obrará milagros en nuestras vidas, pero algunas personas son escogidas por Dios para tener el don de hacer milagros y que fluya a través de ellos. Puede ocurrir en una o más ocasiones, o puede ser un fluir habitual; todo está en la sabiduría del Espíritu Santo.

PROFECÍA, GÉNEROS DE LENGUAS E INTERPRETACIÓN DE LENGUAS

"a otro, profecía;…a otro, diversos géneros de lenguas; y a otro, interpretación de lenguas" (1 Corintios 12:10).

Aunque mucho se ha dicho sobre el hablar en lenguas, como en el pasaje citado, es en verdad un don maravilloso, y en 1 Corintios 14:1 Pablo nos dice que debemos procurar los dones, especialmente el de profecía. Él consideró que la profecía era más beneficiosa en reuniones públicas porque todos los presentes podían entenderla, puesto que las lenguas no podían entenderse a menos que se interpretaran. Por lo tanto, en el versículo 5 vuelve y dice que el hablar en lenguas con interpretación es lo mismo que profetizar.

En el versículo 2 de ese capítulo, Pablo nos dice que cuando hablamos en lenguas hablamos a Dios, no a los hombres, y que articulamos verdades secretas en el Espíritu Santo. En el versículo 5 dice que desearía que todos habláramos en lenguas, pero "más que nada" quisiera que la gente profetizara o "fuera inspirada a predicar e interpretar la voluntad divina y el propósito [de Dios]" (traducción de la versión inglesa AMP).

En estos pasajes, Pablo recalca la importancia de que todos seamos edificados. Enfatiza que todos deberíamos beneficiarnos con lo que se dice. Como señala en el versículo 17, cuando alguien habla en lenguas ellos dan gracias, pero el oyente no es edificado; esa persona no recibe ningún beneficio.

Luego, en los versículos 18 y 19, Pablo dice que da gracias que él habla en lenguas más que todos ellos, pero que en culto público prefiere decir cinco palabras que puedan ser entendidas por todos los presentes que diez mil palabras en una lengua desconocida.

Más adelante, en el mismo capítulo, Pablo da

instrucciones específicas sobre el hablar en lenguas en una reunión pública:

"Si habla alguno en lengua extraña, sea esto por dos, o a lo más tres, y por turno; y uno interprete. Y si no hay intérprete, calle en la iglesia, y hable para sí mismo y para Dios" (1 Corintios 14:27-28).

Creo que esta carta, escrita a los corintios, estaba destinada a enseñarles cómo operar con los dones del Espíritu Santo en el culto público, no en sus vidas personales. Hay un don de lenguas que opera en el culto de la iglesia, que debe ser interpretado. Creo que este don de lenguas es un poco diferente del lenguaje de oración privada que se recibe cuando se es bautizado en el Espíritu Santo, como una señal o evidencia de recibir la plenitud del Espíritu Santo. No quiero decir que la lengua sea diferente, o con sonidos diferentes, sino que la operación del don es diferente. Privadamente podemos orar en lenguas todo lo que queramos, como se ha mencionado previamente, porque cuando lo hacemos somos edificados y avivados en nuestra fe.

Con ese entendimiento, vamos a mirar los dones de profecía, lenguas e interpretación de lenguas por separado, como hemos hecho con los otros dones del Espíritu individualmente.

PROFECÍA

"Seguid el amor; y procurad los dones espirituales, pero sobre todo que profeticéis" (1 Corintios 14:1).

Se puede profetizar a un solo individuo o a una congregación completa. A veces, la profecía es más general; en otros momentos, es más específica. Puede venir mediante un mensaje o sermón preparado, o por revelación divina. La profecía tiene que ver con la voluntad de Dios, es instructiva o edificante y puede traer corrección.[8]

La profecía y el ministerio de profeta son definitivamente importantes; sin embargo, sería negligente si no hago una amorosa advertencia para que tengamos mucho cuidado en esta área.

De este don en particular, se ha abusado y causado un gran problema de confusión en la iglesia. Hay profetas falsos tanto como genuinos. Hay algunos que realmente no tienen la intención de causar daño; que piensan que son profetas, pero hablan verdaderamente de su propia mente, voluntad o emociones.

Probablemente, el mayor daño por mal uso de este don, ocurre cuando una persona le dice a otra que tiene "una palabra" para ella. A menudo, la persona que está recibiendo la profecía acepta esa palabra como si fuera de Dios, sin tratar de probar al espíritu o ver si su espíritu le da testimonio de que el espíritu que está detrás de esa "palabra", verdaderamente es de Dios (vea 1 Juan 4:1; Romanos 8:16).

Habitualmente, la verdadera profecía confirmará lo que ya ha sido revelado, aunque sólo sea vagamente, al corazón de la persona. Le dará testimonio a su espíritu de que es verdadero. Aun si es para corrección, será acerca de algo que Dios ya ha estado tratando con esa persona. La profecía la dirige al centro del asunto o le llama la atención sobre algo que desconoce.

Un buen ejemplo de lo beneficioso que es el don de profecía, fue cuando en 1985 estaba tratando de decidir si debía dejar mi posición como pastora asociada en cierta iglesia. Había trabajado ahí por cinco años y disfrutaba de un ministerio exitoso. Amaba a la gente y tenía una tremenda comunión con el liderato, pero también tenía un fuerte deseo de hacer otras cosas que no podía hacer, a menos que tuviera mi propio ministerio. No quería cometer un error. Realmente sentía que Dios me estaba dirigiendo a salir, pero tenía temor.

Durante esa etapa de decisión, muchos me profetizaron, tanto gente que me conocía como otra que no. Básicamente, todos me decían lo mismo: "Dios te está llamando a salir. Veo que vas al norte, sur, este y oeste haciendo conferencias. Veo tremendo crecimiento en tu ministerio. Veo que alcanzas multitudes".

Una mujer, a la que nunca había visto antes, vino a la iglesia a ministrar. Me profetizó que, algún día, estaría en la televisión alrededor del mundo y me veía con un satélite. A otra mujer, que algún día trabajaría para un ministerio grande de televisión. En la actualidad, la mujer que recibió esa profecía trabaja para mí, y yo estoy en la televisión, con una audiencia potencial de más de cuatro mil quinientos millones de personas que escuchan mis programas.

La verdadera profecía se cumple. Una manera de probarla, es ver si se cumple. Todas las profecías que recibí en aquel tiempo, confirmaron lo que ya había en mi corazón. Aumentaron mi fe para salir y obedecer a Dios.

También se me han dado profecías personales que no fueron beneficiosas. Por ejemplo, algunas personas que no conozco me han hecho advertencias de peligro o "mensajes de Dios" en las que parecía que estaba haciendo cosas malas o tomando malas decisiones. Esas profecías producen temor, y destruyen el valor y la confianza. Me tomó bastante tiempo comprender que la decisión final descansa en mi propio corazón. Si mi espíritu no me da testimonio de la palabra que se me da, la descarto o la coloco en una gaveta y la dejo ahí hasta que Dios la confirme, cuando Él quiera que pase.

También he recibido palabras de corrección de gente que no conozco. Aunque no siempre me gustan estos mensajes, después de varios días tuve la certeza de que Dios, en verdad me estaba hablando. Espero poder permanecer siempre lo suficientemente humilde como para recibir corrección si es de Dios; pero también deseo ser lo suficientemente sabia, como para no creer todo lo que cada persona me dice que tengo que hacer.

Oro lo mismo para usted.

EL HABLAR EN LENGUAS

"Doy gracias a Dios que hablo en lenguas más que todos vosotros" (1 Corintios 14:18).

Los creyentes de algunas partes del Cuerpo de Cristo son quizás más conocidos por operar en los dones del Espíritu, que aquellos que tienen otros trasfondos espirituales. Estos grupos de iglesias incluyen la enseñanza de los dones del Espíritu como una parte regular de su instrucción bíblica. Otros grupos de creyentes estudian los dones, pero no están abiertos a su manifestación, y algunos no enseñan para nada el tema.

Personalmente, creo que muchas iglesias no enseñan a la gente a operar en los dones del Espíritu Santo porque no los entienden o les tienen miedo. Pueden haber visto o escuchado de los abusos, y prefieren evitar la posibilidad de error o decepción. No sé lo que enseña cada iglesia. Sólo sé lo que me enseñaron, y tengo el testimonio de gente de variados trasfondos, que me cuentan que nunca han escuchado hablar de tales temas en sus iglesias.

¿Puede haber algún tema de las Escrituras que la gente desconozca por no haber escuchado nunca de él, aunque haya ido a la iglesia durante años? ¿No debemos ser todos enseñados en todo lo que trata la Biblia?

Ignorar el bautismo en el Espíritu Santo y los dones del Espíritu puede cerrar la puerta a algunos problemas como los excesos y abusos, pero también la cierra a un sinnúmero de bendiciones que las personas necesitan desesperadamente en sus vidas diarias.

Necesitamos los dones del Espíritu Santo. Fuimos creados por Dios con un anhelo de lo sobrenatural y, si la iglesia no llena esa necesidad, triste es decirlo, Satanás está esperando listo para darnos una imitación que satisfaga ese deseo.

Ya hemos discutido el hablar en lenguas en conexión con el bautismo del Espíritu Santo. La mejor y más fácil manera de describir este don del Espíritu, es decir que es un lenguaje espiritual, uno que el Espíritu Santo conoce y escoge hablar a través de usted, pero que usted no conoce.[9]

Como Pablo, tengo que decir a mis lectores: "Qué bueno que hablo en lenguas". Hablo mucho en lenguas. Me ayuda a estar en el Espíritu, y me ayuda a ser sensitiva a la dirección de Dios. Además, soy edificada—fortaleciéndome espiritualmente—mientras oro en lenguas.

En todos los tiempos, a la gente que habla en lenguas se la ha visto como gente rara. A las lenguas se le ha hecho mala fama, por así decir. Muchos que, personalmente, no saben nada del don de hablar en lenguas lo critican y lo juzgan mal.

Pablo habló en lenguas. Los ciento veinte discípulos que fueron llenos del Espíritu Santo en el día de Pentecostés, *todos* hablaron en otras lenguas. Otros creyentes que recibieron el bautismo del Espíritu Santo, como se menciona en el libro de los Hechos, hablaron en lenguas. ¿Por qué usted y yo no podemos hablar en lenguas?

INTERPRETACIÓN DE LENGUAS

"Si habla alguno en lengua extraña, sea esto por dos, o a lo más tres, y por turno; y uno interprete" (1 Corintios 14:27).

Cuando una persona habla en lenguas en un culto público, el mensaje debe ser interpretado, tal como Pablo dice en este pasaje. A menudo, recibo interpretación de mensajes que han sido dados en lenguas. Me llegan como una impresión o un conocimiento en mi espíritu de lo que Dios está tratando de comunicar a los oyentes.

La interpretación de lenguas viene de la misma manera que las lenguas. Una persona puede sentir un ardor en su espíritu, un conocimiento de que tiene que hablar en lenguas desconocidas, aunque no tenga idea de lo que significa el mensaje en lenguas. A su vez, la persona que interpreta recibe en su espíritu una impresión de lo que Dios quiere decir. Ambos deben operar en fe, porque sus mentes no están involucradas en el proceso. Lo que quiero decir, es que la información que se transmite no viene de sus mentes, sino directamente de Dios a sus espíritus.[10]

Pablo anima a los creyentes a orar para que puedan interpretar, y yo creo que debemos hacerlo. Eso nos capacita para tener un mejor entendimiento de lo que estamos orando en lenguas en privado.

Cuando oro en lenguas, a menudo percibo en qué dirección general estoy orando, aunque sin saber exactamente los detalles. Oro en lenguas por un rato, luego en mi lengua nativa [inglés] por otro rato. Así que oro tanto en lenguas como en inglés y viceversa hasta que me siento satisfecha en mi espíritu y sé que he terminado.

Puede intentar usar ese método cuando ore en su lenguaje de oración o puede que sea dirigido a orar de una manera completamente diferente. Lo importante es que se deje dirigir por el Espíritu Santo en esta área.

DISCERNIMIENTO DE ESPÍRITUS

"A otro, discernimiento de espíritus" (1 Corintios 12:10).

Creo que el discernimiento de espíritus es un don extremadamente valioso, y le aconsejo que lo anhele y lo desarrolle.

Algunos dicen que el discernimiento de espíritus les da a las personas una percepción sobrenatural del campo espiritual cuando Dios se lo permite. Creen que no es exclusivamente el discernimiento de espíritus malignos o demoníacos, como cuando Pablo identificó al espíritu de adivinación en una niña que hacía fortunas en Filipos (vea Hechos 16:16-18); sino, también, el discernimiento de espíritus divinos, como cuando Moisés entró en el campo espiritual y vio las "espaldas" de Dios (vea Éxodo 33:18-23), o cuando Juan estaba en exilio en la isla de Patmos y tuvo una visión del Cristo resucitado (vea Apocalipsis 1:9).

Muchos creen que el discernimiento de espíritus también se extiende a ayudarnos a conocer la verdadera naturaleza de aquellos con quienes tratamos, si son buenos o malos.[11] En otras palabras, nos puede ayudar a conocer el motivo que hay detrás de cada persona o la verdadera naturaleza de una situación.[12] Por ejemplo, alguien puede aparentar estar haciendo algo bueno, y, sin embargo, podemos sentir que algo anda mal dentro de esa persona. A menudo, ésa es la forma en que Dios nos advierte de que la intención de esa persona es maligna.

En la actualidad, mucha gente no es lo que aparenta ser. El mundo está lleno de personas falsas y engañadoras que lo único que buscan, es sacar lo que puedan—y les tiene sin cuidado cómo lo obtengan.

En nuestro ministerio hemos tratado con personas que tienen todas las respuestas: algunos aparentan ser una gran inversión para el lugar de trabajo, iglesia, grupo u organización—la persona perfecta para el trabajo, por decirlo así. Capaces de prometer toda clase de cosas y que luego acaban sin cumplir nada. Dicen cualquier cosa que creen que queremos escuchar sólo para cerrar el trato; luego hacen lo que se les ocurre, dando excusas vez tras vez por no haber cumplido lo que prometieron.

Hay personas que son "lobos vestidos de ovejas", y la Biblia nos advierte acerca de ellos (vea Mateo 7:15). Actúan como si quisieran ayudarnos, cuando en realidad esperan destruirnos. Satanás mismo usa esta gente para engañar a los cristianos y destruir los esfuerzos divinos.

He orado mucho por discernimiento en mis años de ministerio. Nunca pensé o supe orar por tal cosa antes de ser bautizada con el Espíritu Santo, pero desde entonces he aprendido sobre este maravilloso don—y es una gran ventaja confiar en la operación de él.

En nuestro ministerio, Dave y yo tenemos que tomar muchas decisiones, probablemente más que las que toma una persona promedio. Muchas de esas decisiones envuelven los destinos de otras personas, algo que tomamos con mucha responsabilidad. Debemos decidir acerca de, por ejemplo, aquellos con quienes estaremos o no involucrados en el ámbito ministerial. Es importante saber con quiénes nos relacionamos porque los espíritus son transferibles, por decirlo así. En otras palabras, podemos fácilmente, terminar siendo como los que están a nuestro alrededor. Por ejemplo, Eliseo llegó a ser como Elías porque se mantuvo en contacto muy cercano con él (vea 2 Reyes 2:15).

La gente con quien estamos en comunión nos afecta; y también, la gente nos juzga por aquellos con quienes estamos en contacto. Si alguien es conocido como deshonesto, y nos ven en su compañía, naturalmente, la gente puede pensar que somos iguales a esa persona.

Es importante que la gente confíe en quienes les ministran; de lo contrario, sus corazones no se abren sino que se cierran ante el temor y la sospecha. Yo quiero que la gente confíe en mí; quiero que mi ministerio sea efectivo en sus vidas.

Me gustaba citar frecuentemente un libro escrito por alguien que no conocí. Un día recibí una carta donde me preguntaban si sabía que la persona que había escrito ese libro se había divorciado de su esposa y hecho muchas cosas deshonestas. Por supuesto, no estaba al tanto de esos hechos, y dejé de usar ese material como recurso, porque si otras personas conocían esta información, podía suceder que tuvieran mal concepto de mí y cerraran su corazón hacia mí y mi ministerio.

Aunque la información del libro era buena, la persona que estaba detrás de él había caído. Debo ser más cuidadosa al usar los materiales de otros.

Podemos decidir muchas cosas sin considerar a otros, sin tomar en cuenta que son seres espirituales.

Recuerdo a un hombre que se sentó en mi oficina como postulante para un trabajo. Todo el mundo pensaba que era la persona perfecta para realizarlo, pero algo de él me molestaba. No había razón alguna para que me sintiera de esa manera respecto a él. Sus referencias y destrezas eran buenas, y asistía a mi iglesia regularmente. Trataba de convencerme a mí misma para no sentirme así, pero por más que intentaba no podía sacudirme la sensación de que algo no estaba bien en él. A pesar de mis sentimientos, lo contratamos, y resultó ser un gran problema. Deseé muchas veces haber seguido mi discernimiento en lugar de la razón.

En otro momento, contratamos a una mujer que me hizo sentir de la misma manera y terminó causando un ambiente de contienda en su departamento, a pesar de que en la superficie aparentaba ser una persona dulce e inocente.

En otra ocasión contratamos a una joven que se había graduado recientemente de la universidad. Nos dijo que había ido a la universidad con el deseo de graduarse y trabajar para nuestro ministerio. Era muy inteligente y capaz, pero algo en ella parecía no andar bien. Luego de que la contratamos, la gente de su departamento comenzó a renunciar, pero nunca nadie se quejó de ella. Esto siguió pasando durante casi un año, y terminamos perdiendo varios buenos empleados. Cada renuncia tenía que ver con una situación particular. Aunque yo me decía: "Tanta gente no puede estar yéndose de un departamento a menos que algo ande mal", no podíamos dar con una razón natural para el problema.

Luego de que ocurrió una serie de otros eventos con ella, descubrimos que a propósito hacía reñir a los empleados unos con otros y disfrutaba de verlos irse como resultado de las mentiras que les decía.

Sé que suena raro que un cristiano haga tal cosa pero, créanme, hay toda clase y categorías de personas que se llaman cristianos. Esta joven creía en Jesús, pero era carnal y tenía algunos problemas emocionales que recién salían a la superficie después de tratar con ella durante un tiempo.

Algunas personas son expertas en montar un espectáculo. Pueden simular ser cualquier cosa que a los demás les gustaría que ellos fueran, pero no son reales. El mundo está lleno de personas confundidas, y necesitamos que el discernimiento esté operando para que nos mantenga libres de inconvenientes.

En el caso de la joven que nos estaba ocasionando estos problemas, no podíamos encontrar una razón para lo que sucedía en su departamento. Pero, muy adentro de mí, sabía que lo que ocurría era mucho más que mera casualidad.

El razonamiento siempre nos roba el discernimiento. La Palabra de Dios nos enseña que no nos apoyemos en nuestro propio entendimiento, y a no ser sabios a nuestros propios ojos (vea Proverbios 3:57). En otras palabras, tenemos que tener una actitud humilde. No debemos confiar completamente en nuestro propio pensamiento, sino descansar en Dios para que nos dirija y guíe a toda la verdad.

Como ya he dicho, el discernimiento también nos ayuda a reconocer cuando algo es de Dios. Después de ver el daño que un empleado puede causar en nuestro ministerio, una se siente tentada a llegar a conclusiones equivocadas cuando alguien comienza a irritarnos. Si me impaciento con la gente, podría fácilmente acariciar el pensamiento de despedirla, pero a veces Dios interviene, y dice: "No, quiero que trabajes con ellos como Yo trabajé contigo". Puede que en lo externo necesiten cambiar, pero tienen un corazón para Dios y para nuestro ministerio. Después, me doy cuenta de que "si no hubiera sido por la gracia de Dios, yo estaría allí". Estoy segura de que otros ministerios con los cuales trabajé, deben haber querido despedirme a veces por mi mala conducta, pero el discernimiento de Dios les dijo que fueran pacientes y trabajaran conmigo.

Hoy más que nunca, se necesita ese discernimiento en el Cuerpo de Cristo, porque el diablo trata de separar a la gente que es llamada a trabajar junta hacia una meta común. Él crea los malentendidos para ofenderlos y destruir la unión entre ellos, y que así se destruya lo que habrían alcanzado si hubieran permanecido en armonía.

Satanás conoce muy bien el poder del mutuo acuerdo, por lo que, en Mateo 18:19, Jesús dijo: "Otra vez os digo, que si dos de vosotros se pusieren de acuerdo en la tierra acerca de cualquiera cosa que pidieren, les será hecho por mi Padre que está en los cielos". En estos años, he aprendido de manera difícil a seguir mi corazón y no mi cabeza. Todavía cometo errores a veces, pero conozco de primera mano el valor del discernimiento respecto a lo que es bueno y malo.

PROCURE TODOS LOS DONES

"Ahora bien, hay diversidad de dones, pero el Espíritu es el mismo" (1 Corintios 12:4).

Los dones del Espíritu son difíciles de explicar porque operan en el campo del Espíritu. Espero y oro que haya podido hacer una descripción adecuada de ellos y de sus operaciones básicas. Me doy cuenta de que hay mucho para decir sobre el tema, y como he dicho, le animo a que lea otros buenos libros que están dedicados totalmente a la enseñanza del tema de los dones del Espíritu Santo.

También le insto a que comience a orar por los dones del Espíritu. Pídale a Dios que lo use con ellos y que permita que fluyan a través de usted como a Él le plazca. No busque sólo los dones "llamativos", sino los que son más excelentes.

La fe es uno de esos grandes dones. La sabiduría es mayor que la ciencia o el discernimiento, aunque todos son muy importantes. La profecía es mayor que el hablar en lenguas o la interpretación de lenguas.

Algunas personas cometen el grave error de

buscar los dones más exuberantes, e ignoran los que verdaderamente pueden mantenerlos alejados de problemas mientras están obrando los otros.

La gente puede tener ciencia, pero carecer de sabiduría para usarla. Pueden tener discernimiento, pero no tener sabiduría para manejar el discernimiento que se le ha dado. Otros podrían hablar en lenguas todo el tiempo y edificarse a ellos mismos, pero no operar en amor si no tienen cuidado de cómo serán afectadas las personas que los rodean. Alguna gente podría hacer milagros, pero no tener la fe suficiente como para resistir con paciencia si tienen que atravesar alguna dificultad.

Permitir que los dones del Espíritu trabajen en nosotros, nos ayuda en nuestro diario vivir y les demuestra a los incrédulos el poder y la bondad de Cristo que reposa en nosotros. Cuando los dones del Espíritu Santo operan en nuestras vidas, reflejamos la gloria de la gracia de Dios que es impartida por medio de nosotros, hacia aquellos que necesitan desesperadamente poner su confianza en Jesús. Como Cristo se hace visible en nosotros, su Cuerpo, iluminaremos la verdad de su poder como se describe en 1 Corintios 1:4-10:

> "Gracias doy a mi Dios siempre por vosotros, por la gracia de Dios que os fue dada en Cristo Jesús; porque en todas las cosas fuisteis enriquecidos en él, en toda palabra y en toda ciencia; así como el testimonio acerca de Cristo ha sido confirmado en vosotros, de tal manera que nada os falta en ningún don, esperando la manifestación de nuestro Señor Jesucristo; el cual también os confirmará hasta el

fin, para que seáis irreprensibles en el día de nuestro Señor Jesucristo. Fiel es Dios, por el cual fuisteis llamados a la comunión con su Hijo Jesucristo nuestro Señor. Os ruego, pues, hermanos, por el nombre de nuestro Señor Jesucristo, que habléis todos una misma cosa, y que no haya entre vosotros divisiones, sino que estéis perfectamente unidos en una misma mente y en un mismo parecer".

Sí, procure todos los dones, pero asegúrese de buscar sinceramente los que son mayores. Especialmente, busque caminar en amor, porque el amor está por encima de todos ellos.

NIVEL DE INTIMIDAD
4

~~~~

El fruto eterno de Dios

"Permaneced en mí, y yo en vosotros. Como el pámpano no puede llevar fruto por sí mismo, si no permanece en la vid, así tampoco vosotros, si no permanecéis en mí. Yo soy la vid, vosotros los pámpanos; el que permanece en mí, y yo en él, éste lleva mucho fruto; porque separados de mí nada podéis hacer. El que en mí no permanece, será echado fuera como pámpano, y se secará; y los recogen, y los echan en el fuego, y arden. Si permanecéis en mí, y mis palabras permanecen en vosotros, pedid todo lo que queréis, y os será hecho. En esto es glorificado mi Padre, en que llevéis mucho fruto, y seáis así mis discípulos".

—Juan 15:4-8

14

Dones para todos

~~~~~~~~~~

"Y él mismo constituyó a unos, apóstoles; a otros, profetas; a otros, evangelistas; a otros, pastores y maestros" (Efesios 4:11).

"De manera que, teniendo diferentes dones, según la gracia que nos es dada, si el de profecía, úsese conforme a la medida de la fe; o si de servicio, en servir; o el que enseña, en la enseñanza; el que exhorta, en la exhortación; el que reparte, con liberalidad; el que preside, con solicitud; el que hace misericordia, con alegría" (Romanos 12:6-8).

De estos dos pasajes, vemos que los dones de Dios son muchos y variados. De hecho, cada persona recibe uno o varios dones de Dios. La gente puede tener muchas cualidades, pero hay usualmente un don primario que opera a través de ellos.

Por ejemplo, yo soy una maestra y predicadora del evangelio. Voy a viajes misioneros, pero no soy una misionera en el verdadero sentido de la palabra. Ayudo a la gente, pero no tengo el don de ayudar (vea 1 Corintios 12:28) que atiende más a los aspectos prácticos de la vida. Sé cómo ser misericordiosa, pero no tengo el don de la misericordia. Lo mismo opino de los demás dones mencionados en 1 Corintios 12: Todos pueden operar en nosotros en diferentes momentos cuando los necesitemos, pero uno debe ser el que prima.

La administración y organización es también un don. Yo soy administradora, y no soy desorganizada, pero no me gusta organizar cosas. Una de mis hijas tiene su don fuerte en el área de ayuda; ella, simplemente, no puede ser feliz por mucho tiempo a menos que esté ayudando a alguien. Le encanta organizar cosas. Una vez, me dijo que una de sus actividades favoritas era hacer una lista de las cosas que debía hacer, y luego ir tachándolas a medida que las iba logrando. Ella disfruta, particularmente, la parte de "ir tachando de su lista". Dice que le da una sensación asombrosa de satisfacción.

Mientras pienso en cómo soy, encuentro que no disfrutaría de eso. Rara vez hago listas, y cuando las hago, habitualmente no tacho las cosas a medida que las ejecuto. Simplemente, miro la lista para ver qué me falta y hacerlo. Cuando termino, la tiro a la basura.

Lo que disfruto, mucho más que hacer listas y tachar los proyectos terminados, es darle a otras personas trabajos para que pongan en sus listas. Yo soy jefa; nací para ser jefa, y probablemente seré siempre la jefa de alguien—¡aunque sea del perro! Soy líder, y los líderes quieren decirles a otros lo que tienen que hacer.

No soy vaga, ni tampoco una buena líder, pero logro mucho motivando a otras personas a hacer cosas. Alguien como mi hija preferiría hacer las cosas ella misma, porque así sabe que serán hechas exactamente de la manera que quiere que se hagan.

Verdaderamente, es asombroso ver cuán diferentes somos todos, pero sobre la base de los pasajes anteriores, vemos que Dios nos crea y nos equipa de esa manera.

EL MINISTERIO DE LOS CINCO DONES

"Y él mismo constituyó a unos, apóstoles; a otros, profetas; a otros, evangelistas; a otros, pastores y maestros, a fin de perfeccionar a los santos para la obra del ministerio, para la edificación del cuerpo de Cristo" (Efesios 4:11-12).

A los dones de apóstol, profeta, evangelista, pastor y maestro se los menciona a menudo como el ministerio de los cinco dones. Éstos son los cinco oficios que deben funcionar en la iglesia para brindar a la gente un ministerio completo.

El *pastor* debe residir en la iglesia local la mayor parte del tiempo para pastorear, entrenar, amonestar, edificar, corregir e instruir a las ovejas (la congregación). Él se involucra personalmente en sus vidas; los conoce y conoce a sus hijos, y puede efectuar casamientos y funerales para las familias, así como ayudarlos y aconsejarlos de muchas maneras. El pastor ama a la gente y tiene una visión para la iglesia que dirige.

Los otros cuatro oficios pueden o no funcionar fuera de la iglesia local. Si no residen en la iglesia, creo que deberían ser traídos periódicamente para que la gente reciba de todos los dones. Todos estos oficios son verbales, que quiere decir que hablan a las vidas de las gentes. Si el *misionero* (o el *evangelista*) nunca viene, la gente perderá de vista la importancia de las misiones mundiales. Su visión será estrecha y no incluirá a otros fuera de su propia congregación, familia, comunidad o nación.

El *apóstol* es un fundador, uno que puede ser usado por Dios para comenzar una nueva iglesia o ministerio. Los apóstoles operan en el don de la enseñanza, más fuerte que los maestros regulares, y frecuentemente son usados para traer corrección. Pablo era un apóstol. Él estableció iglesias y creyentes, ayudando a las personas a echar raíces y afirmarse en el Señor. Él tenía un llamado para ayudar el Cuerpo de Cristo entero, no sólo a una congregación local.

El *profeta* ve y conoce cosas. El mensaje del profeta puede ser tan claro como el del pastor o apóstol (aunque puede que no), pero es a menudo más profundo. Puede requerir discernimiento o una habilidad para leer las entrelíneas, por así decir, porque los profetas hablan cosas que han visto en el campo espiritual. Habitualmente, los profetas no son maestros de profundidad. Pueden ser buenos maestros, pero no siempre profundizan tanto en un tema como lo harían los apóstoles o maestros.

Tengo una amiga que es una predicadora excepcional

y maestra con aptitud profética. En sus enseñanzas comparte varios puntos poderosos, pero no desarrolla una enseñanza en ninguno de ellos. Me encanta escuchar sus mensajes porque me proveen de nuevo material. En ellos, presenta rápidamente a la gente varios puntos a considerar, mientras que en mi enseñanza me tomo tiempo para situar la gente en cada tema concreto. Puedo tomar uno de sus sermones y, de ese solo, hacer una serie de estudios de cuatro partes. Incluso ella me dice: "Joyce, debes llevarte este pensamiento y hacer una serie de enseñanzas de él".

Los profetas son a menudo malinterpretados porque ven cosas que otra gente no ve. Como visionarios, pueden ver lo que Dios quiere hacer, pero no saber cómo hacerlo. Efesios 2:20 dice que la iglesia es edificada sobre el fundamento de los apóstoles y profetas— el profeta ve lo que necesita hacerse, y el apóstol sabe cómo hacerlo.

En el Antiguo Testamento, los profetas eran frecuentemente utilizados para traer palabras fuertes de corrección a reyes, naciones e individuos. Ellos eran la boca de Dios. Hoy en día, todos podemos escuchar de Dios sin que sea necesario tener un profeta que esté diciéndonos qué hacer en cada momento. Pero Dios todavía usa en ciertas ocasiones a los profetas para corregir, así como para traer dirección. Ellos exponen la voluntad de Dios mediante la predicación y la enseñanza.

El *maestro* puede viajar o residir en la congregación local. Durante muchos años, enseñé en una iglesia local varias veces a la semana, tanto en su colegio bíblico como en sus servicios regulares de la semana. Luego, Dios me llamó a viajar y enseñar en muchos lugares, estableciendo creyentes en el llamado de Dios para sus vidas y en la herencia provista por la muerte y resurrección de Jesucristo. Una cosa es tener algo, y otra cosa es saber cómo usarlo apropiadamente. Yo lucho por enseñar a la gente cómo usar lo que Jesús nos dio mediante su muerte.

LA VARIEDAD DE DONES DEL ESPÍRITU SANTO

"Ahora bien, hay diversidad de dones, pero el Espíritu es el mismo" (1 Corintios 12:4).

He podido ser testigo de la interesante diversidad de dones del Espíritu Santo que operan en la gente. El don de exhortación siempre me ha interesado (vea Romanos 12:8). Es uno de los que no poseo, a pesar de haber desarrollado cierta habilidad para exhortar.

Un verdadero exhortador hace sentir a cualquiera como un millonario, como si él o ella fuera lo más importante, la persona más maravillosa del mundo. Y el exhortador lo hace espontánea y continuamente. Conozco varias personas con ese don, y a todos les encanta estar alrededor de ellos. Son muy positivos y casi siempre están con un excelente estado de ánimo; hacen que todos se sientan contentos. A veces, aunque haya faltas, no ven ninguna, ya sea porque no están viendo verdaderamente el problema o porque no les gusta tratar con él aunque lo vean. Por supuesto, no todos los exhortadores son iguales. El grado de su exhortación depende de cuán fuertemente o cuán bien esté desarrollado su don.

Nosotros, de hecho, crecemos en nuestros dones. Podríamos decir que "se afinan" con los años. En algunos momentos aprendemos a conocer nuestros puntos fuertes y débiles y cómo evitar caer en las trampas que van con cada uno.

Una persona con el don de misericordia, por ejemplo, siente lástima de todo el mundo, aun de aquellos que no necesitan que nadie les tenga lástima. Una persona misericordiosa quiere ayudar a todo el mundo. He aprendido que no es bueno tener una persona con el don de misericordia a cargo del ministerio de benevolencia, sin que otros que se involucren, porque la persona misericordiosa puede regalar el ministerio completo si lo dejan.

Aquellos con el don de misericordia, no usan el discernimiento tanto como deberían hacerlo en ocasiones. Sus sentimientos de misericordia hacia la gente herida, a veces dominan sobre el sentido común.

Dave y yo nos complementamos el uno al otro en esta área. Hemos encontrado que cuando uno se siente estricto y no muy inclinado a seguir sufriendo por más tiempo por un empleado, de repente el otro recibe el don de misericordia. A veces es Dave, y otras veces soy yo. En esta forma Dios nos mantiene bien compensados.

Necesitamos que todos los dones operen juntos. Una persona con una inclinación profética o apostólica no puede ser lo suficientemente sensible a la persona necesitada, y puede hacerle falta tener alrededor o trabajar con alguien que tenga el don de misericordia.

Mi esposo es más paciente que yo. Él puede esperar toda una eternidad por algo y no molestarse. A veces, me aguanta y evita que me apresure, y otras veces le enciendo la mecha y lo ayudo a moverse más rápido. Nos necesitamos mutuamente. El equilibrio que tenemos, nos ayuda a movernos en el tiempo de Dios, no en el nuestro.

Qué fácilmente se puede ver la sabiduría de Dios en la distribución de los dones. Él se asegura de que todo esté balanceado. ¿Dónde estaría una persona como yo, sin colaboradores, administradores, músicos, y tantos otros que me apoyan y animan en mi vida y ministerio? No somos islas; nos necesitamos unos a otros.

Dave y yo frecuentemente hablamos sobre la maravilla de que exista cada trabajo en el mundo. Hay personas que aman estar sentados en andamios todo el día lavando ventanas de edificios altos. Me gusta que las ventanas del edificio de mi ministerio estén limpias, pero me alegra que sea otra persona quien lo esté haciendo.

A uno de mis hijos no siente temor de ir a cualquier parte del mundo, porque es de mente misionera. Cuanto más difícil sea el viaje, más se emociona. Personalmente, prefiero hoteles que cabañas. Me disgusta la suciedad. Quiero saber qué estoy comiendo. No me agrada transpirar, y me siento incómoda en los lugares donde no puedo entender el idioma. Sin embargo, hago viajes misioneros porque quiero hacer mi parte para ayudar a la gente herida en todo el mundo. Amo a la gente y disfruto cuando veo sus vidas cambiadas por el poder de la Palabra de Dios, pero reconozco que no soy una verdadera misionera.

Qué bueno que no puedo ser todo, que no tengo todos los dones. Es muy liberador cuando podemos saber cuáles son y cuáles no son nuestros dones. He aprendido a proveerme de personal para mis debilidades. En otras palabras, yo misma busco para mi equipo gente que haga bien lo que yo no hago o no me gusta hacer. La gente que quiere hacerlo todo por sí misma, y que no sabe cómo delegar o capacitar a otros y dejar que también sean usados por Dios, no puede tener éxito en ningún nivel.

SIN COMPARACIÓN NI COMPETENCIA

"Porque no nos atrevemos a contarnos ni a compararnos con algunos que se alaban a sí mismos; pero ellos, midiéndose a sí mismos por sí mismos, y comparándose consigo mismos, no son juiciosos" (2 Corintios 10:12).

Creo que uno de los mayores errores que cometemos es compararnos a nosotros mismos con otras personas y a nuestros dones con sus dones.

Dios no me va a ayudar a ser otra persona sino yo misma, y de igual manera, Él no le va a ayudar a ser otra persona sino usted mismo. Él no nos está llamando para competir con otros, sino para amarlos y ayudarlos. Debemos usar nuestros dones para realzar los dones de otros, nunca debemos permitirnos caer en las garras del espíritu de celos que es tan preponderante en nuestra sociedad.

Parece que cada uno está tratando de superar al otro. Pensamos que ser primero es ser mejor, pero lo que realmente es mejor es estar donde Dios quiere que estemos. Algunos esperan ser número dos, pero nunca serán número uno siendo número dos. Consumen su vida entera teniendo resentimiento y celos del número uno.

Hay algunas personas que trabajan para nosotros a quienes se les ha ofrecido promoción para ocupar la posición número uno en su departamento y no la han aceptado: ellos consideran que están mejor trabajando para la persona número uno. Les gusta hacer lucir bien a su jefe y asistir a esa persona en cualquier cosa que él o ella hagan; y no se sienten cómodos con la responsabilidad final.

No puedo expresar cuánto respeto tengo por quienes son honestos en la evaluación de sus dones y talentos. Es doloroso ver gente que trata de ser algo que no es.

Yo lo intenté por muchos años debido a la idea equivocada de que la posición tiene que ver con la estima y el valor. Me siento tan feliz desde que Jesús me liberó para que fuera yo misma. He aprendido que cuando envidiamos a alguien, ese celo no nos permite disfrutar completamente del don que ha sido puesto en él o ella. Ciertamente, Dios les da los dones a otros para nuestro contentamiento, y nos los da a nosotros para el deleite de otras personas. Si alguien tiene una voz preciosa, por ejemplo, apreciamos su talento musical. Cuando esa persona canta, ella está ejerciendo su don dado por Dios, pero nosotros estamos disfrutando de él.

Durante una etapa de mi vida estuve celosa de la gente que cantaba bien, porque yo quería cantar como ellos. Aunque puedo cantar con júbilo al Señor, no creo que nadie quiera escuchar un concierto musical mío. En otras palabras, no canto para el deleite del público. Suena bien en el baño, pero hasta ahí puede llegar. Dios me mostró un día que mientras estaba sentada deseando poder cantar como otra persona, yo misma estaba impidiéndome disfrutar por completo del don que Él había puesto en esa persona para mi contentamiento. Desde entonces, he gozado con los dones de otras personas. Juan 3:27 dice:

> "No puede el hombre recibir nada, si no le fuere dado del cielo".

Eso quiere decir que debemos estar satisfechos con el don que tenemos, porque no hay otra fuente de dones que el cielo. En otras palabras, a menos que Dios decida soberanamente darnos, por el Espíritu Santo, otro don o un don diferente, debemos estar satisfechos con lo que ya tenemos, porque eso es todo lo que vamos a obtener. Necesitamos confiar en el Espíritu Santo, creyendo que Él verdaderamente conoce el plan del Padre y que ha sido enviado a este planeta para ayudar a que la voluntad de Dios sea hecha en la tierra y en nosotros.

Por favor, medite en el hecho de que Dios envió el Espíritu Santo a morar en nosotros. Él actualmente vive dentro de cada persona que verdaderamente ha aceptado a Jesucristo como Salvador y Señor. El Espíritu Santo fue enviado para guardarnos hasta el día final de la redención, cuando Jesús regrese a reclamar a los suyos. Él procura dirigirnos y guiarnos a cada uno a la plenitud del propósito por el cual Jesús murió. Cuando peleamos contra nuestro llamado o estamos insatisfechos con lo que somos y con lo que tenemos, peleamos contra la obra del Espíritu Santo en nosotros. Debemos someternos a Él, desarrollar los dones que Él ha puesto en nosotros con su ayuda, y vivir para la gloria de Dios, no nuestra propia gloria.

La única razón por la que estamos insatisfechos con los dones que tenemos es por lo que otros puedan pensar. Nos comparamos y competimos, y haciendo eso, perdemos el gozo de ser lo que Dios diseñó que fuéramos.

¿Por qué una secretaria tiene que contender toda su vida para ser contable, si ella no es buena con los números? ¿Por qué un cocinero profesional tiene que luchar para ser un atleta sólo porque es más fascinante o ganaría más dinero? Si a él le encanta cocinar, entonces debe cocinar.

Una vez, traté con todo mi empeño de aprender a coser. Una amiga mía le hacía toda la ropa a su familia, y yo quería ser como ella. Compré mi máquina de coser, tomé clases, y me puse a coserle algunas ropas a Dave. Hice un par de calzones cortos para él. Cuando terminé, ¡los bolsillos sobresalían de la pierna del pantalón! Yo odiaba coser, pero día tras día me sentaba en la máquina tratando de ser lo que yo pensaba en ese tiempo que era una "mujer normal y corriente".

Fallé en darme cuenta de que era perfectamente normal para Dios. A pesar de que en mi vida tenía un llamado diferente al de otras mujeres que conocía, no era anormal, excepto quizás ante los ojos del mundo.

En Romanos 12:2, se nos dice que no nos conformemos al mundo, sino que renovemos nuestra mente, para que conozcamos cuál sea la voluntad de Dios para cada uno: "No os conforméis a este siglo, sino transformaos por medio de la renovación de vuestro entendimiento, para que comprobéis cuál sea la buena voluntad de Dios, agradable y perfecta". A menos que nos neguemos a adaptarnos a las costumbres mundanas, nunca experimentaremos la perfecta voluntad de Dios para nosotros como individuos.

El mismo capítulo del libro de Romanos habla acerca de la diversidad de los dones dados a los individuos. Todos somos partes de un mismo cuerpo en Cristo, y Él es la Cabeza. En el plano físico, si todo está funcionando armoniosamente, todas las partes del cuerpo deben responder a la cabeza. Las diferentes partes del cuerpo físico trabajan juntas; no tienen celos ni compiten. La mano ayuda al pie a ponerse los zapatos. El pie lleva al cuerpo dondequiera que necesite ir. La boca tiene la función de hablar por el resto del cuerpo. Hay muchas partes en él. No todas tienen la misma función, pero trabajan juntas con un propósito establecido. El cuerpo espiritual de Cristo debería funcionar de la misma manera. Es por eso que el Espíritu Santo utilizó el ejemplo del cuerpo físico cuando inspiró a Pablo a escribir el libro de Romanos (vea Romanos 12:4-7).

Cuando intentamos hacer aquello para lo que no estamos dotados, sólo creamos presión en nuestra vida. Debemos trabajar con el Espíritu Santo para descubrir cuál es nuestro destino, único, hecho a nuestra medida, y entonces trabajar esforzadamente por cumplirlo.

Además de los dones que hemos mencionado, hay muchos más. Están los que son artífices o artesanos, músicos y cantantes; o los que tienen una mente aguda para los negocios. Muchos fueron dotados para entretener a otros, para hacer reír, traer gozo a la vida de las personas. Y otros que son llamados y ungidos para criar hijos.

No existe cosa tal como "sólo ama de casa", o "sólo mamá o papá". No me gusta escuchar a la gente que dice: "soy 'sólo' tal cosa". Lo que somos es importante a los ojos de Dios. No seremos juzgados por no cumplir el destino de otra persona, pero tendremos que dar cuenta por nuestros propios dones y talentos, y mostrar lo que hemos hecho con ellos.

No entierre su talento porque no es igual al de otra persona. No apague al Espíritu Santo apagando los dones que Dios le ha dado.

15

El bautismo de fuego

"Yo a la verdad os bautizo en agua para arrepentimiento; pero el que viene tras mí, cuyo calzado yo no soy digno de llevar, es más poderoso que yo; él os bautizará en Espíritu Santo y fuego" (Mateo 3:11).

Como creyentes, estamos llamados a hacer algo más que ir a la iglesia los domingos por la mañana, seguir rituales prescritos, y ciertamente, más que ser sumergidos en una piscina bautismal o ser rociados con agua en la cabeza. Todo esto es importante y no debemos ignorarlo, pero debería llevarnos a tener el anhelo de recibir el "bautismo de fuego".

En Mateo 20:20-21 la madre de los hijos de Zebedeo vino a Jesús y le pidió que ordenara que sus dos hijos se sentaran uno a su derecha y el otro a su izquierda cuando viniera en su reino. Jesús le respondió que ellos no sabían lo que estaban pidiendo. Luego en el versículo 22, pregunta, "¿Podéis beber del vaso que yo he de beber, y ser bautizados con el bautismo con que yo soy bautizado?".

¿De qué bautismo estaba hablando Jesús? Ya había sido bautizado por Juan en el río Jordán y recibido el bautismo del Espíritu Santo al mismo tiempo (vea Marcos 1:9-12). ¿Qué otro bautismo quedaba disponible?

Jesús se refería al bautismo de fuego. El fuego es un agente purificador, que causa incomodidad mientras hace su trabajo. Jesús no tenía pecado y, por consiguiente, no necesitaba ser purificado; pero nosotros sí. Juan el Bautista dijo que Jesús vendría para bautizar con el Espíritu Santo y con fuego (vea Marcos 1:8; Mateo 3:11).

El fuego de Dios ardió en la vida de Jesús. Él estaba encendido de la gloria de Dios. Fue necesario que fuera a la cruz y pagara una deuda que no debía. En su humanidad, no quería ir, pero estuvo dispuesto a hacer la voluntad del Padre sin importar cuán difícil fuera (vea Mateo 26:37-39). Él experimentó el dolor de la sumisión, como nosotros.

Jesús tuvo sentimientos. Debemos recordar que vino como el Hijo de Dios *y* el Hijo del Hombre (vea Mateo 12:8). Y sí, el fuego de Dios ardió en su vida, tal como ardió en la vida de cada hombre y mujer que realizó algo extraordinario para Dios, según vemos en la Biblia.

Jesús pidió al Padre que nos santificara y nos hiciera uno, para que manifestáramos su gloria en la tierra, diciendo:

"Santifícalos en tu verdad; tu palabra es verdad. Como tú me enviaste al mundo, así yo los he enviado al mundo. Y por ellos yo me santifico a mí mismo, para que también ellos sean santificados en la verdad. Mas no ruego solamente por éstos, sino también por los que han de creer en mí por la palabra de ellos, para que todos sean uno; como tú, oh Padre, en mí, y yo en ti, que también ellos sean uno en nosotros; para que el mundo crea que tú me enviaste. La gloria que me diste, yo les he dado, para que sean uno, así como nosotros somos uno. Yo en ellos, y tú en mí, para que sean perfectos en unidad, para que el mundo conozca que tú me enviaste, y que los has amado a ellos como también a mí me has amado" (Juan 17:17-23).

Permítame recordarle que, así como Sadrac, Mesac y Abednego, en Daniel 3:20-27, pasaron por el fuego, también nosotros tenemos que pasarlo. Pero, igual que esos tres hebreos, cuando salgamos, ni siquiera tendremos olor a humo.

Dios dirigió a los israelitas en el desierto con una nube de gloria durante el día y una columna de fuego por la noche. Mientras meditaba en esta historia de Éxodo 13, Dios me habló y me dijo: "Dile a la gente que nunca serán dirigidos por la gloria si no están dispuestos a ser ungidos por el fuego".

Todos quieren disfrutar la gloria de Dios, pero pocos desean ser alcanzados por su fuego. Pero si usted quiere que la gloria lo guíe a la luz del día donde todos puedan verle, entonces el fuego de Dios va a tener que llegar a los lugares más reservados de su vida. Aprenda a invitar a ambos, la gloria y el fuego de Dios: será fundamental para poder conseguir el grado más alto de intimidad con Él.

El fuego de Dios quemará la paja que hay en su vida. Para esa limpieza no basta con una sola experiencia. No es como si viniera un viento fuerte que se lleva todo lo inconveniente de su vida y usted ya no necesitará nada más. No, el fuego purificador de Dios se parece más al contrato de mantenimiento del auto: es preciso que lo lleve periódicamente para hacer el servicio de inspección y ajuste de piezas.

¿Cuántas veces a la semana, por ejemplo, necesita un cambio de actitud? Si la gloria de Dios brilla en su vida, ¡Satanás se las arreglará para agraviarlo en cada oportunidad que tenga! Por algunas semanas, anote cada vez que algo le frustra o irrita, y verá cuántas veces al mes necesita ayuda con su boca o sus pensamientos.

A veces, Dios usará su Palabra para caer como fuego purificador en ese momento. Mientras más aprenda de su Palabra, más fácil será para Dios recordarle alguna escritura que convenza a su corazón y lo haga arrepentirse por alguna reacción que no haya sido como la de Cristo.

Finalmente, cuando vea el resultado de la limpieza que Él ha hecho, podrá orar pidiendo su convicción, diciendo: Señor, tenías razón. Me has convencido y lo siento. Gracias por mostrarme cómo salir de esa atadura. Quiero cambiar.

Sé que no es fácil cambiar. Durante veintiséis años

estudié la Palabra de Dios, y aún sigo trabajando en muchas áreas. El cambio no es fácil, y todavía no llegué a donde debería estar, pero doy gracias a Dios porque ya no estoy donde estaba antes.

Si somos obstinados (renuentes a arrepentirnos) cuando el Señor nos revela una conducta que necesita modificarse, entonces el amor quita la obstinación. Como vimos, Dios es amor, y Él es un Dios celoso. No quiere que nada ocupe en nosotros el lugar que le pertenece. Y el amor, Dios mismo, nos celará lo suficiente como para continuar limpiándonos hasta que logre el resultado deseado. El mismo amor nos revelará cosas que no queremos ver, para ayudarnos a ser lo que necesitamos ser.

¡Dios lo quiere a usted! Desea el control completo de su corazón, no sólo un permiso de visita. Las personas se quejan porque oran en el nombre de Jesús y nada sucede —pero considerando la cantidad de tiempo que pasan con Él, es obvio que sólo están de visita. Yo no recibí el nombre de mi esposo hasta que me casé con Él. Jesús quiere una relación de matrimonio con su Iglesia; recién entonces podremos usar su nombre cada vez que lo necesitemos y lo veremos obrar poderosamente.

La intimidad con Dios nos da todo lo que necesitamos, incluso poder sobre el mal que trata de enfrentarnos. El Salmo 91:1-2, 9-11 dice:

"El que habita al abrigo del Altísimo morará bajo la sombra del Omnipotente. Diré yo a Jehová: Esperanza mía, y castillo mío; mi Dios, en quien confiaré...Porque has puesto a Jehová, que es mi esperanza, al Altísimo por tu habitación, no te sobrevendrá mal, ni plaga tocará tu morada. Pues a sus ángeles mandará acerca de ti, que te guarden en todos tus caminos".

Algunas personas son como los caballos salvajes que no permiten que se les coloque la silla de montar; no han aprendido que la liberación que les trae paz sucede cuando se someten a Dios y lo obedecen prontamente. Como potros, rechazan la brida y el freno en su boca, que Dios usaría para guiarlos a un lugar de seguridad y provisión.

Hay personas que no están dispuestas a permitir que Dios tome las riendas de su vida porque pretenden controlar su propio destino. Pero nunca sentirán la seguridad que anhelan, o la paz que sobrepasa todo entendimiento, hasta que se entreguen a sí mismos al Espíritu Santo. Si usted quiere esa paz y seguridad, ore así:

Dios, no puedo solucionar la crisis de mi vida; no puedo cambiar mis circunstancias. Haz lo que tengas que hacer en mí y haz lo que tengas que hacer con mis circunstancias. Te pertenezco y me someto a tu cuidado. Quiero ser guiado por tu gloria y ungido por tu fuego.

El fuego devora todas las impurezas y deja todos los residuos encendidos para la gloria de Dios. Mucho de la vieja Joyce Meyer ha sido quemado en el bautismo de fuego en todos estos años. Definitivamente no ha sido fácil, pero ha valido la pena.

EL FUEGO PURIFICADOR

"Porque nuestro Dios es fuego consumidor" (Hebreos 12:29).

Dios desea consumir todo lo que no le rinda gloria en nuestra vida. Él envía el Espíritu Santo a vivir dentro de los creyentes, para estar en una estrecha comunión con nosotros, y traernos convicción en cada pensamiento, palabra o acción incorrecta. Todos necesitamos pasar por ese "fuego purificador" (Malaquías 3:2).

¿Qué significa eso? Significa que Dios tratará con nosotros; cambiará nuestras actitudes, deseos, maneras, pensamientos y conversaciones. Los que atraviesen el fuego en lugar de salir corriendo, serán finalmente los que traerán gran gloria a Dios.

Pasar por el fuego suena atemorizante. Nos hace recordar el dolor y aun la muerte. En Romanos 8:17, Pablo dijo que si queremos ser partícipes de la herencia de Cristo, debemos también serlo de su sufrimiento. ¿Cómo sufrió Jesús? ¿Se espera que nosotros también vayamos a la cruz? La respuesta es sí y no. No tenemos que ir físicamente a la cruz para ser clavados por nuestros pecados pero, en Marcos 8:34, Jesús dijo que debemos tomar nuestra cruz y seguirle. Él hablaba de dejar a un lado nuestro estilo de vida egoísta. Créanme, acabar con el egoísmo requiere algo de fuego—casi siempre, bastante de él.

Fuimos llamados a "andar en el Espíritu", a "vivir en el Espíritu según Dios" y a "vivir la vida del Espíritu" (vea Gálatas 5:25; 1 Pedro 4:6; Romanos 8:9).

Comience tomando la decisión de hacerlo; pero puedo decirle por la Palabra de Dios y mi experiencia, que es más que una decisión; se precisa una obra profunda del Espíritu Santo en nuestra vida. Él "actúa" en nosotros por medio de la Palabra de Dios, que divide el alma y el espíritu (vea Hebreos 4:12). Dios también usa las circunstancias para enseñarnos a permanecer firmes y caminar en amor todo el tiempo.

Estas cosas que somos llamados a hacer no sólo se nos dan; ellas deben trabajar en nosotros. Así como la levadura debe ser amasada junto con la harina—no puede ser rociada para ver los resultados—, así Cristo debe trabajar en nosotros.

En Filipenses 2:12, el apóstol Pablo nos enseña a "ocuparnos" en nuestra salvación con temor y temblor. Eso significa que debemos cooperar con el Espíritu Santo mientras Él comienza, no sólo a vivir en nuestro espíritu, sino en nuestra alma también. Él comienza en nosotros el trabajo de crucifixión o "morir al yo". Pablo dice: "cada día muero" (1 Corintios 15:31). En otras palabras, quiso decir que estaba expuesto constantemente a "hacer morir la carne". No estaba hablando de muerte física, sino de la muerte de su propia voluntad y actitudes.

ESPÍRITU, ALMA Y CUERPO

"Y el mismo Dios de paz os santifique por completo; y todo vuestro ser, espíritu, alma y cuerpo, sea guardado irreprensible para la venida de nuestro Señor Jesucristo" (1 Tesalonicenses 5:23).

Somos espíritu, alma y cuerpo (1 Tesalonicenses 5:23, NVI). El cuerpo es simplemente el vehículo para nuestro espíritu y alma—partes que vivirán eternamente. Cuando morimos, el cuerpo físico vuelve a ser polvo y ceniza, pero nuestro espíritu y alma continúan viviendo.

Recuerde que, cuando invitamos a Jesús a venir al corazón, el Espíritu Santo hace de nuestro espíritu su casa, su morada. Desde esa posición en el corazón, que es el centro de nuestro ser, el Espíritu Santo comienza a trabajar, a purificarnos el alma (que es nuestra mente, voluntad y emociones). La mente nos dice lo que *nosotros* pensamos, no lo que Dios piensa. El Espíritu Santo trabaja para cambiar eso. De acuerdo con 1 Corintios 2:16, tenemos la mente de Cristo. Y Romanos 8 nos enseña que tenemos dos mentes—la de la carne y la del Espíritu. El Espíritu Santo debe enseñarnos cómo pensar de acuerdo con Dios, cómo ser vasos que sean la mente de Dios. Los viejos pensamientos deben ser purificados y perfeccionados.

Las emociones nos dicen lo que *nosotros* sentimos, no lo que Dios siente acerca de situaciones, personas y decisiones que tomamos. De acuerdo al Salmo 7:9, Dios prueba las emociones. Trabaja con nosotros por medio de su Espíritu para que no seamos movidos por la emoción humana, sino sólo por su Espíritu.

Vivir en el plano emocional es uno de nuestros más grandes problemas. Las emociones han sido apodadas el enemigo número uno de los creyentes.[1] Son utilizadas por Satanás, especialmente, para apartarnos de la voluntad de Dios. Los sentimientos son fuertes y difíciles de ignorar o negar; e inconstantes, siempre cambiando, y por lo tanto, peligrosos de seguir. Dios tiene sentimientos respecto a las situaciones, pero son emociones santas, no carnales. Debemos aprender a sentir el corazón de Dios y seguir su dirección en cada circunstancia.

Nuestra voluntad nos dice lo que *nosotros* queremos, no lo que Dios quiere. Tenemos libre albedrío, y Dios no nos forzará a hacer nada. Él nos dirige por su Espíritu a lo que sabe será mejor para nosotros, pero la decisión final respecto a qué hacer es nuestra. Dios desea que aprendamos a tomar decisiones que estén de acuerdo con su voluntad.

Tenemos que usar nuestro libre albedrío para hacer la voluntad de Dios. La voluntad excede las emociones y aun los pensamientos. Tiene el voto final en cada decisión que enfrentamos. Por un acto de nuestra voluntad, usted y yo podemos elegir hacer lo correcto aunque no sintamos hacerlo.

Una vez que pongamos estas tres áreas—mente, voluntad y emociones—bajo el señorío de Jesucristo, podremos considerarnos creyentes maduros o espirituales, como Pablo los llama (vea 1 Corintios 2:15).

En 1 Corintios 3:3, Pablo escribió a los corintios, que habían recibido el bautismo del Espíritu Santo y ejercitaban sus dones, diciéndoles que eran "carnales" porque vivían conforme al alma. En ese versículo leemos: "porque aún sois carnales; pues habiendo entre vosotros celos, contiendas y disensiones, ¿no sois carnales, y andáis como hombres?".

La manera en que podemos evitar ser no espirituales (carnales), es que nos dejemos guiar por el Espíritu Santo.

SEA GUIADO POR EL ESPÍRITU SANTO

"Digo, pues: Andad en el Espíritu, y no satisfagáis los deseos de la carne" (Gálatas 5:16).

Pablo no dijo que los deseos o deleites de la carne morirían y no existirían más para los hijos de Dios. Señaló que debemos optar por andar en el Espíritu, y que, cuando lo hagamos, no sucumbiremos continuamente a la tentación de los deleites de la carne.

Hay muchas cosas disponibles para guiarnos— la gente, el diablo y sus demonios, la carne (nuestro propio cuerpo, mente voluntad o emociones), o el Espíritu Santo. Existen muchas voces en el mundo que nos hablan, y a menudo son varias al mismo tiempo. Es menester que aprendamos a ser guiados por el Espíritu Santo. Recuerde: Él es el Único que conoce la voluntad de Dios y ha sido enviado a morar en cada uno de nosotros para ayudarnos a ser todo lo que Dios ha determinado que seamos, y a tener todo lo que Dios quiere que tengamos.

¡El Espíritu Santo vive en cada uno de nosotros para ayudarnos!

Su ayuda no siempre es bien recibida de primera intención, pero gracias a Dios, Él es perseverante y no se dará por vencido con nosotros. Debemos disponer nuestra vida entera cada día, y decir con toda nuestra fuerza: "¡Espíritu Santo, eres bienvenido a cada área de mi vida!".

Cuando miro hacia atrás, puedo ver que durante todos estos años he estado en un viaje fascinante con Dios. Definitivamente, Él me cambió, y sigue haciéndolo cada día. Tuve muchos problemas, tanto en mi alma como en las circunstancias que me rodeaban en el momento de recibir el bautismo del Espíritu Santo. ¡Cómo podía imaginar lo que sucedería en mi vida! Oraba a Dios por un cambio, ignorando absolutamente que lo que debía ser cambiado en mi vida era *yo*.

Dios comenzó un proceso en mí—lento, constante, y siempre a un paso que pudiera soportar. Como el Refinador, Él se sienta sobre los fuegos que queman nuestra vida para asegurarse de que nunca estén demasiado calientes, y que tampoco se apaguen. Sólo cuando nos mira y ve su propio reflejo, puede apagar el fuego; y sabe que, aun entonces, de vez en cuando, necesitaremos algunos cambios y ajustes.

Cuando Dios estaba tratando conmigo acerca de la paciencia, hubo muchos momentos en los que pude optar por ser paciente o comportarme de mala manera. A menudo me comporté de mala manera; pero el Espíritu Santo se mantuvo convenciéndome, enseñándome, dándome un deseo de vivir para la gloria de Dios. Gradualmente, fui cambiando en un área y luego en otra. Casi siempre descanso un poco entre batallas, y a menudo pienso que finalmente me he graduado, sólo para descubrir que hay algo más que necesito aprender.

¿Le suena esto familiar? Sé que sí, porque todos pasamos por lo mismo cuando deseamos verdaderamente ser guiados cada día por el Espíritu Santo, en lugar de serlo por el mundo, la carne o el diablo.

Ser guiado por el Espíritu Santo significa que Él esté involucrado en cada decisión que tomemos, sea grande o pequeña. Él nos guía en paz y sabiduría, así como por la Palabra de Dios. Nos habla bajito en nuestro corazón, con una vocecita que a menudo llamamos "el testimonio interno". Los que deseamos ser conducidos por el Espíritu Santo, debemos aprender a seguir ese testimonio interno, respondiendo rápidamente.

Sí, por ejemplo, en medio de una conversación comenzamos a sentirnos incómodos, puede ser que el Espíritu Santo nos esté dando señales para que cambiemos de tema o nos callemos. Si nos sentimos inquietos cuando estamos por comprar algo, esperemos hasta discernir cuál es la causa. Quizás no necesitamos el artículo, o podemos encontrarlo a precio especial en otro lado, o puede ser que no sea el momento para comprarlo. Piense que no siempre debemos saber el porqué; sólo tenemos que obedecer.

Recuerdo una vez que estuve en una zapatería. Había escogido varios pares para probármelos cuando, de repente, comencé a sentirme muy incómoda. Ese malestar fue aumentando, hasta que finalmente escuché al Señor decir: "Sal de esta tienda". Le dije a Dave que nos fuéramos, y salimos. Nunca supe la causa ni necesito saberla. Quizás Dios me libró de algún mal que venía para mí, o tal vez la gente de la tienda estaba envuelta en algo perverso. O, quizás, fue sólo una prueba de obediencia. Como dije antes, no siempre tenemos que saber por qué Dios nos conduce por ciertos caminos. Nosotros debemos obedecer, lo cual lo honra. ¡Cuando lo honramos, Él nos honra (vea 1 Samuel 2:30)!

Aun después de haber madurado a un nivel donde ya no deseo tironear más para obtener "cosas", Dios aún utiliza las "cosas" para enseñarme lecciones valiosas. Antes que nada, aprendí que no es malo querer poseer buenas cosas, siempre que no estemos pendientes de ellas.

De hecho, si buscamos a Dios, ¡las bendiciones y posesiones nos buscarán a nosotros! Recuerde que Jesús dijo que si buscamos su reino, el cual es su justicia, paz, y gozo en el Espíritu Santo, todas las cosas que necesitamos (como alimento y ropa) nos serán añadidas (vea Mateo 6:32-33).

Pero también aprendí, que necesitamos desarrollar un maduro sentido de equilibrio en todo lo que hacemos. Alguna gente hace por otros más allá de sus posibilidades, pero no lo hacen por ellos mismos. La autohumillación excesiva es tan desequilibrada como la indulgencia. Primera Epístola de Pedro 5:8 dice: "Sed sobrios, y velad; porque vuestro adversario el diablo, como león rugiente, anda alrededor buscando a quien devorar".

Estar equilibrados significa que no estamos locos

ni hacemos lo que se nos antoja hacer por nosotros mismos, pero también significa que no nos vamos hacia el otro extremo y rehusamos hacer algo bueno por nosotros. Yo, por ejemplo, aprendí a buscar la opinión de Dios cuando compro.

Un día, vi una sortija que realmente me gustaba y que podía comprar pues tenía un dinero ahorrado. Así que caminé alrededor de la tienda durante un rato, y oré por eso. Tenía buen precio, y sabía que era algo que disfrutaría largamente. Probé mis propios impulsos esperando por lo menos media hora; entonces pregunté, "Dios, ¿está bien que compre esa sortija? Tú sabes que haré cualquier cosa que quieras que haga con el dinero, pero me gustaría tenerla si Tú estás de acuerdo".

No tuve ninguna convicción para no hacerlo, así que la compré.

Eso hubiera sido un gran final para la historia, pero hubo más: había también un brazalete. El vendedor aguijoneó: "Está en oferta sólo hasta mañana, y usted debería aprovecharla. Le queda bien".

Cuando a uno *realmente* le gusta algo, pierde la cordura. Mientras titubeaba, encontré a Dave y le dije: "Vamos, quiero que veas este brazalete". Pensaba, *Quizás Dios le dirá que me lo compre.*

Así que lo miró y dijo: "Sí, es bonito. Puedes comprarlo, si quieres".

En mi corazón sabía que *no* debía adquirirlo; no, porque hacerlo fuera un pecado. No había nada malo en ello. Pero, en esa época, mi mayor beneficio estaba en desarrollar la disciplina necesaria para alejarme de algo que realmente me gustaba, pero no era necesario.

Sentí que tal vez en otro momento, Dios me daría libertad para comprarlo, si aún lo deseaba. Pero, mirando hacia atrás, el autocontrol fue más satisfactorio que la autoindulgencia.

Dave tomó la tarjeta del vendedor ese día, para averiguar más adelante si el brazalete estaría en venta posteriormente, incluso a un precio más bajo, pero nunca tuve paz al respecto, y la paz es más preciosa que cualquier compra. Así que finalmente le dije que no lo comprara.

¡Imagínese la sorpresa! Dijo: "¿No lo quieres?".

Dije: "Sí, lo *quiero*, pero resistir es más importante para mí. Ese brazalete no es lo que necesito en este momento".

El punto es éste: si verdaderamente queremos ser felices, necesitamos escuchar a Dios. Él nos dejará saber cuándo algo está o no está bien para nosotros. La Palabra de Dios es una guía valiosa de cómo disfrutar la vida abundante: "Pero la que se entrega a los placeres, viviendo está muerta" (1 Timoteo 5:6). Podemos tener todos los bienes del mundo en nuestros cuerpos, pero estar muertos por dentro.

Prefiero estar llena de vida que adornada con joyas sin fruto. Creo que si, después de perder la paz, hubiera gastado dinero en ese brazalete, nunca lo habría disfrutarlo. Tal vez, hubiera tenido un impresionante brazalete para lucir, pero su brillo opacaría mi gozo.

Cuando nos disciplinamos para no comprar algo que

nos gusta porque sentimos que Dios nos advierte que no lo hagamos, es como sembrar una semilla. Cuando sembramos, siempre cosechamos. Seguramente, he recibido muchos brazaletes de regalo desde aquel momento, sin siquiera advertir que eran cosecha de la obediencia que sembré tiempo atrás.

Cuando sentimos que Dios no nos da libertad para gastar dinero en nosotros, a menudo es porque Él quiere que sembremos en la vida de alguien más—y eso me parece bien. Prefiero tener paz y gozo, más que cualquier cosa material que el dinero pueda comprar. De todas maneras, nunca daremos a Dios más de lo que Él nos da a nosotros. Él nunca desea privarnos de algo. Siempre intenta llevarnos a una posición donde pueda darnos más. Para los que aún son carnales, esto puede parecer una esclavitud, porque sienten que rara vez podrán hacer lo que les gustaría. Sin embargo, para los que hemos escogido seguir la dirección del Espíritu Santo, esta vida crucificada es un gozo. De hecho, podemos disfrutar el sufrimiento que la carne siente cuando se niega a su propia naturaleza, porque sabemos que algo mayor y santo está tomando lugar en nosotros.

Siempre es mejor complacer a Dios que complacer al yo; Romanos 8:13 nos dice el porqué: "Porque si vivís conforme a la carne, moriréis; mas si por el Espíritu hacéis morir las obras de la carne, viviréis".

Aquellos creyentes que continúan siendo carnales, nunca viven realmente; pero los que trabajamos con el Espíritu Santo que mora en nosotros y nos forma el hábito de hacer morir la carne diciéndole sí a Dios y no al yo, experimentamos una calidad de vida que es maravillosa. Tenemos la justicia, la paz y el gozo en el Espíritu Santo—y de nuevo les digo, ¡*es maravilloso!* (vea Romanos 14:17).

EL FRUTO DEL ESPÍRITU

"Mas el fruto del Espíritu es amor, gozo, paz, paciencia, benignidad, bondad, fe, mansedumbre, templanza; contra tales cosas no hay ley" (Gálatas 5:22-23).

Este pasaje describe la clase de fruto que debemos dar cuando somos llenos del Espíritu Santo. En Juan 15:8 Jesús nos dijo que Dios es glorificado cuando damos fruto. Él habló del fruto nuevamente en Mateo 12:33, cuando dijo que los árboles eran conocidos por su fruto, y en Mateo 7:15-16, Él aplicó este mismo principio a la gente. Estos versículos nos muestran que, como creyentes, nos debe preocupar la clase de fruto que damos. ¿Cómo podemos dar buen fruto del Espíritu Santo?

Hemos visto que Dios es fuego consumidor, y que Jesús fue enviado para bautizarnos con Espíritu Santo y fuego. A menos que permitamos que el fuego de Dios arda en nuestra vida, nunca exhibiremos el fruto del Espíritu Santo.

Como vemos en las palabras de Jesús, en Juan 15:2, el llevar fruto requiere poda: "Toda rama que en mí no da fruto, la corta; pero toda rama que da fruto la poda para que dé más fruto todavía" (NVI). Así como el fuego es una manera de describir la obra que el Espíritu Santo hace en nuestra vida, así lo es la podadura. El fuego es necesario para purificación y muerte de la carne; la poda es necesaria para el crecimiento. Las cosas muertas y las que van en una dirección incorrecta deben ser cortadas para que así, como árboles de justicia, llevemos fruto exquisito para Dios (vea Isaías 61:3).

Nunca olvidaré cuando Dave decidió podar el viejo y hermoso árbol del patio de nuestra casa. No había pensado mucho en eso hasta que me avisó que iba a venir gente profesional a rebajarlo. Cuando llegué a casa y encontré cómo esos alegres taladores habían dejado mi árbol, estuve a punto de desmayarme.

Dave decía: "Sólo espera hasta el próximo año, volverá a ser hermoso de nuevo".

¡Pero yo no quería esperar!

Tampoco me gustaba ver esas ramas desnudas, que una vez habían estado exuberantes y repletas de hojas. Sin embargo, ahora el árbol está más hermoso que antes y tendrá la fuerza suficiente para resistir ráfagas de viento intenso durante muchos años más. Gálatas 5 nos da una lista de los pecados de la carne y una del fruto del Espíritu. Me agrada realmente la manera en que lo dice. En el fruto *del Espíritu* (Santo), vemos cualidades que tuvo Jesús mismo: amor, gozo (alegría), paz, paciencia, benignidad (amabilidad), bondad, fe (fidelidad), mansedumbre (humildad), templanza (dominio propio). Ése es el objetivo del Espíritu Santo que mora en nosotros: lograr que ese fruto se manifieste en nuestra vida—fruto abundante y delicioso para que todos vean y admiren.

El amor es el fruto eterno que nunca se marchitará. Para dar fruto, debemos vivir en el amor de Dios— alertas a su amor por nosotros, morando en su amor al amar a otros, resistiendo las pruebas al responder con amor ante ellas. Jesús dijo que, si guardábamos sus mandamientos de amar a Dios y a los demás, éramos sus amigos.

> "Estas cosas os he hablado, para que mi gozo esté en vosotros, y vuestro gozo sea cumplido. Este es mi mandamiento: Que os améis unos a otros, como yo os he amado. Nadie tiene mayor amor que este, que uno ponga su vida por sus amigos. Vosotros sois mis amigos, si hacéis lo que yo os mando" (Juan 15:11-14).

¿Cuán cerca de Dios quiere estar? ¿Le gustaría ser su amigo? ¿No quisiera verlo y conocerlo como Él es realmente? Amar a las personas como Jesús las amó, nos hace ser amigos de Dios. Muchos se preguntan: "¿Pero quién soy yo para ser amigo de Dios?".

> "No me elegisteis vosotros a mí, sino que yo os elegí a vosotros, y os he puesto para que vayáis y llevéis fruto, y vuestro fruto permanezca; para que todo lo que pidiereis al Padre en mi nombre, él os lo dé" (Juan 15:16).

Estos versículos dicen claramente que si amamos a Dios y a la gente, no pediremos por cosas que están fuera de su voluntad. Dios nos dará todo lo que pidamos, si los ponemos a Él y a la gente antes que todos nuestros deseos. Esta actitud amorosa nos mantiene puros de corazón. Santiago aclara que no recibimos de Dios cuando pedimos mal, con propósitos y motivos malos y egoístas (vea Santiago 4:3); pero el amor nunca falla (vea 1 Corintios 13:8).

Cuando el Espíritu Santo cambia a una persona orgullosa, gruñona, terca, controladora y manipuladora en una persona humilde, amable, sumisa y flexible, la gente lo va a notar. El mundo actual está buscando algo real. Está cansado de la espiritualidad falsa, las palabras huecas, las fórmulas muertas que son inoperantes, y de seguir los impulsos de la corriente de este mundo. Como creyentes en Cristo, cooperemos con el Espíritu Santo que está en nosotros para darle al mundo lo que realmente anda necesitando.

SEA UN INSPECTOR DE FRUTO

"Así que, por sus frutos los conoceréis" (Mateo 7:20).

Examine su propio fruto y el de los demás. No examine a otros para juzgarlos y criticarlos, sino simplemente para determinar si son lo que manifiestan ser. Es una forma de tratar o probar los espíritus para no meterse en problemas.

Durante años, fui como un manzano que estaba todo el día gritando: "Soy un árbol de manzanas", pero nunca producía ni una manzana.

Un día, fuimos con mi esposo a Florida y vi un

árbol que me pareció muy atractivo. Pregunté, "¿Qué árbol es ése?". Antes de que alguien me contestara, vi naranjas comenzando a brotar de las ramas y agregué: "Es un naranjo". Sabía lo que era, por su fruto.

A menudo, los cristianos llevan señales externas con las que tratan de decirles a los demás que son creyentes. Las etiquetas pegadas a las defensas de los automóviles son un buen ejemplo: allí dice que el conductor es un cristiano, pero ¿qué clase de fruto dan en el tránsito? ¿Están conduciendo por debajo de o a la velocidad límite, o se están excediendo? ¿Cómo reaccionan con otros conductores, especialmente con aquellos que se les traviesan en el camino? Ésas son las verdaderas señales de lo que son.

Usted y yo cargamos una gran Biblia, nos ponemos joyas cristianas como una cruz, pegamos una etiqueta en nuestro automóvil, poseemos una gran biblioteca de libros cristianos y los exhibimos en un lugar prominente en nuestra casa. Podemos hacer todas esas cosas, y todavía no producir ningún buen fruto. Debemos interesarnos más en el fruto del Espíritu Santo, porque el Espíritu Santo está interesado en él. Uno de los propósitos principales de que Él nos haga su casa, es para producir continuamente su fruto en nosotros.

En Juan 15, Jesús nos compara a nosotros y nuestra relación con Él con una planta. Él es la Vid; nosotros somos las ramas. Aunque no se lo expresa en Juan 15, también podemos decir que el Espíritu Santo es el Jardinero que nos poda y no permite que la planta mala ahogue el fruto en nosotros.

Dios ha plantado un jardín en cada uno de nosotros, y ha asignado el trabajo de jardinero al Espíritu Santo: *"Porque nosotros somos colaboradores de Dios, y vosotros sois labranza de Dios, edificio de Dios"* (1 Corintios 3:9).

Un jardinero ayuda en la producción del fruto. Es para eso que el Espíritu Santo fue enviado a nosotros—para ayudarnos a dar buen fruto para Dios.

"Por su propia voluntad nos hizo nacer mediante la palabra de verdad, para que fuéramos como los primeros y mejores frutos de su creación. Mis queridos hermanos, tengan presente esto: Todos deben estar listos para escuchar, y ser lentos para hablar y para enojarse; pues la ira humana no produce la vida justa que Dios quiere. Por esto, despójense de toda inmundicia y de la maldad que tanto abunda, para que puedan recibir con humildad la palabra sembrada en ustedes, la cual tiene poder para salvarles la vida" (Santiago 1:18-21, nvi).

Examine su propio fruto regularmente. Si algo de él está enfermo o dañado, pídale al Jardinero que lo ayude a quitarlo para producir una nueva cosecha. Quizás tiene algún fruto que no está creciendo: está en la rama, pero es muy pequeño, y ciertamente por ser de ese tamaño no sería de bien a nadie; tal vez necesite un poco más de fertilizante. Jesús narró una parábola, utilizando ese mismo ejemplo.

PRODUZCA BUEN FRUTO

"Dijo también esta parábola: Tenía un hombre una higuera plantada en su viña, y vino a buscar fruto en ella, y no lo halló. Y dijo al viñador: He aquí, hace tres años que vengo a buscar fruto en esta higuera, y no lo hallo; córtala; ¿para qué inutiliza también la tierra? Él entonces, respondiendo, le dijo: Señor, déjala todavía este año, hasta que yo cave alrededor de ella, y la abone. Y si diere fruto, bien; y si no, la cortarás después" (Lucas 13:6-9).

Éste es un buen ejemplo de lo que estoy hablando. Si no producimos buen fruto, entonces estamos ocupando inútilmente espacio.

Dios tiene un plan para nosotros después de la salvación; de otra manera, nos habría sacado del mundo. Si no cumplimos su plan, entonces solamente estamos ocupando un espacio, sin hacer ningún bien a Dios, a nosotros mismos ni a nadie más. Si nos ponemos en contra de sus bendiciones, ¡sería mejor para nosotros que nos lleve para el cielo! Cuando seguimos nuestro propio camino y no el de Él, en verdad, no estamos glorificándolo ni mostrándole a otros su bondad.

Agradezco que el Labrador (el Jardinero) esté siempre dispuesto a trabajar en nosotros un poco más de tiempo. Aunque nos demos por vencidos, Él rehúsa hacerlo con nosotros.

Cualquiera que tenga el Espíritu Santo viviendo dentro de sí, puede producir el fruto del que hablo: amor, gozo (alegría), paz, paciencia, benignidad (amabilidad), bondad, fe (fidelidad), mansedumbre (humildad), templanza (dominio propio). Estas cosas deben ser desarrolladas como cualquier planta, pero todos los creyentes tenemos dentro lo necesario para producir esa clase de fruto.

Como Jesús nos dijo en Juan 15:4, ninguna rama puede producir fruto por sí misma; para poder dar fruto, debe permanecer en la Vid. Por esta razón, *la comunión con el Padre, Hijo y Espíritu Santo es lo más importante.*

Necesitamos permanecer en la presencia del Señor. Como la planta necesita la luz del sol para crecer, nosotros necesitamos la "luz del Hijo" para hacerlo. Así como las plantas deben ser regadas, así Jesús riega la Iglesia con la Palabra de Dios (vea Efesios 5:25-26).

Si seguimos el plan prescrito para producir fruto—ser plantados, arraigados y cimentados con plena luz del Hijo, regados con agua de la Palabra y sometidos al trabajo del Jardinero—*¡produciremos fruto!*

16

La comunión del Espíritu

"La gracia del Señor Jesucristo, el amor de Dios, y la comunión del Espíritu Santo sean con todos vosotros" (2 Corintios 13:14).

La comunión del Espíritu Santo se refiere a nuestra comunión con otros creyentes y con el Espíritu mismo. Dado que el Espíritu Santo vive dentro de nosotros, no tenemos que ir muy lejos para tener comunión con Él.

Durante años, en la iglesia a la que asistía, se despedía el servicio con una bendición sobre la congregación. Siempre incluía estas palabras: "Que la comunión del Espíritu Santo sea con todos ustedes". Sonaba espiritual, pero no tenía idea de lo que quería decir. Creo que muchos otros experimentan lo mismo.

Como mencioné al inicio de este libro, durante mucho tiempo estuve tratando de "alcanzar" a Dios sin saber que Él estaba en mí permanentemente. Seguí reglas y leyes, cuando podía haber estado disfrutando de comunión con Él. Luché y me sentí una fracasada; y mientras tanto, el Señor siempre estuvo conmigo para ayudarme a hacer lo que se suponía que yo debía hacer.

El Espíritu Santo viene a ayudarnos porque sabe que lo necesitamos en todo. No debemos sentir vergüenza por necesitar ayuda; es parte de nuestra condición humana.

Dice 1 Juan 1:3 "…y nuestra comunión verdaderamente es con el Padre, y con su Hijo Jesucristo". Esta comunión sólo es posible a través del Espíritu Santo que vive en nosotros.

Vivimos con mi esposo en una casa y somos muy unidos. Dave y yo trabajamos juntos, y hacemos muchas cosas juntos. A veces sale a jugar golf, pero estamos en contacto por teléfono. Él mira deportes en la televisión, y aunque no me interesa verlos, me quedo en casa. Cenamos juntos, dormimos juntos y compartimos el baño por las mañanas mientras nos preparamos para comenzar nuestro día. Pasamos buena parte del tiempo cada uno en la presencia del otro. No siempre hablamos, pero estamos siempre pendientes uno del otro. Le puedo contar cosas importantes, y otras que son intrascendentes. Escucho cuando él me habla. Comunión no es simplemente hablar; es también escuchar.

Disfrutamos juntos de la quietud. A menudo hablamos de lo maravilloso que es estar con alguien con quien uno puede sentirse cómodo estando en silencio. También nos consultamos antes de tomar cualquier decisión importante o de realizar compras grandes, y lo hacemos más por respeto que para obtener permiso.

Proverbios 3:6 dice que si reconocemos a Dios en todos nuestros caminos, Él dirigirá nuestros pasos. Para mí, reconocer a Dios significa preocuparme por lo que piensa sobre mis actos y querer hacer su voluntad más que la mía propia.

En Jeremías 2:13 el Señor dice: "Porque dos males ha hecho mi pueblo: me dejaron a mí, fuente de agua viva, y cavaron para sí cisternas, cisternas rotas que no retienen agua". El primer y más grande error que cualquiera puede hacer es abandonar a Dios, ignorándolo y comportándose como si no existiera. En Jeremías 2:32 Él dice: "Pero mi pueblo se ha olvidado de mí por innumerables días". Eso es una tragedia; suena como si Dios estuviera triste o quizás solo.

Les aseguro que no me gustaría que mis hijos me olvidaran. No pasan muchos días sin que nos comuniquemos con cada uno de ellos. Tengo dos que viajan intensamente con el ministerio. Aun cuando están fuera del país, ellos me llaman cada pocos días.

Recientemente, Dave y yo cenamos con uno de ellos dos tardes seguidas. Y al día siguiente, también nos llamó para ver qué estábamos haciendo y preguntarnos si queríamos pasar juntos esa tarde. Una de las razones por las que llamó, fue simplemente para decirnos que él y su esposa realmente aprecian todo lo que hacemos para apoyarlos.

Ésas son cosas que ayudan a construir y a mantener buenas relaciones. A veces, las pequeñas son las mejores. Las acciones de mis hijos me hacen sentir amada por ellos. Mi lógica me dice que me aman, pero también es bueno sentirlo.

De esa misma manera es Dios con nosotros, sus hijos amados. Él puede saber que le amamos, pero también le gustaría experimentar nuestro amor por Él expresado en acciones, especialmente mediante nuestra comunión con Él.

RENOVADO POR LA COMUNIÓN

"Aun estando nosotros muertos en pecados, nos dio vida juntamente con Cristo (por gracia sois salvos)" (Efesios 2:5).

La comunión nos ministra vida. Nos renueva; recarga nuestras baterías, por así decirlo. Nos fortalece por medio de la unión y comunión con Dios—fuerza suficiente para resistir los ataques del enemigo de nuestras almas, que es Satanás (vea Efesios 6:10-11).

Cuando tenemos comunión con Dios, estamos guardados del enemigo en un lugar secreto. En el Salmo 91 leemos de este lugar secreto, y en el versículo 1 dice que los que allí habitan, derrotarán a su adversario: "El que habita al abrigo del Altísimo morará bajo la sombra del Omnipotente".

Creo que el lugar secreto es la presencia de Dios. Cuando estamos en su presencia, experimentamos su paz. Satanás no sabe qué hacer con un creyente que permanece en paz sin importar cuáles sean las circunstancias que lo rodeen. Es difícil hacerlo en ciertos momentos, pero recibimos fuerza para permanecer firmes a medida que tenemos comunión con Dios por medio de su Espíritu.

El Salmo 16:8 nos dice que, si ponemos al Señor continuamente delante de nosotros, nada nos podrá mover. De acuerdo al Salmo 31:20, cuando nos refugiamos en el lugar secreto de la presencia de Dios, estamos a resguardo de conspiraciones de hombres y de lenguas contenciosas. Y en Isaías 54:17 dice que las lenguas son armas usadas contra nosotros. Satanás tienta a la gente para hablar contra los que estamos tratando de seguir adelante con Dios, esperando desanimarnos y debilitarnos. Pero a través de la comunión con Dios, estamos a salvo de los efectos negativos de tales ataques.

Satanás menosprecia nuestra comunión con Dios. Él sabe cuán fuertes podemos ser si vivimos continuamente en comunión con el Señor, y lucha con todos sus recursos para evitar que la tengamos.

Pregúntele a cada creyente si apartar regularmente tiempo para estar con Dios es un desafío para ellos, y casi siempre le responderán que sí lo es.

Podemos encontrar tiempo todos los días para hacer muchas otras cosas (como mirar televisión o tener cualquier tipo de diversión), pero se nos hace difícil hallarlo para orar, tener comunión con Dios y leer su palabra. Necesitamos sacar a Dios fuera de la caja de "sólo para emergencias", permitiéndole entrar a nuestra vida diaria. ¿Cómo nos sentiríamos si nuestros seres queridos sólo nos llamaran por una emergencia? Definitivamente, eso arruinaría nuestra relación.

Dios me enseñó algunas lecciones valiosas sobre el manejo de las crisis. Jesús dijo, "Vengan a mí", no que corramos al teléfono y llamemos a tres de nuestros amigos. No me opongo a que llamemos a alguien para pedirle que ore por nosotros, pero si corremos a la gente, no encontraremos la cura; sólo un vendaje.

Para evitar constantes emergencias, el Señor me hizo ver que era necesario buscarlo continua y *diligentemente*. De vez en cuando apartaba tiempo para buscar a Dios, o lo hacía cuando tenía algún gran problema en mi vida. Finalmente aprendí que si quería dejar de vivir en estado de emergencia, debía buscar a Dios como si tuviera una necesidad desesperante de Él, aun cuando fueran tiempos de tremenda prosperidad y bendición.

Así como los hijos de Israel se olvidaron de Dios en momentos prósperos, tampoco nosotros le damos a Dios un lugar de preeminencia cuando las cosas van bien. Escuche cuidadosamente el corazón de Dios en el siguiente principio: Si sólo lo buscamos cuando estamos desesperados, entonces Él nos va a poner en circunstancias desesperantes; porque Dios anhela desesperadamente tener comunión con nosotros.

Dios siempre nos rescatará y nos sacará del problema cuando acudimos a Él. Pero si queremos estar en un lugar de constante victoria, debemos buscarlo afanosamente en todo tiempo. Salomón aprendió esta importante verdad, y lo expresó con sabiduría al decir: "Aunque el pecador haga mal cien veces, y prolongue sus días, con todo yo también sé que les irá bien a los

que a Dios temen, los que temen ante su presencia"
(Eclesiastés 8:12).

Nunca debemos olvidar que *la relación se construye
sobre la comunión.*

TÓMELO PERSONALMENTE

"Ya no os llamaré siervos, porque el siervo no sabe
lo que hace su señor; pero os he llamado amigos,
porque todas las cosas que oí de mi Padre, os las he
dado a conocer" (Juan 15:15).

Dios quiere que tengamos una relación personal con
Él. Es un hecho probado que Él vive en nosotros.
¿Cómo puede una relación ser más personal que vi-
viendo dentro de otra persona?

Si Dios hubiera querido guardar cierta distancia, algo
así como una relación profesional o de negocios, Él hubiera vivido alejado de nosotros y nos visitaría en ciertas
ocasiones; pero, con seguridad, no hubiera venido a residir permanentemente en nuestra misma casa.

Cuando Jesús murió en la cruz, abrió el camino
para que nos acercáramos personalmente al Dios todo-
poderoso. ¡Qué maravilloso pensamiento! Piense sólo
en esto: *¡Dios es nuestro Amigo personal!*

Si conocemos a alguien importante, nos encantaría
tener la oportunidad de decir: "Oh, sí, él es amigo
mío. Voy a su casa todo el tiempo. Muy a menudo,
él también me visita". Si hacemos nuestra parte para
tener continua comunión con Él, podemos decir eso
de Dios.

DIOS NOS CELA

"¿O pensáis que la Escritura dice en vano: El Espíritu que él ha hecho morar en nosotros nos anhela celosamente?" (Santiago 4:5).

Así lo afirma un versículo: El Espíritu Santo desea ser invitado; Él anhela o ansía tener comunión con nosotros.

Abra su vida entera y diga con todo su corazón: "Bienvenido, Espíritu Santo; ¡estoy feliz de que tú hayas hecho morada en mí!".

De acuerdo a Santiago 4:4, cuando ponemos más atención a las cosas del mundo que a Dios, Él nos mira como a una esposa infiel que ha tenido un amorío ilícito con el mundo y rompe nuestro pacto matrimonial con Él. Para guardarnos fieles, y en una relación y comunión estrecha con Dios, a veces debemos quitar de nuestra vida cosas que nos separan de Él.

Si permitimos que un trabajo se interponga entre nosotros y Dios, debemos dejarlo. Si el dinero nos separa de Él, debemos aprender que es mejor ser pobres que estar separados de Dios. Si el éxito se interpone entre nosotros y nuestro Padre celestial, debemos ser descendidos y no ascendidos. Si nuestros amigos tienen el primer lugar en nuestra vida, podríamos quedarnos solos. La gente que está sola generalmente se acerca a Dios. Es asombroso cuán bien podemos conocer a alguien, cuando esa persona es todo lo que tenemos.

Yo pasé por un periodo de extrema soledad en mi vida. Tenía mi familia, pero había perdido a todos mis amigos. Me parecía que Dios, a propósito, me estaba separando de todos aquellos con los que me gustaba estar y disfrutar, pero no lo entendía. Más tarde comprendí que dependía mucho de esos amigos. Me dejaba llevar por lo que ellos pensaban y hacían. Dios quería dirigirme por su Espíritu, no por mis amigos. Si no me hubiera separado de ellos y tomado tiempo para arraigarme y cimentarme en Él y en su amor, probablemente no tendría el ministerio que tengo hoy.

Muchas personas no se dan cuenta de que no reciben lo que quieren porque no le dan prioridad a Dios en sus vidas, como se nos enseña en Mateo 6:33: "Mas buscad primeramente el reino de Dios y su justicia, y todas estas cosas os serán añadidas".

En el evangelio de Lucas, encontramos el ejemplo de alguien que puso al Señor primero, y de otra que permitió que los quehaceres de este mundo interfirieran con la comunión estrecha con Él.

MARÍA Y MARTA

"Aconteció que yendo de camino, entró en una aldea; y una mujer llamada Marta le recibió en su casa. Esta tenía una hermana que se llamaba María, la cual, sentándose a los pies de Jesús, oía su palabra. Pero Marta se preocupaba con muchos quehaceres, y acercándose, dijo: Señor, ¿no te da cuidado que mi hermana me deje servir sola? Dile, pues, que me ayude" (Lucas 10:38-40).

Jesús vino a visitar a Marta y a María. Marta estaba ocupada poniendo su casa en orden. Ella limpiaba, cocinaba y trataba de causar una buena impresión. María, por otro lado, aprovechó la oportunidad para tener comunión con Jesús. Marta se enojó con su hermana, queriendo que ella se levantara y colaborara con el trabajo. Hasta se quejó a Jesús, pidiéndole que le dijera a María que la ayudara.

> "Respondiendo Jesús, le dijo: Marta, Marta, afanada y turbada estás con muchas cosas. Pero sólo una cosa es necesaria; y María ha escogido la buena parte, la cual no le será quitada" (Lucas 10:41-42).

Cuando Jesús dijo: "Marta, Marta", esas dos palabras tienen mucha más trascendencia de lo que creemos. Marta estaba muy ocupada como para relacionarse; ponía el trabajo antes que la intimidad. Al hacerlo, malgastaba su tiempo y se perdía lo más importante.

María obró con sabiduría; estaba aprovechando ese momento. Ella podía pasar el resto de su vida limpiando, pero Jesús estaba en su casa y ella deseaba que se sintiera bienvenido. El Señor había venido a verlas, a ella y a Marta, no a su casa limpia. No es que una casa aseada no sea importante, pero hay un tiempo para todo—y éste no era el de limpiar la casa. Gran parte de mi vida fui como Marta. Algo de lo que me arrepiento ahora, es que no pasé más tiempo jugando con mis hijos cuando eran pequeños. Siempre estaba ocupada cuando querían hacer algo conmigo. Incluso cinco minutos hubieran hecho una gran diferencia en nuestra relación en ese entonces, y habrían producido una relación más fructífera para cuando fueran mayores.

Ahora tengo una relación muy estrecha con ellos, y un noventa y nueve por ciento de las veces hago un alto en mi trabajo para verlos, porque me he dado cuenta de que las relaciones son importantes. De hecho, un motivo por el que Dios nos dio el tiempo, es para que lo destinemos a desarrollar y disfrutar de relaciones estrechas y duraderas. Tenemos que amar a Dios y a los demás, pero muchísimos cristianos están muy ocupados trabajando, en vez de ministrar a otros "como para el Señor".

Seamos sabios y no desaprovechemos la presencia de Dios cuando está disponible. Hay momentos en los que el Espíritu Santo nos invita a orar, pero preferimos trabajar o jugar. Cuando Él nos llame, debemos responder inmediatamente. ¿Con cuánta frecuencia le decimos al Señor que vamos a pasar tiempo con Él por la mañana o por la tarde, y cuando llega el momento, algo se interpone y no cumplimos lo que habíamos prometido?

La siguiente bendición es para aquellos que diligentemente buscan la Sabiduría (que es Dios) en todo momento:

"Yo amo a los que me aman, y me hallan los que temprano me buscan. Las riquezas y la honra están conmigo; riquezas duraderas, y justicia. Mejor es mi fruto que el oro, y que el oro refinado; y mi rédito mejor que la plata escogida. Por vereda de justicia guiaré, por en medio de sendas de juicio, para hacer que los que me aman tengan su heredad, y que yo llene sus tesoros" (Proverbios 8:17-21).

Aparte tiempo para Dios regularmente. Recuerde: no tiene que ir muy lejos para encontrarlo. Sólo cierre sus ojos por un momento, y lo descubrirá en la quietud de su propio corazón. Su Espíritu Santo está siempre ahí, esperándolo. No lo abandone sin prestarle atención. Siéntase feliz porque Él vive en usted. Hágalo sentirse bienvenido, como en casa. Hágalo sentirse cómodo. Comparta todo con Él, porque Él ha venido a compartir todo con usted.

17

¡Él es maravilloso!

~~~~~

"Éste [el Espíritu Santo] garantiza nuestra herencia hasta que llegue la redención final del pueblo adquirido por Dios, para alabanza de su gloria" (Efesios 1:14, NVI, referencia añadida).

El Espíritu Santo es la garantía de las cosas buenas que están por venir. Digo a menudo, especialmente cuando me siento realmente llena del Espíritu Santo: "Esto es tan bueno, que no puedo imaginarme cómo será la plenitud de la gloria eterna". Cuando pienso en que sólo experimentamos un diez por ciento (como cualquier anticipo de pago) de lo que es nuestro por herencia, no puedo imaginarme lo que será ver realmente a Dios cara a cara, y que no hayan más lágrimas, más tristeza ni más muerte—¡qué maravilloso!

En Efesios 1:13-14 la Biblia dice que somos sellados con el Espíritu Santo, y Él garantiza que llegaremos seguros y seremos preservados de la destrucción del día final de liberación del pecado y todos sus efectos. Piense en cuán maravilloso es todo esto—el Espíritu

Santo está en nosotros, preservándonos para nuestro lugar de descanso final, que no es la tumba sino una mansión en los cielos (vea Juan 14:2).

Mientras me acerco al final de este libro, me maravillo al pensar en la gran bendición de ser la habitación del Espíritu Santo. Él nos inspira a hacer grandes cosas; nos inviste con poder para todas nuestras tareas; permanece en comunión estrecha con nosotros, no nos deja ni nos desampara.

Medite en esto: si somos creyentes en Jesucristo, ¡somos la casa del Espíritu Santo de Dios! Debemos reflexionar en esta verdad una y otra vez, hasta que se vuelva una realidad en nuestras vidas. Si lo hacemos, nunca estaremos sin ayuda, sin esperanza o sin poder, porque Él promete estar con nosotros para darnos fuerza y poder. Nunca estaremos sin un amigo o sin dirección, porque Él promete dirigirnos e ir con nosotros.

Me emociona hablar de estas cosas con usted, y oro sinceramente para que abran su corazón a lo maravilloso que es todo esto.

Pablo escribió a su joven discípulo Timoteo: "Guarda el buen depósito por el Espíritu Santo que mora en nosotros" (2 Timoteo 1:14).

Esta verdad que le he compartido es tan preciada, que le ruego que la guarde, la atesore en su corazón. No permita que se le escape. Como creyente en Jesucristo, el Espíritu Santo está en usted para ayudarlo no sólo a mantener esta revelación, sino para darle muchas más. Aprécielo, hónrelo, ámelo y adórelo. Él es tan bueno, tan magnánimo, tan asombroso. ¡Él es maravilloso!

LA TRINIDAD

"Porque tres son los que dan testimonio en el cielo: el Padre, el Verbo y el Espíritu Santo; y estos tres son uno" (1 Juan 5:7).

Antes de finalizar este libro, debo mencionar nuevamente a la Santa Trinidad: Padre, Hijo y Espíritu Santo. Ellos son tres, y a la vez son Uno, como he señalado. No lo podemos computar matemáticamente pero, no obstante, es cierto de acuerdo a la Santa Escritura. Al tener el Espíritu Santo morando dentro de nosotros, también tenemos al Padre y al Hijo viviendo en nosotros.

¡Oh, lo maravilloso de todo! Es tan asombroso que no se puede explicar. Simplemente debemos creerlo con nuestros corazones. No trate de entenderlo. Sea como un niño y créalo sólo porque la Biblia lo dice: La Deidad completa—Padre, Hijo y Espíritu Santo—vive en usted, en mí y en cada creyente nacido de nuevo; en todos aquellos que verdaderamente hemos aceptado a Jesucristo como Salvador y Señor (vea Colosenses 2:9-10).

Esta verdad nos debe hacer valerosos, intrépidos y agresivos de una manera equilibrada.

Debemos creer que podemos hacer todo lo que debemos hacer como parte del plan de Dios para nuestra vida porque la Santa Trinidad nos equipa. Él es nuestro Maná diario,[1] nuestra Porción en la vida (vea Salmo 119:57). Con Él tenemos lo que necesitamos y mucho más.

Marcos 10:27, dice que para el hombre muchas cosas son imposibles, mas para Dios todas son posibles. Siga adelante en la vida, con una actitud positiva, seguro de que Dios está con y por usted. Él está de su lado, y porque es así, no importa para nada quién o qué pueda venir contra usted (vea Romanos 8:31). Usted es más que vencedor por medio de Cristo que lo ama (vea Romanos 8:37). Mayor es el que está en usted, que el que está en el mundo (Satanás) (vea 1 Juan 4:4). ¡Y el único Altísimo que vive en usted, quiere que lo conozca íntimamente por medio de su Espíritu Santo que habita en usted!

Esto es totalmente asombroso. Como creyente en Dios por medio de Cristo, ¡usted es la casa de Dios! Esta enseñanza debería traer alivio a su alma. Casi puedo escuchar el gran suspiro que está emitiendo ahora mismo. Puedo verle levantar sus manos y decir audiblemente: *"¡Gracias, Padre, por tu Espíritu Santo! ¡Cuán agradecido, cuán agradecida estoy porque que tú vives en mí!"*.

Conclusión: La revelación alivia la agonía

~~~⌐

"Pero cuando venga el Espíritu de verdad, él os guiará a toda la verdad; porque no hablará por su propia cuenta, sino que hablará todo lo que oyere, y os hará saber las cosas que habrán de venir" (Juan 16:13).

No puedo explicarle cuán conmovido se sintió mi corazón la primera vez que leí un libro sobre la persona y obra del Espíritu Santo. Me parecía que era la revelación más maravillosa que jamás había recibido—aparte de descubrir que Dios era mi Padre y Jesús, mi Salvador.

Como hemos visto, los cristianos servimos a un Dios Trino, y la Deidad (Padre, Hijo y Espíritu Santo) se refiere a la Trinidad. Casi siempre, cuando la gente omite la revelación de una de las personas de la Deidad, se está privando de la revelación del Espíritu Santo. ¿Por qué? Porque Satanás trabaja muy fuertemente para asegurarse de que no conozcamos todo lo que hoy está disponible para nosotros por medio del poder del Espíritu Santo.

Ése es el propósito completo de este libro: hacer

saber a la gente cómo recibir el poder del Espíritu Santo que está disponible hoy para nosotros.

He procurado revelar la verdadera naturaleza y ministerio del maravilloso Espíritu Santo en la vida de las personas. Le exhorto a que continúe aprendiendo todo lo que pueda acerca de Él. Hágalo sentir como en casa y aprenda a vivir su vida de tal forma que siempre esté cómodo allí. Invítelo a participar de cada aspecto de su vida. Comience a apoyarse diariamente en su ministerio, que está listo y disponible para usted. Deje que sea el Ayudador que Él desea ser en usted.

No luche solo con las cosas cuando tiene un Ayudador divino parado ahí, esperando que lo invite a involucrarse en sus asuntos. Permita que la revelación sobre el ministerio actual del Espíritu Santo, alivie la agonía de ir por la vida tratando de hacer las cosas por su cuenta. Cuando le dé el control de su existencia, Él lo dirigirá a la perfecta voluntad de Dios para su vida, en donde usted experimentará bendiciones que sobreabundan, paz y gozo, y una mayor cercanía e intimidad con Dios.

Notas

Capítulo 1

1. James E. Strong, *Nueva concordancia Strong exhaustiva,* (NashvilleMiami: Editorial Caribe, una división de Thomas Nelson, Inc., 2002), NT: #5479, pág. 93, v. "alegría".

Capítulo 2

1. Jesús mismo se substituyó. Él mismo tomó sobre Él nuestros pecados (que nos separaban de Dios) y murió para así reestablecer nuestra relación con Dios. Jesús tomó nuestro lugar sufriendo en la cruz, muriendo, derramando Su sangre por nosotros, y luego resucitó de los muertos. Cuando creemos en Él y en lo que Él hizo por nosotros, recibimos vida eterna.

2. James E. Strong, *Nueva concordancia Strong exhaustiva,* (NashvilleMiami: Editorial Caribe, una división de Thomas Nelson, Inc., 2002), NT: #907, v. "baptízo" Juan 1:33:... derivado de NT #911; dejar abrumado (ej. completamente mojado); usado sólo (en el NT) de la *ablución* ceremonial, específicamente (tec.) de la ordenanza del *bautismo* cristiano: bautismo, bautizar, lavar.

Capítulo 3

1. "La muerte, resurrección y ascensión de Cristo inauguraron la nueva era del ministerio del Espíritu Santo. Nuestro Señor había anunciado proféticamente del cambio drástico que iba a comenzar con la operación del Espíritu Santo. En Pentecostés el Espíritu Santo descendió... en un sentido como nunca antes había pasado y para efectuar todos los ministerios delegados a Él en esa era; esto es, regenerando, bautizando, sellando y morando en cada creyente con el privilegio

adicional de que cada creyente es lleno con el Espíritu...La experiencia de los santos del AT (Antiguo Testamento) y todos los creyentes antes del Pentecostés no alcanzaron estas tremendas bendiciones que son la herencia de cada creyente genuino en esta era". *Nuevo Manual Bíblico de Unger*, publicado por Kregel Publications. Copyright © 1988. Usado con permiso, v. "ESPÍRITU SANTO".

2. Vine, W.E., *Vine Diccionario Expositivo de Palabras del Antiguo y del Nuevo Testamento Exhaustivo*, (Nashville: Editorial Caribe) 2000, © 1999, v. "Santidad, Santificación, Santo, Santamente, Santificar", A. Nombres, *jagiasmos*.

Capítulo 4

1. "En este plácido lugar de belleza indescriptible, el hombre estaba para disfrutar de la compañía y comunión con el Creador y para trabajar de acuerdo al plano divino Su voluntad perfecta". *Comentario Bíblico Moody (Wycliffe): Antiguo Testamento*, editado por Charles E. Pfeiffer y Everett F. Harrison. Copyright © 1962 por Kregel Publications. Todos los derechos reservados; "Génesis 2:817".

2. "El espíritu del hombre fue originalmente lo máximo de todo su ser, al cual el alma y cuerpo tenían que estar sujetos". Watchman Nee, *El hombre espiritual* (Living Stream Ministry, 2001), (p. 43 versión en inglés).

3. "El efecto inmediato del pecado en Adán y Eva fue que ellos murieron espiritualmente y quedaron sujetos a la muerte espiritual". Lewis Sperry Chafer, revisado por John F. Walvoord, *Grandes Temas Bíblicos*. Copyright © 1976 por Kregel Publications (p. 174 versión en inglés).

4. "Esta promesa de redención eterna es la esencia de las promesas hechas a Abraham". *Biblesoft's Jamieson, Fausset and Brown Commentary*, Electronic Database. Copyright © 1997 por Biblesoft. Todos los derechos reservados; "Hebreos 11:13".

Capítulo 5

1. El velo del templo se rasgó en dos, de arriba abajo. Este velo, que separaba el Lugar Santo del Lugar Santísimo, se rasgó, no de abajo arriba, como si fuera por poder humano, sino de arriba abajo, como por una mano invisible, por un poder sobrenatural. Era precisamente la hora del sacrificio

vespertino. ¡Qué sorpresa para los sacerdotes oficiantes! ¡Con qué pavor contemplarían el Lugar al que sólo el sumo sacerdote, y sólo una vez al año, le era permitido entrar! En este, como en otros milagros de Cristo, estaba encerrado un misterio". *Comentario Bíblico de Matthew Henry:* Obra completa sin abreviar, Copyright © 1999 por Editorial CLIE. Usado con permiso. Todos los derechos reservados; "Mateo 27:50-56".

CAPÍTULO 6

1. James E. Strong, *Nueva concordancia Strong exhaustiva,* (NashvilleMiami: Editorial Caribe, una división de Thomas Nelson, Inc., 2002), NT: #154, p. 3, v. "pedir".
2. Vine, 2000, ©1999, bajo "CONSOLAR, CONSOLACIÓN, CONSOLADOR", B. Nombres, 3. *parakletos.*
3. Ibíd.

CAPÍTULO 7

1. Vine, 2000, ©1999, bajo "GLORIFICAR", 1. *doxazo.*

CAPÍTULO 8

1. [Orando en el Espíritu Santo]...es la manera de ellos desarrollar su fe". *Robertson's Word Pictures in the New Testament* (Vol. 5 y 6). Copyright © 1985 por Broadman Press. Usado con permiso. Todos los derechos reservados; "Judas v. 20".
2. Pat Boone, *A New Song* (Una nueva canción) (Carol Stream, Illinois: Creation House, August, 1970), págs. 126-129.
3. Vea 1 Corintios 14:14-15, *MENSAJE*: "En 1 Corintios 14 Pablo trata más específicamente con el don de lenguas y el ejercicio del don en la iglesia...Pablo reclama que él mismo tiene el don de hablar en lenguas, pero aparentemente él ejecuta ese don en privado y no en público (14:18-19)...La persona que habla en lengua desconocida debe de orar para que interprete (1 Corintios 14:13)". *Nelson Diccionario Ilustrado de la Biblia* [versión en inglés], Copyright © 1986 por Thomas Nelson Publishers. Todos los derechos reservados. Usado con permiso; v. "Lenguas, Don de".
4. Llegará el tiempo cuando los dones mencionados [en 1 Corintios 12] se acabarán o cesarán (1 Corintios 13:9-10). El (pero) introduce la explicación del porqué los dones

acabarán. El tiempo del conocimiento perfecto y la profecía llegará...La llegada de lo que es perfecto puede solamente referirse a la segunda venida del Señor. El evento marcará el final al ejercicio de la profecía, las lenguas y el conocimiento". *Comentario Bíblico Moody (Wycliffe): Nuevo Testamento*, editado por Charles E. Pfeiffer y Everett F. Harrison. Copyright © 1962 por Kregel Publications. Todos los derechos reservados; "1 Corintios 13:8-13".

Capítulo 10

1. En vista del espíritu que le había sido dado por medio divino a Timoteo (v. 7), se le insta a que no se avergüence "de testificar acerca del Señor"....Pablo no está implicando que Timoteo era culpable de hacer eso. Pero aparentemente, él sintió que su colega joven necesitaba fortalecerse y tener valor...Pablo...ahora era un prisionero del emperador (probablemente Nero) y se enfrentaba a la muerte. Timoteo no debía estar tan amedrentado así como avergonzado de visitar a Pablo en la cárcel". *The Expositor's Bible Commentary* [Comentario Bíblico El Expositor], Vol. II (Grand Rapids, Michigan: Zondervan Publishing House, 1978), "2 Timoteo 1:8".

2. *Diccionario General de la Lengua Española Vox*, «Diccionario.com – Tus diccionarios online»; http://www .diccionarios.com/index, bajo "estimular".

Capítulo 11

1. Vine, 2000, ©1999, bajo "BUSCAR", *zeteo*.
2. Ibíd.

Capítulo 12

1. Real Academia Española *Diccionario de la Lengua Española*. (22ª edición versión electrónica en: http://buscon .rae.es/diccionario/drae.htm).
2. Vine, 2000, ©1999, bajo "Profetizar, Profecía, Profético", A. Nombre, *profeteia*.
3. Ibíd.
4. Ibíd.
5. "Esta sinagoga medía cerca de setenta por cincuenta pies y tenía un balcón para las mujeres...La congregación se sentaba en un orden señalado, los más distinguidos en los asientos

del frente, los más jóvenes detrás; hombres y mujeres probablemente separados (vea Mateo 23:6; Marcos 12:39; Lucas 11:43; 20:46)". *Nuevo Manual Bíblico de Unger*, v. "SINAGOGA".

6. "Aquí se debe tener en mente que durante el tiempo que Pablo estaba escribiendo, usualmente los hombres eran los únicos que recibían una educación". *The Complete Word Study Dictionary: New Testament* [Diccionario completo del estudio de la Palabra: Nuevo Testamento], pág. 690.

7. Vea la discusión de esto en *The Complete Word Study Dictionary: New Testament* [Diccionario completo del estudio de la Palabra: Nuevo Testamento], págs. 576-577.

8. Ibíd., págs. 689-690.

CAPÍTULO 13

1. "Los historiadores a menudo trazan los orígenes del pentecostalismo en el contexto norteamericano a un avivamiento que comenzó el 1ro de enero del 1901 en el Charles F. Parham's Bethel Bible School en Topeka, Kansas. Con la identificación del hablar en lenguas como evidencia del bautismo en el Espíritu Santo, Parham... hace una conexión teológica vital que ha perdurado esencialmente del pentecostalismo clásico... El siguiente avivamiento de la misión en la calle Azusa (190609) representó una anomalía en la escena religiosa norteamericana... Los dones del Espíritu Santo (1 Corintios 12), que muchas de las denominaciones entendían habían cesado luego del primer siglo, habían retornado". *Dictionary of Pentecostal and Charismatic Movements* [Diccionario de movimientos pentecostales y carismáticos], editado por Stanley M. Burgess y Gary B. McGee (Grand Rapids, Michigan: Zondervan Publishing House, Copyright © 1988), págs. 23.

2. Ibíd., págs. 890-92, "WISDOM, WORD OF [Palabra de sabiduría].

3. Ibíd., págs. 527-28, "KNOWLEDGE, WORD OF [Palabra de ciencia].

4. Arnold Bittlinger, *Gifts and Graces* [Dones y gracias] (Grand Rapids, Michigan: William B. Eerdmans Publishing Company, Copyright © 1967), págs. 32-34, "(c) *The Gift of Faith* [El don de fe]".

5. "La medida de fe dada corresponde a la tarea que debe ser cumplida". *Comentario Bíblico Moody (Wycliffe): Nuevo Testamento*, "Romanos 12:3".

6. Gordon D. Fee, *God's Empowering Presence* [La presencia poderosa de Dios] (Peabody, Massachusetts: Hendrickson Publishers, Copyright © 1994), págs. 168-69. "(4) *Gifts of Healings* [Dones de sanidad]".

7. Bittlinger, págs. 40-42, "(e) *The Working of Miracles* [El hacer milagros]".

8. Ibíd., págs. 42-45, "(f) *The Gift of Prophecy* [El don de profecía]".

9. *The Complete Word Study Dictionary: New Testament* [Diccionario completo del estudio de la Palabra: Nuevo Testamento], págs. 375-76, "1100...Tongue [1100...Lengua]".

10. Bittlinger, págs. 51-52, "(i) *The Gift of Interpretation* [El don de interpretación]".

11. "El discernimiento de espíritus, que es el poder para distinguir entre los profetas falsos y verdaderos o para discernir las cualidades reales e internas de una persona para trabajar en alguna oficina o para descubrir las obras internas de la mente por medio del Espíritu Santo, como hizo Pedro con Ananías (Hechos 5:3)". *Matthew Henry's Commentary on the Whole Bible: New Modern Edition* [Matthew Henry: Comentario de toda la Biblia, version moderna], "1 Corintios 12:10".

12. Dennis y Rita Bennett, *The Holy Spirit and You* [El Espíritu Santo y usted] (South Plainfield, New Jersey: Bridge Publishing, Inc., 1971), pág. 143.

Capítulo 15

1. Nee, pág. 191.

Capítulo 17

1. "*manna*...el alimento provisto sobrenaturalmente a Israel durante su peregrinación por el desierto (para detalles, consultar Éxodo 16 y Números 11)...El Señor se refiere al maná como tipo de sí mismo, el verdadero Pan del Cielo, impartiendo vida eterna y sustento a aquellos que por la fe participan espiritualmente de Él (Juan 6:31-35)". Vine, v. "Maná".

ACERCA DE LA AUTORA

JOYCE MEYER es una de las principales maestras prácticas de la Biblia del mundo. Sus programas de radio y televisión, *Disfrutando la vida diaria*, se retransmiten en cientos de redes televisivas y estaciones de radio en todo el mundo. Joyce ha escrito más de 100 libros inspiracionales. Entre sus éxitos de ventas están: *Dios no está enojado contigo*; *Cómo formar buenos hábitos y romper malos hábitos*; *Hazte un favor a ti mismo...perdona*; *Vive por encima de tus sentimientos*; *Pensamientos de poder*; *El campo de batalla de la mente*; *Mujer segura de sí misma*; *Luzca estupenda, siéntase fabulosa* y *Tienes que atreverte*. Joyce viaja extensamente, realizando conferencias durante el año, hablando a miles de personas en todo el mundo.

JOYCE MEYER MINISTRIES

Joyce Meyer Ministries—E.E.U.U.
P.O. Box 655
Fenton, Missouri 63026 USA
Tel: (636) 349-0303
www.joycemeyer.org

Joyce Meyer Ministries—Canadá
P.O. Box 7700
Vancouver, BC V6B 4E2
Canadá
Tel: 1-800-868-1002

Joyce Meyer Ministries—Australia
Locked Bag 77
Mansfield Delivery Centre
Queensland 4122
Tel: (07) 3349-1200

Joyce Meyer Ministries—Inglaterra
P.O. Box 1549
Windsor
SL4 1GT
Tel: +44(0)1753-831102

Joyce Meyer Ministries—Sudáfrica
P.O. Box 5
Cape Town 8000
South Africa
(27) 21-701-1056

Los mensajes de Joyce se pueden ver en una
variedad de idiomas en: tv.joycemeyer.org.

OTROS LIBROS DE JOYCE MEYER EN ESPAÑOL

Si no fuera por la gracia de Dios
Tienes que atreverte
Viva valientemente
Vive por encima de tus sentimientos

DEVOCIONARIOS
Empezando tu día bien
Termina bien tu día
Vida en la Palabra